矿业工程项目管理

主　编　尹土兵
副主编　周　健　杨　珊

中南大学出版社
www.csupress.com.cn
·长沙·

图书在版编目（CIP）数据

矿业工程项目管理／尹土兵主编. —长沙：中南大学
出版社，2023.9
ISBN 978-7-5487-5556-2

Ⅰ. ①矿… Ⅱ. ①尹… Ⅲ. ①矿业工程－工程管理
Ⅳ. ①TD

中国国家版本馆 CIP 数据核字（2023）第 172751 号

矿业工程项目管理
KUANGYE GONGCHENG XIANGMU GUANLI

主　编　尹土兵

副主编　周　健　杨　珊

□**责任编辑**　伍华进
□**责任印制**　李月腾
□**出版发行**　中南大学出版社

　　　　　　社址：长沙市麓山南路　　　　邮编：410083
　　　　　　发行科电话：0731-88876770　　传真：0731-88710482
□**印　　装**　长沙市宏发印刷有限公司

□**开　　本**　787 mm×1092 mm　1/16　□**印张** 15　□**字数** 394 千字
□**版　　次**　2023 年 9 月第 1 版　　□**印次** 2023 年 9 月第 1 次印刷
□**书　　号**　ISBN 978-7-5487-5556-2
□**定　　价**　52.00 元

前 言

在当前经济高速发展的背景下，矿产资源开发已经成为我国经济发展极其重要的基础性产业。随着矿产资源的持续开发，矿业工程项目的规模与管理难度也日益攀升。项目管理的高效运作不仅决定了一个项目的成败，更是矿山企业持续生存和稳健发展的关键。为了确保矿业工程项目的建设质量与管理效益，越来越多的行业专家认识到矿业工程项目管理的核心价值。但目前市场上很少有系统全面涵盖该领域的书籍。因此，我们编写了《矿业工程项目管理》一书，旨在为采矿工程专业的学生和从业者提供一本具备实践参考价值的书籍。

本书涵盖了矿业工程项目管理的各个方面，全书共分为9章。第1章介绍了矿业工程项目的概述，帮助读者了解矿业工程项目的基本概念和流程。第2章讨论了矿业工程项目管理组织，包括项目组织的结构和管理团队的角色。第3章介绍了矿业工程项目进度管理，包括矿业工程项目进度计划的编制方法、实施与检查以及进度的控制与调整。第4章探讨了矿业工程项目质量管理，包括如何通过有效的质量管理措施来保证工程进度与质量。第5章介绍了矿业工程项目费用管理，包括预算、成本管理和经济评价。第6章讨论了矿业工程项目资源管理，包括人力资源、物资和设备等方面的管理。第7章介绍了矿业工程项目的安全与环境管理，主要探讨了如何保障安全和环境的可持续性。第8章论述了矿业工程项目合同管理，包括合同签订、履行和变更等方面的管理。最后，第9章增加了矿业工程项目管理的相关法规与标准，帮助读者了解矿业工程项目管理在法规和标准方面的要求。各章编写任务分工如下：第1章、第2章、第5章、第7章由中南大学尹土兵编写，第3章由中南大学杨珊编写，第4章、第8章由中南大学周健编写，第6章、第9章由中南大学陈硕琛编写。

本书在编写过程中，参考了许多教材、专著、论文、研究报告和政府的法律、法规以及规程文件，虽然部分资料在参考文献中已经列出，但仍可能有遗漏之处，在此谨向所参考教材、专著、论文和研究报告的作者表示衷心感谢。

本书在编写的过程中，获得了中南大学资源与安全工程学院学科建设和国家自然科学基金基础科学中心项目"数字经济时代的资源环境管理理论与应用"的资助和支持，在此奉上真诚的感谢。教材文字编辑和材料收集工作得到了杨政博士、尹杰文硕士、卢建飞硕士等人的倾力帮助，在此深表谢意。

由于编者水平所限，书中可能还存在不妥之处，敬请读者批评指正。

尹土兵

2023.5

目　录

第1章　矿业工程项目管理概论

1.1　工程项目

1.1.1　项目

1. 项目的概念

所谓项目，是指在一定约束条件下，具有特定目标的一次性任务。项目是为创造独特的产品、服务或成果而进行的一次性（或临时性）工作。项目的"一次性"是指项目具有明确的起点和终点。

从人类开始有组织地活动起，就执行着各种规模的项目。史前人类为了生存进行的狩猎活动可能是人类最早的项目，中国的万里长城是古代人类完成的极为复杂的项目之一，美国为研制原子弹而实施的"曼哈顿计划"是现代项目管理的成功范例。项目可大可小，无处不在。在生活中，符合上述定义的事物极为普遍。例如，一项科技攻关可以被称作科研项目，治理某项环境污染可以称为环保项目，而建设一座学校可以称为工程建设项目。当前，项目的概念已渗入社会的各个领域，成为使用频率较高的词语之一。随着社会经济的发展，项目涉及的范围越来越广泛，其管理的成功与失败不仅事关企业的盈亏，而且直接关系到国家和地区的兴衰。

尽管项目所涉及的范围广泛、内容千差万别，但透过不同项目的具体内容可以发现项目的共同特征。

2. 项目的特征

项目作为被管理的对象，具有以下特征。

1）项目的单件性

项目的单件性又称任务的一次性，是项目的最主要特征。它指的是任何项目都有自己的任务内容、完成的过程和最终的成果，两个或者两个以上完全相同的项目是不存在的。项目的单件性特征不同于工业生产的批量性和生产过程的重复性，每个项目都有自己的特点，每个项目都不同于其他项目。只有正确认识项目的单件性特征，才能有针对性地根据项目的特殊情况和要求进行有效、科学的管理。

2) 项目的目标性

任何项目都是为完成一定的目标而设立的，围绕这一目标必然形成其约束条件，而且只能在约束条件下完成目标，一般来讲，约束条件为限定的时间、限定的质量和限定的投资等（工程项目还应有限定的空间要求）。这就要求项目实施前必须进行周密的策划，例如制定项目的工作量和质量标准，规定项目的时间界限、空间界限、资源（人力、资金、材料、设备等）的消耗限额等，项目实施过程中的各项工作都是为完成项目的目标而进行的。

3) 项目的系统性

在现代社会中，一个项目往往由许多个单体组成，由成千上万个在时间和空间上相互影响制约的活动构成，同时可能需要几十、几百甚至上千个单位共同协作完成，尤其是随着社会的发展和大型项目、复杂项目的日益发展，这种特征更加明显，每一个项目不仅是其子系统的母系统，而且是其更大的母系统中的子系统，这就要求在项目的运作中，必须全面、动态，统筹兼顾地分析并处理问题，以系统的思想指导工作。

4) 项目的生命周期性

项目的单件性是项目生命周期属性的主要根源，项目也如组织体一样，具有生命周期。由于项目中广泛存在的不确定性，从易于管理的角度出发，按照时间维度可以将项目的生命周期分为若干阶段，项目的生命周期可以为管理项目提供基本框架。项目生命周期中的阶段数量、阶段名称，取决于参加项目的一个或多个组织的管理与控制需要、项目本身的特征及其所在的应用领域，如项目启动阶段、组织与准备阶段、实施阶段、结束阶段等。

5) 项目组织的临时性

项目的组织都是临时性的组织，在项目开始之前组建一个专业的项目管理团队，这个团队为这个项目负责，等项目结束后，组织随之解散。项目管理者应考虑如何将来自不同岗位的成员凝聚在一起，以保证项目的顺利实施。另外，应保持组织的弹性和灵活性，以适应不断变化的外部环境。

1.1.2　工程项目的概念及特点

1. 工程项目的概念

工程通常是指人类为了解决一定的社会、经济和生活问题而建造的，具有一定功能或一定价值的技术系统（固定资产）。例如，"鸟巢"和"水立方"工程是为举办2008年北京奥运会而建造的；住宅小区和工厂是为满足人们生活及生产的需要而修建的。从最简单的房屋建筑到大型的宇宙探索工程，人类一直在建造各种各样的工程。

我们所说的工程项目是指在一定条件约束下，以形成固定资产为目标的一次性事业。也就是说，工程项目是为达到预期的目标，投入一定量的资本，在约束条件下经过一定的程序，从而形成固定资产的一次性投资建设活动。

大家知道，工程项目是最为常见和典型的项目类型，属于投资项目中最重要的一类，是一种既有投资行为又有建设行为的项目决策与实施活动。一般来讲，投资与建设是分不开的，投资是项目建设的起点，没有投资就不可能进行建设，而没有建设行为，投资的目标也无法实现。所以，建设过程实质上是投资的决策和实施过程，是投资目标的实现过程，是把投入的货币转换为实物资产的经济活动过程。

当然，投资的内涵要比建设的内涵宽泛得多。在某些情况下，投资与建设是可以分开的，可以有投资行为而不一定有建设行为，也可以不通过建设实现投资的目的，但本书所要研究的主要是指既有投资行为又有建设行为的项目决策与实施活动。

2. 工程项目的特点

工程项目一般具有如下几个特点：

1）目标的明确性

任何工程项目都具有明确的建设目标，包括宏观目标和微观目标。政府有关部门主要审核项目的宏观经济效果、社会效果和环境效果等。企业则较多地重视项目的盈利能力等微观财务目标。

2）条件的约束性

在实现其建设目标过程中，工程项目会受到多方面条件的制约：①时间约束，即工程项目要有合理的工期时限；②资源约束，即工程项目要在一定的人力、财力和物力条件下完成建设任务；③质量约束，即工程项目要满足预期的生产能力、技术水平、产品等级的要求；④空间约束，即工程要在一定的施工空间范围内，通过科学合理的方法来组织完成；⑤安全约束，即工程在实施过程中，应采取必要的措施保障人员、设施的安全，避免意外事故的发生。

3）实施的不可逆性

工程项目建设地点是一次性确定的，其建成后的不可移动性、设计的单一性、施工的单件性，使得它不同于一般商品的批量生产，项目一旦建成，想改变是非常困难或者损失巨大的。

4）影响的长期性

工程项目一般建设周期长，投资回收期长，工程生命周期长，工程质量的好坏不仅影响面大，而且作用时间长。

5）投资的风险性

由于工程项目建设是一次性的，建设过程中各种不确定因素很多，因此，工程项目投资的风险性很大。

6）管理的复杂性

工程项目管理是一项非常复杂的工作，其工作过程可以说是一个不断解决和协调各种冲突和矛盾的过程，工程项目管理的复杂性主要表现在：①工程项目涉及的单位多，各单位之间关系的协调难度和工作量大；②工程技术复杂性不断提高，新技术、新材料和新工艺在运用的过程中复杂性凸显；③社会、政治、经济及生态环境对工程项目的影响，特别是对一些跨地区、跨行业的大型、巨型工程项目的影响更为复杂。

7）受环境的影响大

这里的环境不仅指自然环境，还包括社会环境，工程项目一般是露天作业，必然受到施工所在地的地质、气候、水文、交通等条件的制约，在进行项目设计、施工技术选择和施工组织设计时必须充分考虑上述因素。此外，工程项目还受到社会环境的影响，如相关的政策规定、法律法规、国内外的经济状况等都能对工程项目产生重大影响。

3. 工程项目的分类

由于工程项目种类繁多,为便于科学管理,可以从不同角度对工程项目类型进行划分。

1)按投资的再生产性质划分

工程项目按投资的再生产性质可分为基本建设项目和更新改造项目两类。其中,基本建设项目包括新建、扩建、改建、迁建、重建项目等;更新改造项目包括技术改造、技术引进、设备更新项目等。

2)按建设规模划分

按国家相关标准规定,基本建设项目可划分为大型、中型、小型项目三类。技术改造项目可分为限额以上项目以及限额以下项目。

3)按建设阶段划分

工程项目按建设阶段可以划分为预备项目(投资前期项目)或筹建项目、新开工项目、施工项目、续建项目、投产项目、收尾项目和停建项目等。

4)按投资建设的用途划分

工程项目按投资建设的用途可以划分为生产性建设项目和非生产性建设项目。

生产性建设项目是指直接用于物质生产或为满足物质生产需要,能够形成新的生产能力的工程建设项目,如工业建设项目、运输工程项目、农田水利项目、能源项目等,即用于物质产品生产的建设项目。

非生产性建设项目是指能够满足人们物质文化生活需要的项目,如住宅、文教、卫生和公共事业建设项目等。非生产性建设项目又可分为经营性项目和非经营性项目。

5)按资金来源划分

按资金来源,工程项目可以分为国家预算拨款项目、银行贷款项目、企业联合投资项目、企业自筹项目、利用外资项目和外资项目等。

1.1.3 工程项目的生命周期

任何工程项目都是由两个过程构成的,其一是工程项目的实现过程,其二是工程项目的管理过程。所以,任何工程项目管理都特别强调过程性和阶段性。整个项目管理工作可以看成一个完整的过程,并且将各项目阶段的起始、计划、组织、控制和结束这五个具体管理环节看成是工程项目管理的一个完整过程。现代工程项目管理要求在项目管理中要根据具体建设项目的特性和项目过程的特定情况,将一个工程项目划分为若干个便于管理的项目阶段,并将这些不同阶段的整体看成一个工程项目的生命周期,在生成工程项目产出物的过程中,通过开展项目管理来保障项目目标的实现。

1. 工程项目全生命周期的定义

工程项目作为一种创造独特产出物的一次性工作是有始有终的,工程项目从始至终的整个过程构成了一个工程项目的生命周期。工程项目生命周期的定义还有许多种,但是基本上大同小异。然而,在对工程项目生命周期的定义和理解中,必须区分几个完全不同的生命周期概念,包括工程项目生命周期、工程项目全生命周期和项目产品生命周期。工程项目生命周期是指一个工程项目的建设周期。工程项目全生命周期是指从项目的决策开始,一直到运营和结束的全部过程。工程项目全生命周期一般可以划分为项目的决策阶段、勘察设计阶段、施工阶段、运营阶段和结束阶段，上述的各个阶段还可以进一步划分为更详细的阶段，这些阶段构成了一个建设项目的全生命周期。特别需要注意的是有关工程项目生命周期与项目产品生命周期这两个概念的区分。项目产品的生命周期认为任何产品都有自己的投入期、成长期、成熟期和衰退期，这四个时期构成了一个产品的生命周期。由上述这些生命周期的定义可以看出，工程项目全生命周期基本上包括了工程项目生命周期和项目产品生命周期这两个部分。

2. 工程项目生命周期的描述

工程项目的生命周期可以分为四至五个阶段，大型的工程项目甚至有更多的项目阶段。一般工程项目的生命周期可以划分为四个阶段。

1）工程项目的概念阶段

它从项目的构思到批准立项阶段，又称为项目的定义和决策阶段。在这个阶段中，提出一个工程项目的提案并对项目提案进行必要的机遇与需求的分析和识别，然后提出具体的工程项目建议书，在项目建议书获得批准后进一步开展不同程度的工程项目可行性分析，通过工程项目可行性分析找出工程项目的各种可行的备选方案，然后分析和评价这些备选方案的收益和风险情况，最终做出工程项目方案的抉择和工程项目的决策。这一阶段的主要任务是提出项目并定义项目和最终做出项目决策。

2）工程项目的开发阶段

它从项目的批准立项到施工前，主要是对批准立项的项目进行计划和设计。在这一阶段中人们首先要为已经做出决策并且要实施的工程项目编制出各种各样的项目计划书，包括针对工程项目的范围计划、工期计划、成本计划、质量计划、资源计划和集成计划等。在开展这些工程项目计划工作的同时还需开展必要的工程项目设计工作，全面设计和界定整个工程项目的范围，项目各阶段所需开展的工作和项目的产出物，工程项目涉及的技术、质量、数量和经济等各个方面。实际上这一工程项目阶段的主要任务是对工程项目的工作和工程项目的产出物做出全面的设计和规定。

3）工程项目的实施阶段

在完成工程项目的计划和设计工作以后，就进入工程项目的实施阶段了，主要指施工阶段。在工程项目实施的过程中，人们还需要开展相应的各种项目控制工作，以保证工程项目实施结果与设计和计划要求相一致。其中，工程项目的实施工作还需要进一步划分成一系列的具体实施工作的阶段，而工程项目控制工作也包括工程项目的范围、工期、成本和质量等许多方面。

4）工程项目的完工与交付、运营阶段

工程项目实施阶段的结束并不意味着整个工程项目工作的结束，项目还需要经过一个完工与交付的工作阶段才能够真正结束。在工程项目完工与交付阶段，人们需要对照工程项目定义和决策阶段提出的项目目标和工程项目开发阶段提出的各种计划要求，先由项目团队检验项目的产出物及项目工作成果，然后由项目团队向项目业主（客户）进行验收和移交工作，直至项目的业主（客户）最终接受工程项目的整个工作结果和项目最终的交付物，一个工程项目才能够算作最终的完成或结束。然后，进入项目的生产运营阶段（物业管理）。

3. 工程项目全生命周期管理的作用

工程项目全生命周期管理不仅扩大了项目管理的时间跨度和内涵，而且带来了如下好处：

（1）从工程项目的整体出发，反映项目全生命周期的要求，更加保证了项目目标的完整性和一致性。

（2）在工程项目全生命周期中能够形成连续、系统的管理组织责任体系，保证项目管理的连续性和系统性，极大地提高了项目管理的效率，改善了项目的运行状况。

（3）形成新的工程项目全生命周期管理的理念，能够提升项目管理的目标体系、项目管理者的伦理道德素质、项目管理者对历史和社会的使命感。与企业管理的理念一样，工程项目全生命周期的管理理念更能反映出项目的组织文化和品位，反映项目管理者的管理理念、思维方式、价值观、伦理道德和管理哲学水平。

（4）促进项目管理的理论和方法的改进，如项目的全生命周期评价理论和方法、项目的可持续发展理论和方法、项目的集成化管理方法等。

（5）能够改进项目的组织文化，促进项目组织的内、外部交流。工程项目的所有参与者应就项目全生命周期的目标达成共识。虽然，他们在不同的阶段承担不同的任务，且各有各的目标，但他们都应有工程项目全生命周期的理念，有为工程项目全生命周期负责的精神。

1.1.4 工程项目系统分析

对工程项目进行系统划分，有助于我们对管理对象有一个整体的观念，建立起适应现代管理要求的系统观点，这对于搞好工程项目管理十分重要。

任何工程项目都处在社会经济系统中，它和外部环境有各种各样的联系，项目的建设过程受社会经济、政治、技术、文化、道德和伦理观念的影响和作用。

任何工程项目都需要投入巨大的人力、物力和财力等社会资源进行建设，并经过项目的策划、决策立项、厂址选择、勘察设计、建设准备和施工安装活动等环节，最后才能提供生产或使用。也就是说，它有自身的产生、形成和发展过程，过程中的各个环节之间又相互联系、相互制约，并受到建设条件的影响。

任何工程项目都有其特定的建设意图和使用功能要求。大中型工程项目往往包括诸多形体独立、功能关联、共同作用的单体工程，形成建筑群体。就单体工程而言，一般也由地基与基础、主体结构、装修和设备系统共同构成一个有机整体。

因此，实施一个工程项目管理必须用系统工程学的原理去研究和分析项目的内部系统构成、外部关联系统以及与这个系统有关的一切内外关系，以求得系统目标的总体优化以及与外部环境的协调发展。

1. 工程项目的工程系统

工程项目的工程系统由单项工程、单位工程、分部工程和分项工程等子系统构成。

1）单项工程

单项工程一般是指具有独立设计文件的、建成后可以独立发挥生产能力或效益的一组配套齐全的工程项目。单项工程从施工角度看是一个独立的系统，在工程项目总体施工部署和管理目标的指导下，形成自身的项目管理方案和目标，按其投资和质量的要求，如期建成并交付生产和使用。

一个工程项目有时包括多个单项工程；有时仅有一个单项工程，该单项工程就是建设项目的全部内容。单项工程的施工条件往往具有相对的独立性，一般单独组织施工和竣工验收。构成单项工程的是若干单位工程。单项工程是工程项目的主要建设内容和新增生产能力或工程效益的基础。

2）单位工程

单位工程是单项工程的组成部分。一般情况下，单位工程可以指一个单体的建筑物或构筑物；民用建筑工程也可以是包括一栋及以上的同类设计、位置相邻、同时施工的房屋建筑，或是由一栋主体建筑及其辅助建筑物共同构成的一个单位工程。房屋建筑的单位工程通常可以由建筑工程和建筑设备工程组成；住宅小区或工业厂区的室外工程，可以按照工程施工质量统一验收标准，划分为包括道路、围墙、零星建筑在内的室外建筑单位工程，电缆、线路、路灯等的室外电气单位工程，以及给水、排水、供热、煤气等的建筑采暖卫生与煤气工程组成的单位工程。

一个单位工程往往不能独立发挥生产能力或工程效益。只有在几个有机联系、互为配套的单位工程全部建成竣工后才能提供生产和使用。例如，民用建筑物单位工程必须与室外各单位工程构成一个单项工程系统；工业车间厂房必须与工业设备安装单位工程以及室外各单位工程配套完成，形成一个单项工程系统，才能投入生产使用。

3）分部工程

分部工程是工程按单位工程部位划分的组成部分，即单位工程的进一步分解。一般工业与民用建筑工程划分为以下分部工程：地基与基础，主体结构，建筑装饰、装修，建筑屋面，建筑给水、排水及采暖，建筑电气，智能建筑，通风与空调，电梯等。

4）分项工程

分项工程一般是按工种划分的，也是形成项目产品的基本部件或构件的施工过程，如模板、钢筋、混凝土、砖砌体等。分项工程是施工活动的基础，也是工程用工、用料和机械台班消耗计量的基本单元，是工程质量形成的直接过程。分项工程既有其作业活动的独立性，又有相互联系、相互制约的整体性。

此外，按照工程的性质和作用，工业建设项目还可分为主要生产系统，附属、辅助生产系统以及行政办公与生活福利设施系统等。

2. 工程项目的目标系统

工程项目的目标系统是工程项目所要达到状态的描述系统，包括功能目标、管理目标与影响目标等。

1）功能目标

功能目标是指工程完成后应达到的目标，包括使用目标、经济目标、技术目标、安全目标、环境目标等，其中以使用目标为主。

2）管理目标

管理目标是指在工程项目管理中，通过管理活动达到的目标。管理目标包括质量目标、进度目标、费用目标、安全目标、资源目标、现场目标等，管理的效果决定了这些目标的水平。这些目标的高低好坏对工程项目的功能目标产生影响。

3）影响目标

影响目标是指工程项目对环境、社会、经济、文化、政治及国际等方面所造成的影响。这些影响既是管理过程中得到的，又是工程项目完成后所产生的。进行工程项目管理，既要对项目本身的影响负责，又要对项目建成后的影响负责；既注重近期影响，又不能忽视远期影响。

对每种目标来说，其本身也是一个系统。在该系统中，既有总目标，又有分目标；从实施的顺序来分析，既有最终目标，又有阶段性目标。

对工程项目的目标系统进行分析是为管理服务，以便用目标管理方法进行系统的管理，以小目标的完成保障大目标的完成，以分目标的实现保障总目标的实现。

3. 工程项目的关联系统

工程项目的建设是一项有计划有组织的系统活动，也是人的劳动和建筑材料、构配件、机具设备、施工技术方法以及工程环境条件等有机结合的过程。因此，从物质生产角度看，就是劳动主体和劳动手段、劳动资料的结合过程。这就必然涉及建筑市场即建设工程市场，包括建筑生产要素市场的各方主体，各方主体通过一定的交易方式形成以经济合同包括工程勘察设计合同、施工承发包合同、工程技术物资采购供应合同等为纽带的种种经济关系或者权利关系，从而构成了工程项目与其外部各相关系统的关联关系。

正确认识、把握和处理好工程项目关联系统的关系，对于工程项目管理显然是十分必要的。这些关联系统主要包括项目业主、项目使用者、科研单位、设计单位、施工单位、生产厂商、建设监理单位、政府主管与质量监督机构、质量检测机构、地区与社会等。

1）项目业主

项目业主，即项目的投资者，由业主代表组成项目法人机构，取得项目法人资格。从投资者的利益出发，根据建设意图和建设条件，对项目投资和建设方案做出既符合自身利益又适应建设法规和政策规定的决策，并在项目的实施过程中履行业主应尽的责任和义务，为项目的实施创造必要的条件。业主的决策水平、业主行为的规范性等，对项目的建设起到重要的作用。

2）项目使用者

非生产性建设项目包括公共项目、办公楼宇、民用住宅等，它既作为广义的物质手段，又作为人们生活的消耗资料。因此，随着社会生产力的发展和经济水平的提高，消费观念和要求会发生新的变化，使用者对工程项目的使用功能和质量要求不断提高。也就是说，工程项目质量的潜在需要是发展变化的，这对工程项目的策划、决策、设计以及施工质量的形成过程提出了更高要求，从质量管理的角度来说，要把"用户第一"作为基本的指导方针，并且以使用者的最终评价作为评价工程建设质量的重要依据。

3）科研单位

一个工程项目的实施往往是新技术、新工艺、新材料、新设备以及新的管理思想、方法和手段等把自然科学和社会科学最新成果转化为社会生产力的过程。因此，科研单位是工程项目的后盾，它为项目的建设策划、决策、设计、施工等各个方面提供社会化的、直接或间接方式的技术支援。无论在项目运行的哪个阶段，项目管理者都必须充分重视社会生产力发展的最新动向和最新成果应用，他不但对项目的投资、质量、进度目标产生积极的影响和作用，而且对项目建成后的生产运营、使用和社会效益都有极为重要的意义。

4）设计单位

设计单位是将业主的建设意图、政府建设法律法规要求、建设条件作为输入，经过设计人员的专业知识、设计经验等投入进行项目方案的综合创作，编制出用以指导项目活动的设计文件的机构。工程项目的设计联系着项目决策和项目建设施工两个阶段，设计文件既是项目决策方案的体现，也是项目施工方案的依据。因此，设计过程是确定项目总投资目标和项目质量目标的过程，包括建设规模、使用功能、技术标准、质量规格等。设计先于施工，然而设计单位的工作还责无旁贷地延伸到施工过程中，指导并处理施工过程中可能出现的设计变更或技术变更，从而保障各项施工结果与设计要求的一致性。

5）施工单位

施工单位是以承建工程施工为主要经营活动的建筑产品生产者和经营者，在市场经济体制下，施工单位通过工程投标竞争取得承包合同后，以其技术和管理的综合实力，通过制订最经济合理的施工方案，组织人力、物力和财力进行工程的施工安装作业技术活动，保证在规定的工期内全面完成质量符合发包方明确标准的施工任务。通过工程交付，取得预期的经济效益，实现其生产经营目标。因此，施工单位是将工程项目的建设意图和目标转变成具体工程目的物的生产经营者，是项目实施过程的主要参与者。

6）生产厂商

生产厂商包括建筑材料、构配件、工程用品与设备的生产厂家和供应商。他们为项目实施提供生产要素，其交易过程、产品质量、价格、服务体系等，直接关系到项目的投资、质量和进度目标。通过市场机制配置建设资源，是项目管理按经济规律办事的重要方面。在项目管理目标的制订，物资资源的询价、采购、合约和供应过程中，都必须充分注意生产厂商与工程项目之间的这种技术、经济上的关联性对项目实施的作用和影响。

7）建设监理单位

我国实行建设监理制。建设监理单位是指依法登记注册取得工程监理资质，承接工程监理任务，为项目法人提供高层次项目管理咨询服务，实施业主方的工程项目管理的经济组织。其工作包括项目策划和投资决策阶段的咨询服务和项目实施阶段的合同管理、信息管理和项目目标控制。因此，监理单位的水平和工作质量，对项目建设过程的作用和影响也是非常重要的。

8）政府主管与质量监督机构

建筑产品具有强烈的社会性，政府代表社会的公众利益，对建设行为要进行法规监督与管理，以保证工程建设的规范性及质量标准。政府主管通过执行基本建设程序，对建设立项、规划、设计方案进行审查批准；政府主管派出工程质量监督站，实施工程施工质量监督。因此，在工程项目的决策和实施过程中，和政府主管部门及其派出机构等的联络沟通是非常密切的。在执行建设法规和质量标准方面取得政府主管部门的审查认可，是工程项目管理过程必须遵守的规矩，不能疏忽和违背。

9）质量检测机构

我国实行工程质量检测制度，由国家技术监督部门认证批准的国家级、省、市、自治区级以及地区级工程质量检测中心，按其资质依法受委托承担有关工程质量的检测试验工作，出具有关检测试验报告，为工程质量的认定和评价、质量事故的分析和处理、质量争端的调解及仲裁等提供科学的测试数据和权威性的证据。由此可知，工程项目和质量检测机构同样存在密切的关系。

10）地区与社会

工程项目与所在地区有许多系统的接口配套，需要有关部门的协作配合才能得以妥善安排和解决，如项目内部交通与外部的衔接、供电、供气、给水、排水、消防、环卫、通信等，都必须和市政管理的有关方面进行联络、沟通和协商，使项目的各个子系统能够按照规定的要求和流程与外部相应系统衔接，为项目提交生产或使用创造运行条件。

此外，在工程项目的全面施工过程中，还必须得到周边近邻单位，包括附近社区居民及过往人员、车辆等各方面的配合与理解，以创造良好的安全施工环境，顺利完成项目，这都需要在项目管理中充分注意公共关系及做好沟通协调工作。

4. 工程项目的系统特点

从工程项目的系统构成可以看出，工程项目不仅具有一般的系统特点（如结合性、相关性、目的性、环境适应性等），还具有自身的系统特点。它属于一个社会技术系统，项目过程靠行为主体实施，需要投入各种机械、设备、材料等，以及各种工程专业的知识、技术、方法和数据等；它具有开放性，与环境之间有直接的信息、材料、能源、资金交换，并完成上层系统的任务，向上层系统输出信息、产品、服务等；它还具有动态性，在项目实施过程中，按变化了的要求和新的情况自动修改目标，调整实施过程。

随着社会经济技术的发展，现代工程项目正日益显现出其新的特点。

1）创新性

在项目设计和实施及运行过程中，需要新的知识，使用新的工艺，这是市场竞争对企业的要求造成的，所以现代工程项目的技术含量越来越高，高科技、开发型、研究型项目越来越多。

2）复杂性

现代工程项目的规模大、投资大、参加单位多，国际性的合作越来越多，合同条件越来越复杂，所需要的各种专门知识也越来越精深、繁杂。

3）不确定性

现代工程项目包含许多风险，由于外界经济、政治、法律及自然等因素的变化造成对项目的外部干扰，使项目的目标、项目的成果、项目的实施过程存在很大的不确定性。

4）严格性

由于市场竞争激烈，现代工程项目常常采用合作的形式，各投资者对项目计划的准确性要求越来越高，对项目的投资、进度、质量和安全等的要求也越来越严格。

1.2　工程项目管理

1.2.1　工程项目管理的概念与特点

1. 工程项目管理的概念

1）项目管理

项目管理是指为了达到项目目标，对项目的策划（规划、计划）、组织、控制、协调、指挥、监督等活动过程的总称。

项目管理的对象是项目。项目管理者是项目中各项活动的主体本身。项目管理的职能同所有管理的职能相同。项目管理要求按照科学的理论、方法和手段进行，特别是要用系统工程的观念、理论和方法进行管理。项目管理的目的就是保证项目目标的顺利实现。

2）工程项目管理

工程项目管理是项目管理的一大类，是指工程项目的管理者为了使项目取得成功（实现所要求的功能、质量、时限、费用预算），用系统的观念、理论和方法，进行有序、全面、科学、目标明确的管理，发挥计划职能、组织职能、控制职能、协调职能、监督职能的作用。其管理对象是各类工程项目，既可以是建设项目管理，又可以是设计项目管理和施工项目管理等。

2. 工程项目管理的特点

1）管理目标明确

工程项目管理是紧紧抓住目标（结果）进行管理。项目的整体、项目的某一个组成部分、某一个阶段、某一部分管理者、在项目的某一段时间内，均有一定的目标，并且目标吸引管理者，指导行动，凝聚管理者的力量；有了目标，也就有了方向，就有了成功一半的把握。

除了功能目标外，过程目标归结起来主要有工程进度、工程质量、工程费用（造价），这四个目标的关系既独立又对立统一，是共存的关系。

2）是系统的管理

工程项目管理把管理对象作为一个系统进行管理。在这个前提下，首先，对工程项目进行整体管理，把项目作为一个有机整体，全面实施管理，使管理效果影响到整个项目范围；其次，对项目进行系统分解，把大系统分解为若干个子系统，又把每个分解的系统作为一个整体进行管理，用小系统的成功保证大系统的成功；再次，对各子系统之间、各目标之间关系的处理，遵循系统法则，把他们联系在一起，保证综合效果最佳。

3）是以项目经理为中心的管理

工程项目管理具有较大的责任和风险，涉及人力、技术、设备、资金、信息、设计、施工、验收等多方面因素和多元化关系，为更好地进行项目策划、计划、组织、指挥、协调和控制，必须实施以项目经理为核心的项目管理体制。在项目管理过程中，应授予项目经理必要的权力，以便项目经理能及时处理项目实施过程中发生的各种问题。

4）按照项目的运行规律进行规范化的管理

工程项目管理是一个复杂的系统工程，其每个工序的管理与运行都是有规律的。工程项目管理作为一门学科，其理论、原理、方法、内容、规则和规律已经被人们所公认、熟悉、应用，形成了规范和标准，被广泛应用于项目管理实践，使工程项目管理成为专业性、规律性、标准化的管理，以此产生项目管理的高效率和高成功率。

5）有丰富的专业内容

工程项目管理的专业内容包括：工程项目的战略管理、组织管理、规划管理、目标控制、合同管理、信息管理、生产要素管理、现场管理、风险管理、组织协调及工程项目的各种监督等。这些内容构成了工程项目管理的知识宝库。

6）应使用现代化管理方法和技术手段

现代工程项目大多数是先进科学技术的产物或是一个涉及多学科、多领域的系统工程，要圆满地完成项目就必须综合运用现代管理方法和科学技术，如决策技术、预测技术、网络与信息技术、网络计划技术、系统工程、价值工程、目标管理等。

7）应实施动态管理

为了保证工程项目目标的实现，在项目实施过程中要采用动态控制方法，即阶段性地检查实际值与计划值的差异，采取措施，纠正偏差，制订新的计划目标值，使项目能最终实现。

3. 工程项目管理的职能

1）策划职能

工程项目策划是把建设意图转换成定义明确、系统清晰、目标具体、活动科学、过程有效的、富有战略性和策略性思路的、高智能的系统活动，是工程项目概念阶段的主要工作。策划的结果是其他各阶段活动的总纲。

2）决策职能

决策是工程项目管理者在工程项目策划的基础上，通过进行调查研究、比较分析、论证评估等活动，得出结论性意见并付诸实施的过程。

3）计划职能

根据决策做出实施安排，设计出控制目标和实现目标的措施的活动就是计划。计划职能决定项目的实施步骤、搭接关系、起止时间、持续时间、中间目标、最终目标及措施，它是目标控制的依据和方向。

4）组织职能

组织职能是组织者和管理者把资源合理利用起来，把各种作业（管理）活动协调起来，使作业（管理）需要和资源应用结合起来的机能和行为，是管理者按计划进行目标控制的一种依托和手段。组织职能是通过建立以项目经理为中心的组织来保证系统实现的，只有给这个系统确定职责，授予权力，实行合同制，健全规章制度，并进行有效的运转，才能确保项目目标的实现。

5）控制职能

控制职能是管理活动最活跃的职能。控制职能的作用在于按计划运行，随时收集信息并与计划进行比较，找出偏差并及时纠正，从而保证计划和目标的实现。

6）协调职能

协调职能就是在控制的过程中疏通关系，解决矛盾，排除障碍，使控制职能充分发挥作用。控制是动态的，协调可以使动态控制平衡、有力、有效，所以它是控制的动力和保证。

7）指挥职能

工程项目管理依靠团队，团队要有负责人（项目经理），负责人就是指挥。指挥的职能是把分散的信息集中起来，变成指挥意图；用集中的意图统一管理者的步调，指导管理者的行动，集合管理力量，形成合力。所以，指挥职能是管理的动力和灵魂，是管理的重要职能，是其他职能无法代替的。

8）监督职能

监督就是督促、帮助。工程项目与管理需要监督职能，以保证法规、制度、标准和宏观调控措施的实施。监督的方式有自我监督、相互监督、领导监督、部门监督、业主监督、司法监督、公众监督等。

1.2.2　工程项目管理的内容与程序

1. 工程项目管理的内容

1）建立项目管理组织

（1）由企业采用适当的方式选聘称职的项目经理。

（2）根据项目组织原则，选用适当的组织形式，组建项目管理机构，明确责任、权限和义务。

（3）在遵守企业规章制度的前提下，根据项目管理的需要，制定项目管理制度。

2）编制项目管理规划

项目管理规划是对项目管理目标、组织、内容、方法、步骤、重点等进行预测和决策，做出具体安排的文件。

项目管理规划的内容主要有：

（1）进行工程项目分解，形成施工对象分解体系，以便确定阶段性控制目标，从局部到整体地进行施工活动和项目管理。

（2）建立项目管理工作体系，绘制项目管理工作体系图和项目管理工作信息流程图。

（3）编制项目管理规划，确定管理点，形成文件，以利执行。

3）进行项目的目标控制

项目的目标有阶段性目标和最终目标，实现各项目标是项目管理的目的所在。因此，应当坚持以控制论原理和理论为指导，进行全过程的科学控制。项目的控制目标有进度控制目标、质量控制目标、成本控制目标和安全控制目标。

由于在项目目标的控制过程中，会不断受到各种客观因素的干扰，各种风险因素有随时发生的可能性，故应通过组织协调和风险管理，对项目目标进行动态控制。

4）对项目现场的生产要素进行优化配置和动态管理

项目的生产要素是项目目标得以实现的保证，主要包括人力资源、材料、设备、资金和技术（即 5M）。

生产要素管理的内容包括：

（1）分析各项生产要素的特点，并进行优化组合。

（2）按照一定原则、方法对项目生产要素进行优化配置，并对配置状况进行评价。

（3）对项目的各项生产要素进行动态管理。

5）项目的合同管理

合同管理的好坏直接影响项目管理及工程施工的技术经济效果和目标实现，因此，要从招投标开始，加强对工程合同的签订、履行的管理。合同管理是一项执法、守法活动，建设市场有国内市场和国际市场，合同管理势必涉及国内和国际上有关法规和合同文本、合同条件，在合同管理中应予以高度重视。合同管理还必须注意搞好索赔，讲究方法和技巧，提供充分的证据。

6）项目的信息管理

现代化管理要依靠信息。项目管理是一项复杂的现代化管理活动，要依靠大量信息以及对大量信息的管理。项目目标控制、动态管理，必须依靠信息管理，并应用电子计算机进行辅助。

7）组织协调

组织协调指以一定的组织形式、手段和方法，对项目管理中产生的关系不畅进行疏通，对产生的干扰和障碍予以排除的活动。

协调是为了顺利"控制"服务的，协调与控制的目的都是保证目标实现。协调要依托一定的组织形式和手段，并针对干扰的种类和关系的不同而分别对待；除努力寻求规律外，协调还要靠应变能力，靠处理突发事件的机制和能力来实现。

2. 工程项目管理的程序

项目管理的各种职能及各管理部门在项目管理过程中形成的关系，有工作过程的联系（工作流），也有信息联系（信息流），构成了一个项目管理的整体，这也是项目管理工作的基本逻辑关系。

工程项目管理的程序为：

（1）编制项目管理规划大纲。

（2）编制投标书并进行投标。

（3）签订施工合同。

（4）选定项目经理。

（5）项目经理接受企业法定代表人的委托组建项目经理部。

（6）企业法定代表人与项目经理签订《项目管理目标责任书》。

（7）项目经理部编制《项目管理实施规划》。

（8）进行项目开工前的准备。

（9）施工期间按《项目管理实施规划》进行管理。

（10）在项目竣工验收阶段，进行竣工结算，清理各种债权债务，移交资料和工程。

（11）进行经济分析，做出项目管理总结报告并送企业管理层有关职能部门。

（12）企业管理层组织考核委员会对项目管理工作进行考核评价并兑现"项目管理目标责任书"中的奖罚承诺。

（13）项目经理部解体。

（14）在保修期满前，企业管理层根据《工程质量保修书》和相关约定进行项目回访保修。

1.2.3　工程项目管理的方法

1. 工程项目管理方法的分类

按管理目标划分，项目管理方法有进度管理方法、质量管理方法、成本管理方法和安全管理方法、现场管理方法。

按管理方法的量性划分，项目管理方法有定性方法、定量方法和综合管理方法。

按管理方法的专业性质划分，项目管理方法有行政管理方法、经济管理方法、技术管理方法和法规管理方法等。这是最常用的具体分类方法。

1）行政管理方法

指上级单位及上级领导人，包括项目经理和职能部门，利用其行政上的地位和权力，通过发布指令、进行指导、协调、检查、考核、激励、审批、监督、组织等手段进行管理的方法。它的优点是直接、迅速、有效，但应注意科学性，防止武断、主观、官僚主义和命令主义的瞎指挥。一般来说，用行政方法进行项目管理，指令要少些，指导要多些。项目经理应主要使用行政管理方法。

2）经济管理方法

指用经济类手段进行管理，如实行经济承包责任制，编制项目资金收支计划，制订经济分配与激励办法以调动积极性，制订物资管理办法等。

3）法律管理方法

主要是通过贯彻有关建设法规、制度、标准等加强管理。合同是依法签订的明确双方权利、义务关系的协议，广泛用于项目管理进行履约经营，亦属于法律方法。

4）技术管理方法

最重要的适用方法有：目标管理方法、网络计划方法、价值工程方法、数理统计方法、信息管理方法、线性规划方法、ABC分类方法、目标管理方法、系统分析方法等。技术管理方法是管理中的硬方法，以定量方法居多，有少量定性方法，其科学性更高，管理效果更好。

2. 工程项目管理的主要方法

项目管理的主要方法是目标管理方法，而各项目标的实现还有其适用的主要专业方法。如进度目标控制的主要方法是网络计划方法；质量目标控制的主要方法是全面质量管理方法；成本目标控制的主要方法是可控责任成本方法；安全目标控制的主要方法是安全责任制管理方法等。

1）目标管理方法

目标管理是指集体中的成员亲自参加工作目标的制订，在实施中运用现代管理技术和行为科学，借助人们的事业感、能力、自信、自尊等，实行自我控制，努力实现目标。

目标管理方法应用于工程项目管理须经过以下几个阶段：

第一，确定项目组织内各层次、各部门的任务分工，提出完成工程任务和工作效率的要求。

第二，把项目组织的任务转换为具体的目标，既要明确成果性目标（如工程质量、进度等），又要明确效率性目标（如工程成本、劳动生产率等）。

第三，落实目标，包括落实目标的责任主体，明确责任主体的责权利，落实进行检查与监督的责任人及手段，落实目标实现的保证条件。

第四，对目标的执行过程进行协调和控制，发现偏差时及时进行分析和纠正。

第五，对目标的执行结果进行评价，把目标执行结果与计划目标进行对比，以评价目标管理的好坏。

2）网络计划方法

网络计划方法因控制项目的进度而产生，是进度控制的主要方法，已成功地进行了无数重大而复杂项目的进度控制，并取得了良好的效益。现在，业主方的项目招标，监理方的进度控制，承包方的投标及进度控制，都离不开网络计划，网络计划方法已被公认为进度控制的最有效方法。

3）全面质量管理方法

全面质量管理方法是质量控制的主要方法。

全面质量管理方法可以归结为"三全一多样"。

"三全一多样"，即全过程的、全员的、全企业的、多方法的质量管理。

"全企业参与质量管理"主要是企业要形成一个质量体系，在统一的质量方针指引下，为实现各项目标开展各种层面的P（计划）、D（执行）、C（检查）、A（处置）循环，而每一循环均使质量水平提高一步；"全员参与质量管理"的主要方式是开展全员范围内的"QC小组"。

开展质量攻关和质量服务等群众性活动；"全过程的质量管理"主要表现在对工序、分项工程、分部工程、单位工程、单项工程、建设项目等形成的全过程和所涉及的各种要素进行全面的管理。

各种质量管理方法如图1-1所示。

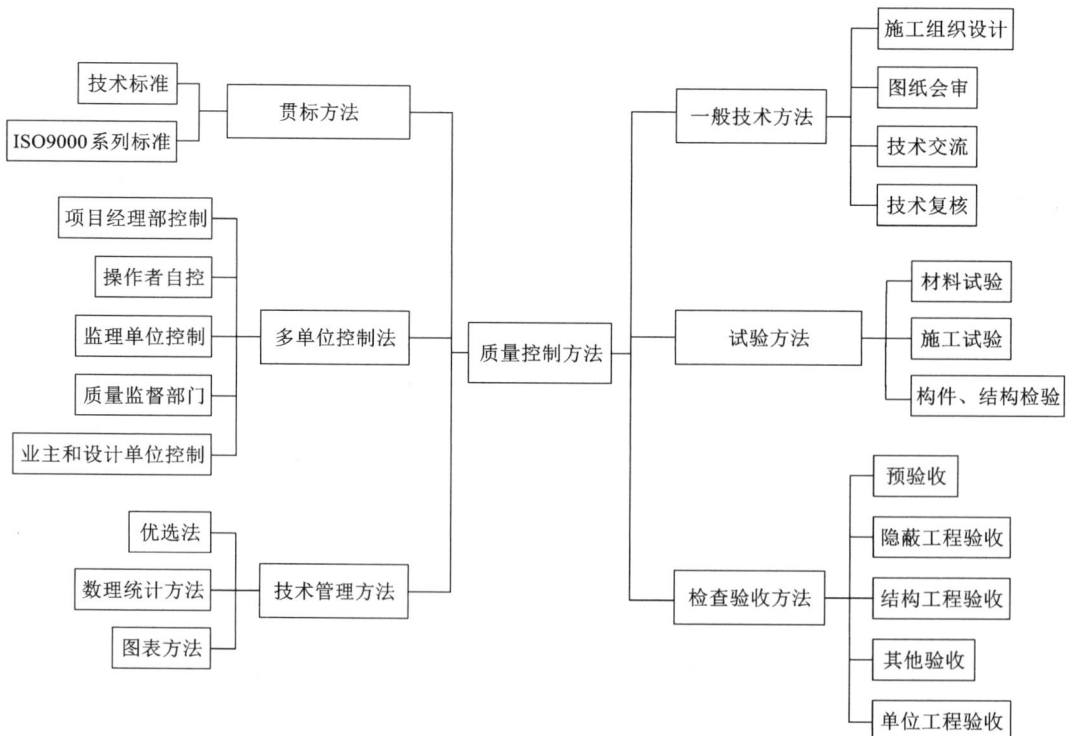

图1-1 质量管理方法

4）可控责任成本方法

可控责任成本方法是成本控制的主要方法。工程成本是工程项目各种消耗的综合价值体现，是消耗指标的代表。成本的控制与各种消耗有关，只有把好消耗关才能控制成本。

一种资源在某一环节上的节约，可能与多个责任者相关，要分清各相关人员的责任，做到各负其责。所以，可控责任成本是责任者可以控制的那部分成本。

可控责任成本方法是通过明确每个职工的可控责任成本目标，实现对每项生产要素的成本控制，最终达到项目总成本得以控制的方法。可控责任成本方法本质上是成本控制的责任制，也是目标管理方法中责任目标落实的方法。

5）安全责任制方法

安全责任制是用制度规定每个项目管理成员的安全责任，是安全控制的主要方法。安全责任制是岗位责任制的组成内容，即应按岗位的不同确定每个人的安全责任，管理人员的责任和作业人员的责任不同，作业人员从事不同专业的工作，其安全责任也不同。要承担安全责任，就要进行安全教育，也要加强检查与考核，因此安全责任制中必须包含承担安全责任的保证制度。

1.3　矿业工程项目及施工技术

1.3.1　矿业工程项目的组成

1.矿业工程专业涉及的内容

1）矿业工程专业范围

矿业工程专业涉及所有矿山行业的建造工作，包括煤炭、冶金、建筑材料、化工、有色金属、铀矿、黄金等行业的井工和露天矿山及相应的选矿厂的建造工程。

2）矿业工程的建造内容

一般情况下，矿业工程由常说的矿建、土建和安装三大类工程组成。矿建工程包括井下或露天矿山的建设工作；土建工程指矿区地面的矿山工业广场与生活区的房屋建筑与工业厂房（包括选矿厂房）建筑工程；安装工程包括为采矿及采矿生产过程中的通风、排水、提升运输、供电等各种机电设备安装以及针对不同选矿方法所用的选矿设备的安装内容。矿业工程还包括一些涉及安全的重要建（构）筑物，如炸药库、金属与非金属矿山的尾矿设施等。矿业工程也涉及矿区的公路、铁路与桥梁、场地等建（构）筑物的建设工程。

2.矿业工程项目组成

工程项目组成的合理和统一划分对评价和控制项目的成本费用、进度、质量等方面的工作是必不可少的。矿业工程项目可划分为单项工程、单位工程、分部工程和分项工程。

1）单项工程

单项工程是建设项目的组成部分。一般指具有独立的设计文件，建成后可以独立发挥生产能力或效益的工程，如矿区内矿井、选矿厂、机械厂的各生产车间；非工业性项目一般指能发挥设计规定主要效益的各独立工程，如宿舍、办公楼等。

2）单位工程和子单位工程

单位工程是单项工程的组成部分。一般指不能独立发挥生产能力或效益，但具有独立施工条件的工程。通常按照单项工程中不同性质的工程内容，可独立组织施工、单独编制工程预算的部分划分为若干个单位工程。一些工程内容的单位工程见表1-1。

表1-1　矿业工程中一些单位工程的划分内容

工程名称	单位工程的划分内容
煤矿井巷工程	立井井筒、斜井井筒和平硐、巷道、硐室、通风安全设施、井下铺轨
尾矿设施工程	尾矿坝、排水隧洞、构筑物工程、安装工程、库区工程
有色金属矿山井巷工程	竖井井筒、斜井和斜坡道及平硐、平(斜)巷道、硐室、井下安全构筑物
露天煤矿工程	疏干工程、防排水工程、边坡工程、穿爆工程、采剥工程、排土工程、道路工程、铁路运输工程、生产系统、附属工程
矿山机械厂工程	车间厂房建筑工程、车间设备安装工程

跨年度施工的井筒、巷道等单位工程，可以按施工年度划分为子单位工程。单位工程和子单位工程的地位是相同的。

3）分部工程和子分部工程

分部工程按工程的主要部位划分，它们是单位工程的组成部分；分部、分项工程不能独立发挥生产能力，没有独立施工条件，但可以独立进行工程价款的结算。一些单位工程的分部工程见表1-2。

表1-2　矿业工程中一些分部工程的划分内容

单位工程名称	分部工程的划分内容
(竖井)井筒工程	*井颈、*井身、*壁座、井窝、*防治水、钻井井筒、沉井井筒、冻结、混凝土帷幕
(平、斜)巷道工程	主体工程[含：*无支护、*锚(网)喷支护、砌块支护、*混凝土支护、*钢筋混凝土支护、*支架支护(以上均指工程主体)]、*防治水、*水沟、*附属工程
尾矿坝工程	**坝体填筑、反滤排水设施与护坡、导流与度汛
尾矿设施的构筑物工程	**地基与基础工程、**主体工程、附属工程
露天煤矿的道路工程	路基工程、基层工程、面层工程

注：*——同时为有色金属矿的分部工程内容；**——为尾矿设施相应工程的主要分部项目。

对于支护形式不同的井筒井身、巷道主体等分部工程，可按支护形式的不同划分为子分部工程；对于支护形式相同的井筒井身、巷道主体等分部工程，可按月验收区段划分为子分部工程。

和子单位工程性质一样，子分部工程的地位和分部工程相同。

4)分项工程

分项工程主要按工序和工种划分，是分部工程的组成部分。分项工程也没有独立发挥生产能力和独立施工的条件；也同样可以独立进行工程价款的结算；一般常根据施工的规格形状、材料或施工方法不同，分为若干个可用同一计量单位统计工作量和计价的不同分项工程。如井身工程的分项工程为掘进、模板、钢筋、混凝土支护、锚杆支护、预应力锚索支护、喷射混凝土支护、钢筋网喷射混凝土支护、钢纤维喷射混凝土支护、预制混凝土支护、料石支护等。墙体工程的分项工程有基础、内墙、外墙等分项工程。尾矿坝的坝体填筑的分项工程有测量放线、坝基与岸坡处理、土石方工程。

1.3.2　矿业工程施工技术

矿业工程施工技术涉及工程测量、工程地质与水文地质、工程材料、工程稳定和爆破工程技术，其中工程稳定和爆破工程技术涉及较深的理论和较强的技术基础，同时这些内容也是其相关工程的技术基础。矿业工程施工技术的专业内容包括矿场地面建筑与安装工程以及矿山井巷工程。地面建筑与安装工程又涉及工业建筑的施工、地基加固与基础的施工、主要结构的施工和设备安装。矿山井巷工程则涉及井筒、巷道和硐室等工程的施工，是矿业工程施工的主体和重点内容。本节主要详细介绍矿业工程测量、工程材料、工程稳定和爆破工程技术。

1. 矿业工程测量

1)施工控制网的测量

施工测量是在勘测和设计工作完成后，首先在建设项目范围内建立施工控制网，然后按设计图纸的要求将建(构)筑物的位置、形状、大小与高程在实地标定出来，也就是施工放样，在施工放样的基础上完成施工工作；当项目完成后，还应完成竣工测量，提供最终的项目测量报告。施工测量不仅是施工的基础条件和施工的依据，也是检查施工质量、工程项目安全以及竣工验收重要的评价依据；同时施工测量资料，包括各种实际测绘的基本矿图、测量原始资料和测量成果计算资料，还将成为以后生产的重要依据，是施工完成后应完整移交的重要技术文件。

施工测量是一个区域性的工作，因此它必须从涉及范围的整体出发，逐步传递进行。为保持施工测量工作的整体一致性，并为了能克服因误差的传播和累积而对测量成果造成的影响，施工测量工作一般应遵循以下原则：

(1)程序上符合"由整体到局部"的要求。

(2)实施的步骤是"先控制后细部"。

(3)精度上要求"由高级到低级"。

矿山施工测量有许多自身特殊的内容。矿山测量除有相应的地面区域性工程测量外，通常矿山测量还要完成符合要求的井下的测量控制网，并要将井下的控制网和地面控制网联系起来，形成统一的系统；矿山测量也同样要正确标定各工程的位置，另外还要测绘各种矿图；受井下条件的限制，控制网的形式也比较单一，一般都是采用导线沿巷道布设，难以实现测角网等其他形式。同时，现在地面广泛利用卫星设备建立的 GPS 网在地下不能采用。因为矿山井下控制测量是沿巷道推进而延伸的，所以它不能像地面那样，在工程施工前建立，而是一个边施工边延伸的过程。这些都构成了矿山施工测量控制网的特点。

将矿区地面平面直角坐标系统和高程系统传递到井下的测量，称为联系测量；将地面平面直角坐标系统传递到井下的测量称平面联系测量，简称定向。将地面高程系统传递到井下的测量称高程联系测量，简称导入标高。矿井联系测量的目的是使地面和井下测量控制网采用同一坐标系统在进行联系测量前必须先在井口附近建立近井点、高程基点以及连测导线点。联系测量应至少独立进行两次，在误差不超过限差时，采用加权平均值或者算术平均值作为测量成果。

2) 测量的方法与内容

地面施工平面控制网通常采用三角网、GPS 网、导线网、建筑基线或建筑方格网等形式。选择平面控制网的形式，应根据建筑总平面图、建筑场地的大小、地形、施工方案等因素进行综合考虑。对于地形起伏较大的山区或丘陵地区，常用三角测量、边角测量或 GPS 方法建立控制网；对于地形平坦而通视比较困难的地区，如扩建或改建的施工场地，或建筑物分布很不规则时，则可采用导线网或 GPS 网；对于地面平坦而简单的小型建筑场地，常布置一条或几条建筑基线，组成简单的图形并作为施工放样的依据；而对于地势平坦，建筑物众多且分布比较规则和密集的工业场地，一般采用建筑方格网。总之，施工控制网的形式应与设计总平面图的布局相一致。

施工高程控制网的布设要求是水准点要有足够的密度，应尽量使得在施工放样时，安置一次仪器即可测设所需的高程点，并保持高程点在施工期间的位置稳定。当场地面积较大时，高程控制网可分为首级网和加密网，相应的水准点称为基本水准点和作业水准点。为了测设的方便，在每栋较大建(构)筑物附近还要测设 ±0.000 m 水准点，其位置多选在较稳定的建筑物墙、柱的侧面，用红油漆绘成上顶线为水平线的倒三角形。

近井点和井口高程基点的建立要求：

(1) 近井点和井口高程基点应尽可能设在便于观测、保存的地方，不受开采和其他因素的影响。

(2) 近井点至井筒连接导线边数不宜超过 3 条；对多井筒的矿井地面近井点，应统一规划，合理布设，尽可能使相邻井筒的近井点构成测量网的一条边线，或为求其间的间隔的边数最少。

(3) 水准基点不可少于 2 个，合适的情况下，近井点也可作为水准基点。

(4) 近井点和水准基点应埋设在结构坚固、稳定的井口附近建筑物上或井筒附近的地面上。

井下控制测量方法，以前导线测量多用经纬仪测角，钢尺量边，这种导线可称之为"经纬仪-钢尺导线"。随着测量仪器的不断发展完善，现在逐步有了"光电测距导线"，即用光电测距仪测量边长的导线；和"全站仪导线"，即用全站仪测量角度与边长(或直接测定坐标)的导线；另外还有"陀螺定向-光电测距导线"，是用陀螺经纬仪测定每条边的坐标方位角，用光电测距仪测量每条导线的边长。

井下平面控制网的导线布设，仍应按照"高级控制低级"的原则进行。

井下高程测量的目的就是通过测定井下各种测点高程，建立一个与地面统一的高程系统，并确定各种巷道、硐室在竖直方向上的位置及相互关系。

采用两个或两个以上相向或同向掘进的工作面掘进同一井巷时，为了使其按照设计要求在预定地点正确接通而进行的测量工作，称为贯通测量。井巷贯通一般分为一井内巷道贯通、两井之间的巷道贯通和立井贯通三种类型。不论何种贯通，均需事先确定贯通井巷中心线的坐标方位角和贯通距离，巷道贯通还要求标定其腰线及其倾角（坡度）等，这些统称为贯通测量的几何要素。根据巷道特点、用途及其对贯通的精度要求等内容的不同，这些几何要素（如巷道的中、腰线）的确定方法和要求是不同的。

3）常用测量仪器和使用方法

常用测量仪器通常指经纬仪、水准仪、钢尺、光电测距仪及全站仪等。

（1）经纬仪是用来测量水平角和垂直角的仪器，有光学经纬仪和电子经纬仪。测量时首先要在测站上安置经纬仪，并对中整平，通过望远镜瞄准前、后视目标，在读数窗中读取数据，即可计算出水平和垂直角。

（2）水准仪是测量两点之间高差的常用仪器，通常使用光学水准仪。测定时将水准仪整平安置于两点之间，瞄准前、后测点上的水准尺，并精确整平水准仪，通过望远镜读取水准尺上读数，然后计算两点间高差。

（3）测量两点之间距离常用仪器是钢尺和光电测距仪。井下钢尺量边一般用比长过的钢尺悬空丈量，边长丈量后应根据尺长、温度、拉力、垂曲等修正读数；用光电测距仪测距时，应将测距头安置在经纬仪上方，通过前后视测站安置反光棱镜，直接测定出两点之间距离。

（4）全站仪是一种集光、机、电为一体的高技术测量仪器，是集水平角、垂直角、距离（斜距、平距）、高差测量功能于一体的测绘仪器系统。全站仪具有角度测量、距离（斜距、平距、高差）测量、三维坐标测量、导线测量、交会定点测量和放样测量等多种用途。内置专用软件后，功能还可进一步拓展。

（5）激光扫平仪是指利用激光束绕轴旋转扫出平面的仪器，它是在传统的光学扫描仪的基础上发展起来的一种激光扫描仪器。激光扫平仪具有更高的扫平精度和更远的作用距离，而且使用起来更方便、更灵活，工作效率高。

（6）激光垂线仪又叫激光铅垂仪。它是将激光束置于铅直方向以进行竖向准直的仪器。广泛运用于高层建筑、烟囱、电梯等施工过程中的垂直定位及以后的倾斜观测，精度可达 0.5×10^{-4} m。

（7）陀螺经纬仪是将陀螺仪和经纬仪组合在一起，用以测定地理方位角的仪器。在地球上南北纬度 75° 范围内均可使用。陀螺马达高速旋转时，由于受地球自转影响，其轴围绕子午面做往复摆动。通过观测，可测定出地理北方向。陀螺经纬仪的主要作用是将地面坐标方位角传递到矿山井下巷道或隧道内，使矿山井下或隧道与地面采用统一的坐标系统。在井下导线中加测一定数量的陀螺定向边，可以提高导线测量的精度。激光陀螺经纬仪则具有精度较高、稳定和成本低的特点。

2.矿业工程材料

矿业工程材料主要包括建筑钢材、水泥、混凝土、石材和其他相关材料。

建筑钢材作为主要的受力结构材料，其主要的力学性能有抗拉性能、抗冲击性能、耐疲劳性能及硬度。矿用特种钢材主要为矿用工字钢、矿用特殊型钢（U型钢、Ⅱ型钢和特殊槽钢）、轻便钢轨等。矿用工字钢是专门设计的翼缘宽、高度小、腹板厚的工字钢，它的几何特性既适于作梁，也适于作腿。U型钢、Ⅱ型钢和特殊槽钢等是专门用于巷道支撑（可缩支架）。U 型钢的两个截面系数接近相等，横向稳定性较好。矿用工字钢和 U 型钢的高度较一般型钢小，可减少巷道开挖量。而轻便钢轨是专为井下 1 t 至 3 t 矿车运输提供的，并可在巷道支护中用于制作轻型支架，但受力性能较差。

水泥属于水硬性胶凝材料，由水泥熟料、石膏和混合料组成。水泥的性能主要决定于熟料组成与质量，与水发生反应凝结硬化的主要矿物均由熟料提供。水泥中掺加混合料可提高水泥产量，降低水泥强度等级，减少水化热，改善水泥性能等作用。掺入适量石膏可调节凝结时间，提高早期强度，降低干缩变形，改善耐久性、抗渗性等一系列性能，对于掺混合料的水泥，石膏还对混合料起活性激发剂作用。水泥品种按其组成可分为两大类，即常用水泥和特种水泥。常用水泥主要指用于一般土木建筑工程的水泥，如硅酸盐水泥、普通硅酸盐水泥、矿渣硅酸盐水泥等，它们均是以硅酸盐水泥熟料为主要组分的一类水泥。特种水泥泛指水泥熟料为非硅酸盐类的其他品种水泥，如高铝水泥、硫铝酸盐水泥等。

混凝土由水泥、砂、石子和水拌合而成。其中水泥为胶结材料，砂、石为骨料。在水泥浆凝结硬化前，混凝土拌合物应具有一定的工作性能（和易性）。在混凝土拌合时或拌合前可掺入一定量的外加剂，如减水剂、早强剂、速凝剂、防水剂、抗冻剂、缓凝剂等，以改善混凝土的性能，满足施工设计要求，如提高最终强度或初期强度（早强）、改善和易性、提高耐久性、节约水泥等。

常用混凝土的基本性能和施工中的技术要求包括以下四项内容：

（1）各组成材料经拌和后形成的拌合物应具有一定的和易性，以满足拌合、浇筑等工作要求。

（2）混凝土应在规定龄期达到设计要求的强度。

（3）硬化后的混凝土应具有适应其所处环境的耐久性。

（4）经济合理，在保证质量前提下，降低造价。

石材具有比较高的强度、良好的耐磨性和耐久性，并且资源丰富，易于就地取材，因此，石材的使用仍然相当普遍。石材有两种：一种是指采得大块岩石后，经锯解、劈凿、磨光等机械加工制成各种形状和尺寸的石料制品；另一种是直接采得的各种块状和粒状的石料。矿用石材主要为经过简单粗加工后形成的石料，作为砌墙、护拱基础台等用途的材料。

矿用建筑材料还有菱苦土、水玻璃、建筑塑料等。

菱苦土是一种气硬性无机胶凝材料，主要成分是氧化镁（MgO），属镁质胶凝材料。

用氧化镁溶液调和菱苦土，硬化后其抗压强度可达 40～60 MPa，但其吸湿性较大，耐水性较差；用硫酸镁、铁矾等作调和剂，可降低吸湿性，提高耐水性。

水玻璃又称泡花碱，是一种碱金属硅酸盐。根据其碱金属氧化物种类的不同，又分为硅酸钠水玻璃和硅酸钾水玻璃等，其中以硅酸钠水玻璃最为常用。水玻璃具有良好的黏结性能和很强的耐酸腐蚀性；水玻璃硬化时析出的硅酸凝胶还能堵塞材料的毛细孔隙，有阻止水分渗透的作用。另外，水玻璃还具有良好的耐热性能，高温不分解，强度不降低（甚至有增加），因此常用于工程中注浆堵水和岩土体加固。

建筑塑料是以合成树脂为主要原料，加入填充剂、增塑剂、稳定剂等添加剂，在一定温度和压力下制成的一种有机高分子材料。具有重量轻、比强度高、绝缘性能好、减振、消声和隔热性好、成本低、加工方便，以及具有出色的装饰性能和优良的抗化学腐蚀性等特点。

3. 矿业工程稳定

矿业工程稳定包括围岩工程分类、矿山边坡稳定方法、矿业工程边坡加固、巷道支护、巷道施工监测。

1)围岩工程分类

由于分类的目的不同,认识也各异,目前,围岩分类仍没有一个统一的方法。有单纯为评价岩石性质好坏的分类,有从工程地质角度进行的分类,有作为隧道用或矿山用的分类,而矿山又分为煤矿、冶金矿山等不同类型的分类。因此,根据形式分类,可以有单因素分类和多因素分类;根据目的分类,有岩体质量分类、岩体结构分类和岩体工程分类等。岩体工程分类又分用于岩石坚固性(为钻眼爆破)、稳定性等目的的工程评价,稳定性方面又有铁路隧道、公路隧道、水电工程以及煤矿、冶金矿山井巷工程等的不同分类。此外,岩体性质(质量)、岩体结构又是影响工程围岩稳定的重要因素,因此一些工程分类常常又结合了岩体质量、岩体结构的分类内容,造成了各种岩体分类的交叉。

由于岩性及地下环境条件的复杂,尤其是岩体受不同的地质构造影响,目前还没有方法有效地解决地下工程的稳定问题,因此,施工经验成了解决井巷围岩稳定的重要手段。围岩工程分类就是总结对岩性问题的认识和众多的施工经验,考虑影响围岩稳定的主要因素,分门别类地指出不同围岩的稳定特点、条件,供从事地下工程的技术人员通过类比来选择或者作为参考用。

根据对岩石性质和对影响围岩稳定因素的认识,为了达到不同工程的使用目的,地下工程围岩的岩体工程分类通常包括岩体结构形式、岩石力学性质及主要影响因素、围岩的稳定特征(时间长短)、工程条件(断面大小、深度)等内容。我国当时的煤炭、铁路、水利等系统的岩石分类都采用这种形式。国家标准《工程岩体分级标准》GB 50218—2014 是综合岩体完整状况等基本特征以及岩石强度指标和若干影响因素所确定的岩石质量指标,对岩体进行的工程分类。

2)矿山边坡稳定方法

受重力作用,边坡的岩土体都有向下滑动的趋势,当一部分岩土体的滑动力大于岩土体的滑动阻力时,边坡就要失稳,发生明塌事故。边坡稳定是一个比较复杂的问题,影响边坡稳定的因素较多,表现的形态也各不一样。归纳起来有以下几方面:

(1)边坡体的物理力学性质

构成边坡的岩土体以及其他材料(如工业废渣、废料),或者它们与岩土体的混合体,其物理力学性质对边坡稳定有重要影响。当边坡体的抗剪能力低(如内摩擦系数小或者内聚力小)时其抵抗滑动的阻力就小,潜在的滑动面就容易发生滑动;软岩、风化岩石以及岩体中的软弱夹层,都容易引起岩石边坡失稳。边坡体的容重也是重要影响因素,但是容重的影响要具体分析,它可能形成一部分滑动力,也可能会利于形成滑动阻力。

(2)边坡体的结构形式及其形状和尺寸

边坡的形状和尺寸是指边坡的断面形状、边坡坡度、边坡总高度等。一般来说,边坡越陡越容易失稳,边坡高度越大对稳定越不利。对于岩石边坡而言,岩体结构组成以及岩体结构面性质对边坡稳定有重要影响。当结构面小于边坡坡角时,结构面就是天然潜在的滑动面;结构面的性质,包括产状、间距、连续性、充填内容和性质、粗糙度、含水情况等,这些都影响结构面的抗剪强度。

（3）边坡的工作条件

边坡的工作条件主要是指边坡的外部荷载，包括边坡和坡顶面上的荷载、边坡的其他传递荷载，如露天矿边坡上的车辆及工作荷载、设备堆载，储灰场后方堆灰的传递荷载，水坝后方的水压力等。

（4）水的影响

水会软化岩石；静止的自由水会改变岩石的重度（饱和重度），在结构面上形成浮力；渗流水对渗透岩石有动水压力作用。有时这几种情况会同时影响坡体稳定，例如，雨天时，边坡受雨水冲刷，既弱化了岩石结构面的力学性质，又受到结构面里流水的静、动力作用，因此很容易发生严重的边坡塌方事故。

（5）工程施工影响

开挖可能使原先稳定的岩体失稳（如坡角过大），或因卸荷作用引起裂隙进一步发育，而恶化岩石性质；爆破和其他施工动力作用可能引起诱发性的边坡失稳，同时对岩石性质也起到了严重的恶化作用；施工还可能破坏原有平衡的环境条件，而导致边坡失稳。

（6）其他影响

对服务年限长的露天矿应充分考虑岩石的时效影响；边坡坡面凹形的形状比凸形的更有利，平面斜坡稳定性居中；地表面的不同形状则受重力分布的影响；地震会诱发边坡失稳；环境变化（周围采掘活动、降水或循环冻融等气温影响等）也会引起边坡的失稳。

3）矿业工程边坡加固

（1）锚杆加固

锚杆最早就是用来加固边坡的方法，从边坡的局部加固逐步发展到深层锚固，都取得了比较明显的效果。至今锚杆加固边坡的方法仍然被广泛应用。

目前，对于锚杆加固的机理仍未充分清楚，一般而言，锚杆的预应力或者预紧力可以改善边坡的受力状态，并能提高边坡的抗剪能力，锚杆杆体自身还可以提供部分抗剪作用。为提高锚杆的锚固效果，锚杆布设除要达到一定深度外，应根据岩土体结构特性选择合适的方向、密度（间、排距）。锚杆的预应力或者预紧力对锚固效果有重要影响，因此施工中必须要保证预应力或预紧力达到设计要求，还要避免预应力损失。

（2）锚索加固

锚索加固与锚杆加固的作用原理基本一致，但是锚索比锚杆具有更突出的优点：

①锚索可以施加很高的预应力，甚至可以达到15000 kN。

②锚索的布设深度可以为4~50 m不等，甚至更深，这样，锚索既可以加固边坡的局部不稳定部分，也可以用于加固大型的深层滑坡，这也是锚杆难以做到的。

③锚索的适用范围广，包括各种岩性及各种岩体结构。

④锚索的埋设与施工方便。

锚索的锚固设计参数比较多，包括锚索直径、长度、锚固长度、钻孔直径、锚索的最大承载力和预应力、锚索的布置（行距、排距、方向）、灌浆设计以及防锈要求及处理方法等。锚索的施工应进行检测。

（3）抗滑桩加固

抗滑桩作为加固边坡的手段在我国应用广泛，其效果也比较显著。

抗滑桩有许多种，诸如钢轨桩、组合钢轨桩、混凝土钢轨桩、钢筋混凝土桩、滑面钢筋混凝土锚固桩等等。抗滑桩通常适用于浅层滑坡及边坡局部不稳定区段的加固，对于深层滑坡可以采用短的滑面锚固桩或连续性的锚固墙。在使用短的滑面锚固桩时，必须详细地测定滑面位置及宽度，不同情况采取不同的施工措施。

(4)滑面爆破加固

滑面爆破加固又称麻面爆破加固，它是我国露天矿应用较多的一种方法。滑面爆破加固方法主要应用于顺层滑坡，基本原理是用爆破方式扰动滑面的岩体，从而增加滑面的抗滑性，有利于滑面的稳定。采用该方法也要求正确判定滑动面的位置，然后提出合理的爆破参数，且爆破钻孔必须超过滑面的一定深度，使滑面上下的扰动层有一定的厚度范围。滑面爆破加固法的操作比较简单，但也要求潜在的滑动面比较薄或者滑动带的宽度有限，且是属于浅层滑坡，可见，滑面爆破加固方法的适用范围受一定限制。

4)巷道支护

巷道支护主要包括支架支护、锚喷支护、衬砌支护。

(1)支架支护主要包括木支架和金属支架两类，其中金属支架又包括梯形和拱形金属支架两种支护形式。支架属于被动支护，就是被动地承受围岩的重力作用，有时也承受变形压力的挤压作用。为保证支架受力合理稳定，支架必须架设规整，支架的立柱应安设牢固，支架间应有拉杆或撑杆保持支架整体牢固稳定；为了及早作用于围岩、避免围岩过早断裂，支架应与岩面尽量背紧。

(2)锚喷支护是锚杆与喷射混凝土联合支护的简称。二者可单独使用，分别为锚杆支护与喷射混凝土支护。锚喷支护还可有多种形式的联合支护，如与金属网的联合支护称为锚喷网支护。锚喷支护的机理还不是很清楚，但是效果很明显。锚喷支护与支架的主要区别是它通过围岩内部的加固作用提高围岩自身的稳定能力，故可认为是一种积极支护。但它仍然是被动地由围岩的变形或位移引起对围岩的支护作用。

(3)衬砌支护包括砌碹支护和现浇混凝土支护。砌碹支护主要是采用砌块砌筑成连续的支护结构，多采用拱形结构，一般由拱、墙和基础等组成。砌块材料可常用石材、混凝土砌块等。砌碹支护具有坚固耐久、防火阻水、通风阻力小、材料来源广等优点，缺点是施工复杂、劳动强度大、工期长、成本高、抗变形能力小，目前主要用于服务年限较长的主要巷道。现浇混凝土支护是在巷道内借助模板浇灌混凝土而实施的整体式支护结构，它作为一个支护结构，支撑着巷道围岩。这种支护对地质条件适应性强，易于按需要成型，服务年限长，而且适合多种施工方法。但由于其施工成本高，目前在矿山的一般巷道中应用较少，主要用于不稳定的软岩巷道、井筒及各类重要的硐室支护工程。

5)巷道施工监测

巷道施工监测主要包括围岩变形监测、荷载与应力监测和松动圈监测。

(1)围岩变形监测主要分为巷道表面位移监测和深部围岩位移监测，巷道表面位移监测采用收敛测量、导线测量或高程测量，深部围岩位移监测采用多点位移计测量或者离层仪测量。

(2)荷载与应力监测包括支护载荷监测和围岩应力监测。支护载荷监测包括支架载荷、衬砌或喷混凝土载荷、锚杆受力监测，也包括衬砌或混凝土的面层应力监测，要求受力均匀且在其承载能力范围以内，并有一定余量。围岩应力监测不同于原岩应力测量，主要指在影响圈范围内的围岩应力测量,包括围岩表面应力监测以及巷道影响范围内的岩体应力测量。

(3)松动圈通常指围岩中破裂比较严重的区域。引起围岩破裂的主要原因是爆破施工以及围岩内的应力较高而围岩的承载能力不足。无论哪种原因造成的围岩破裂,都会对支护造成不利的影响,所以松动圈是影响巷道稳定的重要因素。松动圈的大小、分布及其状态,主要通过破裂围岩的物理性质(如声速、电阻、渗透性、电磁波等)变化或是通过直接观测(钻孔取芯、钻孔潜望或视频、多点位移测量分析)围岩的破裂发育状况来确定。目前应用较多的是用超声波波速和电磁雷达确定的方法。超声波波速确定围岩松动范围的原理是岩石的声速和破裂程度有关,破裂越严重,声速越低。巷道周边围岩破裂最严重,声速最低,深处岩体处于原岩状态,成为原岩声速,因此可以认为低于原岩声速的围岩是破裂范围。当井巷周围布置有若干个测孔时,各个测孔的破裂范围相连就构成松动圈。通过松动圈测定,可获得围岩的状态及其变化信息,比较地压影响大小,选择锚杆支护设计参数。

4. 爆破工程

1)工业炸药的种类和使用要求

工程爆破对炸药的基本要求:①爆炸性能好,有足够的威力以满足各种矿岩的爆破要求;②有较低的机械感度和适度的起爆感度,既能保证生产、储存、运输和使用的安全,又能保证顺利起爆;③炸药配比接近零氧平衡,以保证爆炸产物中有毒气体生成量少;④有适当的稳定储存期,在规定的储存期内,不会变质失效;⑤原料来源广泛,加工工艺简单,加工操作安全且价格便宜。

按炸药主要化学成分分类可分为:硝铵类炸药、硝化甘油类炸药和芳香族硝基化合物类炸药。

铵油炸药主要由硝酸铵、柴油和木粉组成。柴油起到敏化剂和可燃剂的作用。常用的品种有:①粉状铵油炸药。炸药颗粒越细,含水率越低,爆炸性能越好。②多孔粒状铵油炸药。多孔粒状硝酸铵吸油率高,炸药松散性好,不易结块。③改性铵油炸药。将组分中的硝酸铵、燃料油和木粉进行改性,以提高炸药的爆炸性能和储存性能。

铵油炸药感度低,不能由雷管直接起爆,需借助感度较高的炸药制成的起爆药包起爆,且爆炸生成物中有毒气体含量高。粉状和粒状铵油炸药吸湿及结块趋势强烈,吸湿、结块后爆炸性能严重恶化,故最好现做现用。允许的储存期一般为 15 d,潮湿天气为 7 d。

重铵油炸药是乳胶基质与多孔粒状铵油炸药的物理掺合产品,又称为乳化铵油炸药。在掺合过程中,高密度的乳胶基质填充多孔粒状硝酸铵颗粒间的空隙并涂覆于硝酸铵颗粒的表面。这样既提高了粒状铵油炸药的相对体积威力,又改善了铵油炸药的抗水性能。乳胶基质在重铵油炸药中的比例可在 0~100% 之间变化,炸药的体积威力及抗水性能也随之变化。同铵油炸药一样,重铵油炸药一般用于露天爆破。

膨化硝铵炸药是指用膨化硝酸铵作为氧化剂的一系列粉状硝铵炸药,由膨化硝酸铵、木粉和复合油组成,其中膨化硝酸铵是经过表面活性技术处理的自敏化改性硝酸铵。通过膨化敏化改性,使硝酸铵颗粒中含有大量的"微气泡",颗粒表面被"歧性化""粗糙化",当其受到外界强力激发作用时,这些不均匀的局部就可能形成高温高压的"热点"进而发展成为爆炸。常用的品种有露天膨化硝铵炸药、岩石膨化硝铵炸药、煤矿许用膨化硝铵炸药。其中,露天膨化硝铵炸药适用于露天爆破工程，岩石膨化硝铵炸药适用于无瓦斯和煤尘爆炸危险的爆破工程。膨化硝铵炸药具有吸湿速度慢、几乎不结块、储存性能稳定等物理特性和具有适中的爆轰感度、较高的爆轰速度、较大的爆热、较多的爆炸气体产物等爆炸特性。

水胶炸药是以硝酸铵和硝酸钠水溶液作为氧化剂，以硝酸甲铵、铝粉以及植物胶或聚丙烯酰铵等人工合成的凝胶剂作为敏化剂，使炸药各种成分胶凝在一起，形成一个均匀整体。交联剂可和胶凝剂发生化学反应，形成网状结构，以提高炸药的抗水性。同时炸药中还可加入少量稳定剂、表面活性剂和抗冻剂等。其主要品种包括露天水胶炸药、岩石水胶炸药和煤矿许用水胶炸药。其中，露天水胶炸药适用于露天爆破工程，岩石水胶炸药适用于无瓦斯和煤尘爆炸危险的爆破工程。水胶炸药具有密度高、威力大、安全性好、有毒气体少等优点，爆轰感度优于普通浆状炸药，可用雷管直接起爆。但水胶炸药容易受外界条件影响而失水解体，影响炸药性能。

乳化炸药由氧化剂水溶液、燃料油、乳化剂、敏化剂、稳定剂等成分组成。氧化剂水溶液常用硝酸铵水溶液或硝酸铵、硝酸钠混合水溶液。燃料油一般采用柴油，以形成乳化炸药的连续相，它还起燃烧剂和敏化剂的作用。乳化剂主要采用亲水亲油平衡值为 $3 \sim 7$ 的乳化剂，如斯本−80 等。敏化剂主要是金属粉末或发泡剂等。此外，还在炸药中加入密度调整剂和稳定剂等。常用的品种有露天乳化炸药、岩石乳化炸药、煤矿许用乳化炸药。其中，露天乳化炸药适用于露天爆破工程，岩石乳化炸药适用于无瓦斯地下爆破工程。乳化炸药的密度变化在 0.8 至 1.45 g/cm^3 之间，可调范围较宽。爆速和猛度较高，爆速一般为 $4000 \sim 5500$ m/s，猛度为 $17 \sim 22$ mm。由于含有较多的水，所以做功能力比铵油炸药低。但乳化炸药的感度较高，通常可用 8 号雷管起爆，抗水性比水胶炸药更强。

2）起爆器材的种类和使用要求

起爆器材主要有雷管、导爆索和导爆管。

雷管种类有火雷管、电雷管和导爆管雷管。其中，火雷管及其配套使用的导火索已被明令淘汰，并禁止在爆破作业中使用。电雷管又分为瞬发电雷管、秒延期电雷管、毫秒延期电雷管。

瞬发电雷管按结构分为药头式和直插式两种。药头式的电点火装置包括脚线、桥丝和引火药头；直插式的电点火装置没有引火药头，桥丝直接插入起爆药内，并取消加强帽。这种雷管从通电到爆炸过程是在瞬间完成的。

秒延期电雷管通电后不立即发生爆炸，而是要经过以秒量计算的延时后才发生爆炸。其结构特点是，在瞬发电雷管的点火药头与起爆药之间，加了一段精制的导火索，作为延期药，依靠导火索的长度控制秒量的延迟时间。

毫秒延期电雷管又称微差电雷管或毫秒电雷管。通电后，以毫秒量级的间隔时间延迟爆炸，延期时间短，精度也较高。毫秒电雷管与整体壳式秒延期电雷管相似，不同之处在于延期药的组分。

导爆管雷管是指利用导爆管传递的冲击波能直接起爆的雷管，属于非电雷管，与导爆管组装使用。它具有抗静电、抗雷电、抗水、抗杂散电流的能力，使用安全可靠，简单易行。导爆管雷管按延期时间分为毫秒延期导爆管雷管、1/4 秒延期导爆管雷管、半秒延期导爆管雷管和秒延期导爆管雷管。导爆管雷管适用于无瓦斯和煤尘（及其他可燃矿尘）爆炸危险的场所。

导爆索主要由两部分组成：药芯和外壳。药芯由粉状猛炸药构成；外壳用棉、麻等纤维材料编制而成，或者使用塑料外层。导爆索外径为 5.5~6.2 mm，每卷长度为 50±0.5 m，药芯药量为 12~14 g/m。品种上有普通导爆索、高抗水导爆索、高能导爆索、低能导爆索和安全导爆索。其中，安全导爆索适用于有瓦斯和煤尘爆炸危险的井下爆破。

导爆管是内管壁涂有均匀的奥克托金与铝粉混合物或黑索金与铝粉混合物的高压聚乙烯管。其外径为 2.8~3.1 mm，内径为 1.4(±0.1) mm，药量为 14~16 mg/m 导爆管可被 8 号雷管、普通导爆索、专用激发笔等激发并可靠引爆。传爆速度一般为 1950(±50) m/s，长达数千米的一根导爆管一端引爆后会以稳定的速度传播，不会出现中断现象。火焰、冲击、30 kV 的直流电均不能使导爆管引爆。另外，在水下 80 m 放置 48 小时仍能正常起爆。导爆管具有安全可靠、轻便、经济、不易受到杂散电流干扰和便于操作等优点。

3）井巷钻眼爆破的技术要求

巷道钻爆掘进的掏槽方式有斜孔掏槽和直孔掏槽。

巷道施工中，主要考虑断面大小、炸药性能和钻速来确定炮孔直径。目前我国多用 35~45 mm 的炮孔直径。

炮孔深度是指孔底到工作面的垂直距离，是确定掘进循环进尺的主要参数。炮孔数目的选定主要与井巷断面、岩石及炸药性能等因素有关。

在保证爆破效果的前提下，应尽可能地减少炮孔数目，炮孔数目一般根据经验公式确定。

确定单位炸药的消耗量要综合考虑多种因素，主要包括炸药性质、岩石性质、井巷断面、装药直径和炮孔直径、炮孔深度等。在实际施工中，可以根据经验公式或参考国家定额标准来确定，还需在实践中做些调整。

炮孔利用率一般指炮爆后每循环的工作面进尺与炮爆前炮孔深度的比值。井巷掘进中较优的炮孔利用率为 0.85~0.95。

巷道掘进中炮孔布置的原则和方法是：①首先选择适当的掏槽方式和掏槽位置，其次是布置好周边孔，最后根据断面大小布置崩落孔；②掏槽孔通常布置在断面的中央偏下，并考虑崩落孔的分布较为均匀；③周边孔一般布置在断面轮廓线上。按光面爆破要求，各炮孔要相互平行，孔底落在同一平面上。底孔的最小抵抗线和炮孔间距通常与崩落孔相同，孔底要超过底板轮廓线，保证不留根底；④最后布置崩落孔，以槽腔为自由面逐层布置，均匀分布在被爆岩体上。

装药结构分为：连续装药和间隔装药、耦合装药和不耦合装药、正向起爆装药和反向起爆装药。

立井掘进爆破的掏槽方式分为圆锥形掏槽和筒形掏槽。手持式凿岩机钻孔时，孔径一般为 39~46 mm；伞形钻架钻孔时，孔径一般为 35~50 mm。手持式凿岩机钻孔的孔深以 2 m 为宜；伞形钻架钻孔的孔深以 3.5~5.0 m 为宜。

1.3.3 矿业工程项目管理的内容

1. 业主的项目管理

矿山工程项目的业主对项目的管理是进行全过程的管理，包括项目决策和实施阶段的各个环节，即从编制矿井建设项目的建议书开始，经过可行性研究、设计和施工，直至项目竣工验收、投产使用的全过程管理。在市场经济体制下，矿山工程项目的业主可以依靠社会化的咨询服务单位，为其提供项目管理方面的服务。工程监理单位可以接受业主的委托，在工程项目实施阶段为业主提供全过程的监理服务。此外，监理单位还可将其服务范围扩展到工程项目前期决策阶段，为工程业主进行科学决策提供咨询服务。

2. 工程建设总承包单位的项目管理

矿山工程项目在设计和施工总承包的情况下，业主在项目决策之后，通过招标择优选定总承包单位全面负责工程项目的实施过程，直至最终交付使用功能和质量标准符合合同文件规定的工程项目。由此可见，总承包单位的项目管理是贯穿项目实施全过程的全面管理，既包括工程项目的设计阶段，也包括工程项目的施工安装阶段。总承包方为了实现其经营方针和目标，必须在合同条件的约束下，依靠自身的技术和管理优势或实力，通过优化设计其施工方案，在规定的时间内，按质、按量地全面完成工程项目的承建任务。

3. 设计单位的项目管理

设计单位的项目管理是指矿山工程设计单位受业主委托承担工程项目的设计任务后，根据设计合同所界定的工作目标及责任义务，对建设项目设计阶段的工作所进行的自我管理。设计单位通过设计项目管理，对建设项目的实施在技术和经济上进行全面且详尽的安排，引进先进技术和科研成果，形成设计图纸和说明书，以便实施，并在实施过程中进行监督和验收。由此可见，设计项目管理不仅局限于工程设计阶段，还延伸到施工阶段和竣工验收阶段。

4. 施工单位的项目管理

矿山工程项目的施工单位可以通过投标获得工程施工承包合同，并依据施工合同所界定的工程范围组织项目管理，简称为施工项目管理。施工项目管理的目标体系包括工程施工质量(quality)、成本(cost)、工期(delivery)、安全和现场标准化(safety)，简称为 QCDS 目标体系。显然，这一目标体系不仅与整个工程项目的目标相联系，还具有强烈的施工企业项目管理的自主性特征。

1.3.4　矿业工程项目管理特征

1. 矿产资源的属性

矿产资源的开发首先受到矿产资源条件的约束。资源的分布地域和赋存条件决定了资源开发的可行性及其规模、地点、范围等重要决策问题。

国家矿产资源法规定，矿产资源属于国家所有。无论地表或地下的矿产资源，其所属权不因其所依附的土地所有权或使用权的不同而改变。矿产资源的开发，必须符合国家矿产资源管理等有关法律条款规定和国家关于资源开发的政策。根据国家资源法规定，勘查和开采矿产资源，必须依法分别申请，经批准获得探矿权、采矿权，并按规定办理登记；资源法还规定，国家实行探护权和采矿权的有偿取得制度，开采矿产资源必须按照国家有关规定交纳资源税和资源补偿费。

国家矿产资源法规定，凡国家规划矿区、对国民经济具有重要价值的矿区和国家规定实行保护性开采的特定矿种，国家实行有计划开采。矿产资源法规定，国家对矿产资源的开采实行采矿许可证制度，从事矿产资源勘查和开采的，必须符合规定的资质条件。

多数矿产资源赋存在一定深度的地表下面。矿产资源赋存在地下的特点，给矿产资源的开发带来了许多困难。目前，了解地下矿产资源赋存状况的唯一办法就是地质勘查，因此，资源的勘探工作是进行矿山建设设计、实现矿业工程项目和矿产资源开采的前提条件。国家矿产资源法规定，供矿山建设设计使用的勘查报告，必须经国务院或省级矿产储量审批机构审查批准；未经批准的勘查报告，不得作为矿山建设的依据。

2. 矿业工程项目管理的特点

1) 矿业工程项目管理的综合性

矿业工程是大型综合性建设项目，是一个庞大的系统，矿业工程具有投资大、周期长、组织关系复杂的特点。一个矿业工程的延误，对国家而言，可能会影响整个国民经济计划的部署；企业将增加额外的资金投入、延误项目效益回收，造成经济效益的重大损失；项目的延滞还将增加额外的工程维护费用，所以项目对工程的连续性、顺序性的要求也比较高。

2) 矿业工程项目管理的内容复杂

矿业工程建设的条件存在着大量复杂且不确定的因素。目前地层的地质和水文条件还难以准确描述；地质勘查水平不能全部满足生产、施工所需的详尽、具有足够精度的地质资料。因此，矿业开发和生产会有许多可变因素。在矿业项目建设中，不仅需要对这种情况有充分的估计和应对准备，还要充分利用管理、技术、经济和法律知识及经验，充分做好预案，避免利益的损失。

复杂和不确定性环境条件经常给矿业带来重大安全问题，造成事故和灾害。因此，对这些重大突发事故的风险防范和采取必要的应急措施是实施矿业工程不可忽视的内容。矿业工程项目的管理人员必须高度重视安全管理和环境保护工作。

3) 矿业工程管理涉及的领域相互联系、相互制约

矿业工程是一个复杂的综合性工程，它包括进入地下的生产系统以及联系地下的地面系统。地下矿山施工，必须经过通道（井筒、平硐、斜井等）向地下一步步进行，作业范围、顺序、方向、快慢都受到一定约束。因此，选定施工方案与确定工期长短密切相关。一条关键线路上的巷道施工好坏与快慢或者调整，都会对整个工程产生重要的影响。

地下生产系统决定了地面生产系统的布局，同样也影响施工的布局。一个完整的矿业工程项目关系到井巷工程、土建工程以及采矿、选矿设备等大型生产和施工设备的安装工程。因此，矿业工程项目除有通常的各个环节之间关系的协调外，还要考虑井上、井下工程的空间关系和工程间的制约关系，以及矿建、土建、安装工程间的平衡关系。

4) 矿业工程项目管理施工与矿业生产的联系密切

矿业工程建设与采矿生产有更密切的联系。例如：项目施工内容、形式以及设备的利用与采矿生产作业有许多类似之处，矿业工程的施工往往可以利用部分生产设施来完成；矿业工程开拓所获得的地质资料是生产期间更可靠的依据，应按规定移交给生产；建设单位往往会利用建设过程来培训生产人员，这也常常被列入施工企业移交生产的一项内容。

1.4　小结及学习指导

本章从项目的概念入手，引出工程项目的基本概念和矿业工程项目的组成及管理特点。通过对工程项目的特点分析、项目分类为管理客体形象地绘制了一幅肖像；通过描述项目运行周期三个时期多个环节的运行轨迹，使我们了解了项目的全生命周期；通过对项目的工程系统、目标系统以及关联系统的描述，使我们对工程项目建立起一个系统的概念。此外，还阐述了工程项目管理的概念及职能，回顾了项目管理理论的历史演化过程以及这一理论在我国的发展，并通过对工程项目管理与企业管理、施工项目管理等易产生混淆的概念进行辨析，使得工程项目管理的概念更加清晰、明确。在此基础上，将工程项目管理与矿业工程相结合，并阐述了矿业工程项目的组成与矿业工程项目的管理特点，使得工程项目管理在矿业领域的应用更加方便、高效。

通过本章的学习应该掌握并辨析工程项目管理的相关概念，对矿业工程项目的管理有了初步的认识。

课后习题

1. 什么是工程项目？它有哪些特点？
2. 什么是工程项目全生命周期？简述工程项目的周期运行？
3. 什么是工程项目管理？工程项目管理有哪些方法？
4. 简述矿业工程项目管理的特点。

第 2 章   矿业工程项目管理组织

2.1   矿业工程项目管理组织的概念

2.1.1   工程项目管理组织的含义

矿业工程项目属于工程项目中的一类，工程项目管理组织是指为完成特定的工程项目管理任务而建立起来的，从事具体工程项目管理工作的组织。该组织是在工程项目的生命周期内临时组建的，为完成特定的目的而成立的，也会随着工程项目生命周期的结束而结束，因此，工程项目管理组织是一个临时的组织。通常情况下，工程项目建成以后的管理工作大多数都移交给了专门的生产或经营管理企业去组织生产或进行经营管理活动，并且此后的管理活动实际上已经属于企业管理的范畴，不再是工程项目管理，所以，绝大部分的工程项目管理组织都会随着工程项目建设工作的结束而结束。

2.1.2   矿业工程项目管理组织的构成要素

工程项目管理组织由工程项目管理组织机构和组织的管理制度两个部分共同组成。组织机构又由管理层次、管理跨度、管理职能和管理部门四大要素共同构成，而组织的管理制度则由财务管理制度、人力资源管理制度等一系列的管理制度共同组成，如图2-1所示。

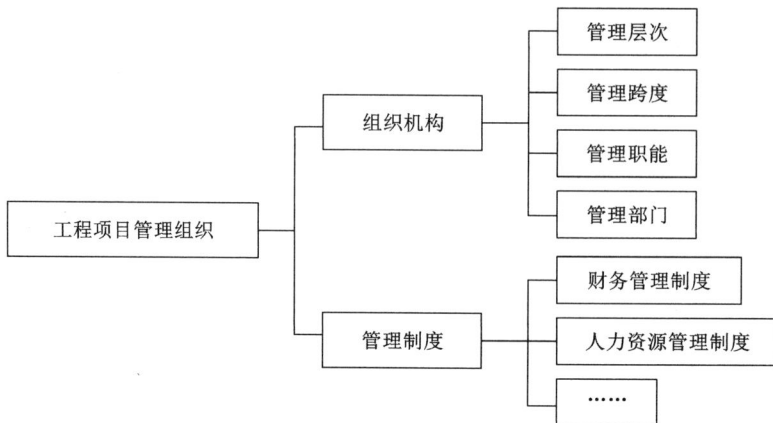

图 2-1   工程项目管理组织构成要素

1.矿业工程项目管理组织的组织机构

1)管理层次

管理层次是指从组织的最高管理者到最基层的实际工作人员的等级层次的数量。作为一个组织必须有一定的管理层次,否则其运行将陷于无序状态,但组织内管理层次也不能过多,否则会造成资源和人力的巨大浪费。

工程项目管理组织的管理层次一般可以分为决策层、协调和执行层、操作层三个层次。该三个层次的职责和权限由上到下逐渐递减,而人数却逐渐递增。

2)管理跨度

管理跨度是指一个主管直接管理的下属人员的数量。在组织中,某级管理人员的管理跨度大小直接取决于该级管理人员的管理工作的内容多少及所要协调的工作量的大小。管理跨度大,要处理的人与人之间关系的数量随之增大。邱格纳斯的管理跨度计算公式是:

$$C = N(2^{N-1} + N - 1) \tag{2-1}$$

式中:N 为管理跨度;C 为工作接触关系数。

上式中,当 $N=10$ 时,$C=5210$,故跨度扩大时,领导者和下属的接触频率会迅速增加,会使领导应接不暇。因此,在组织结构设计时,必须适当地控制管理跨度。跨度的大小又和组织管理层次多少有关。一般来说,管理层次越多,跨度会越小;反之,管理层次越少,跨度会越大。

3)管理职能

管理职能是指管理过程中各项行为的内容的概括,是人们对管理工作应有的一般过程和基本内容所做的理论概括。工程项目管理组织机构设计所确定的各部门的职能要使纵向的指令传递和信息反馈及时,横向部门之间的相互联系方便。

4)管理部门

工程项目管理组织内部的管理部门设置的基本原则是要便于工作的协调,可以根据管理职能,通过专业工作的细化分组结果、管理的地区、管理的顾客类型等来设置。组织中部门划分的合理程度对发挥组织效能有非常大的影响。部门划分过多会造成工作协调困难,人力、物力、财力浪费严重;部门划分过少又会造成部门的管理职能过多,管理跨度太大,部门领导的工作应接不暇。

2.矿业工程项目管理组织的管理制度

工程项目管理组织的管理制度要根据组织的管理职能来确定,一般需要建立工程项目的财务管理制度、人力资源管理制度、合同管理制度、质量管理制度、安全生产管理制度等。

2.2 矿业工程项目管理组织设计

2.2.1 矿业工程项目管理组织设计的原则

组织结构是指在组织内的部门构成和各部门之间较为稳定的相互关系和联系方式。简单地说，就是指对组织内部工作如何进行分工和协调。组织结构设计是对组织活动和组织活动之间关系的设计，应该有利于提高组织活动的效能。组织结构设计时既要考虑组织的内部因素，又要考虑组织的外部因素，一般应该遵循以下基本原则，如图 2-2 所示。

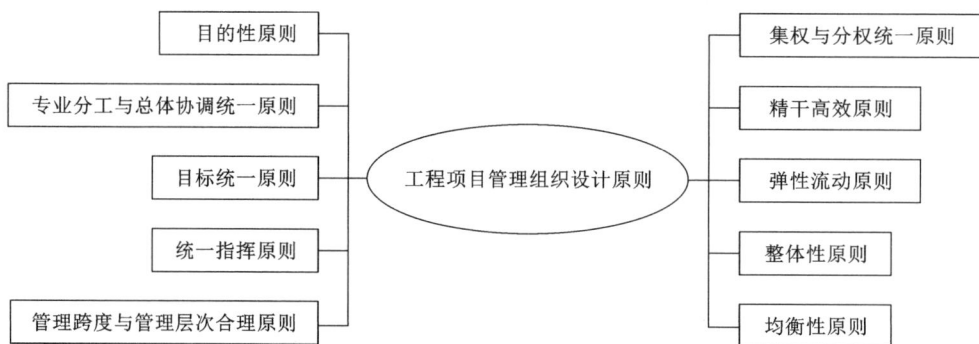

图 2-2　工程项目管理组织设计原则

1）目的性原则

工程项目管理组织机构设置的根本目的是实现项目管理的总目标，因此，在工程项目管理组织机构设置时，应该因目标而设机构、因事而设岗位。

2）专业分工与总体协调统一原则

工程项目建设本身是一个矛盾体。一方面，工程项目建设涉及多个专业，需要多个专业的人员互相配合，共同完成项目建设任务，并强调专业工作之间的协调统一；另一方面，各个专业的工作又需要有专业人员来完成本专业的工作。因此，在工程项目建设过程中，既需要有一部分人专门从事某一个专业的工作，同时又需要有一部分人来从事各个专业工作之间的协调工作。这就是工程项目管理工作的本质，即在工程项目管理过程中，既需要在工程项目管理组织中设置不同的部门来管理不同专业的工作，又需要有更高层次的管理者来协调部门之间的工作。所以，在组织结构设计时要遵循专业分工与总体协调统一原则，在将专业性非常强的技术管理工作交给专业部门的同时，需要有人对整个工程的建设工作进行统一规划和协调。

3）目标统一原则

明确而统一的目标是一个组织高效运行的基础。工程项目管理组织内所有部门的目标必须以工程项目的总目标为基础而制订。由于工程项目绝大多数都是分阶段实施的，工程项目管理组织的成员可能来自不同的单位，具有不同的目标和利益。因此，在工程项目建设过程中会存在着项目的阶段性目标与总目标、不同利益群体的目标与总目标之间的矛盾，对工程项目的建设形成障碍。为了确保工程项目建设总目标的顺利实现，在组织结构设计时，必须按照目标统一的原则制定各部门之间的协作制度。

4）统一指挥原则

在组织内从最高层到最基层的权力路线中，每个管理者应该只对一个主管负责。

5）管理跨度与管理层次合理原则

由于管理跨度和管理层次成反比，在组织机构中，当人数一定时，如果管理层次增加，管理跨度就会缩小；相反，如果管理层次减少，管理跨度就会增大。所以，在组织结构设计的过程中，一定要通盘考虑各种影响因素，科学地确定工程项目管理组织的管理跨度和管理层次。

6）集权与分权统一原则

在一个组织内高度的集权会造成武断；过分的分权则有可能导致管理失控。所以，在组织结构设计时，在各个管理层次及同一管理层次内各部门的权力分配时，要根据实际情况科学地分配管理权限，采取集权与分权统一的形式。

7）精干高效原则

在能够保证工程项目建设总目标实现的前提条件下，应该尽可能地简化组织结构，做到精干高效。

8）弹性流动原则

工程项目建设的阶段性决定了工程项目管理组织内的人员具有流动性的特点。这就要求工程项目管理组织机构的设置，要按照弹性流动的原则，根据工程项目建设工作的进展情况不断地进行调整，以适应组织机构的任务变化的需要。

9）整体性原则

虽然工程项目建设阶段性的特点决定了工程项目管理系统必然是一个开放的系统，但工程项目的各单位工程之间、不同工序之间都是紧密相关的。这就要求在进行工程项目管理组织设计时，要将整个组织看成一个整体，周密地考虑层间关系、分层与跨度关系、部门之间的工作关系，将工程项目管理组织设计成一个完整的组织结构系统。在进行工程项目管理组织调整时，要将整个工程看成一个整体，周密地考虑前后工作之间的关联性。

10）均衡性原则

在同一管理层次内的各个部门之间的责、权、利的分配应该做到基本均衡。

2.2.2　矿业工程项目管理组织的结构形式设计

工程项目管理组织的机构是根据项目管理组织的结构形式设置的，因此，工程项目管理组织的结构形式是影响组织运行效率的重要因素。常用的工程项目管理组织结构的形式有直线式项目管理组织、职能式项目管理组织、直线职能式项目管理组织、项目式项目管理组织和矩阵式项目管理组织等几种类型。

1. 直线式项目管理组织

直线式项目管理组织是在工程中最早采用的一种项目管理形式，其结构如图2-3所示。直线式项目管理组织来自军事组织系统，特点是权力系统自上而下形成直线控制，权责分明，一般在独立工程或中、小型工程项目建设的管理过程中采用。

直线式项目管理组织具有以下优点：

（1）直线领导。每个组织单元仅有一个直接上层领导，指令唯一。一个上级只对下级直接行使管理和监督的权力，一般不能越级下达指令。团队成员的工作任务、责任和权力明确，扯皮和纠纷少，工作协调方便。

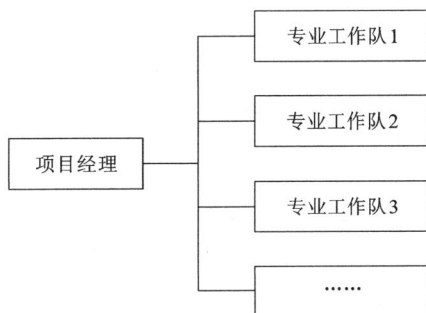

图2-3　直线式项目管理组织结构示意图

(2)项目经理能直接控制资源。

(3)信息流通快,决策迅速。

(4)任务明确,责、权、利关系清楚。

直线式项目管理组织的缺点如下:

(1)资源不能有效利用。每个项目都有一个独立的项目管理组织,每个组织单元仅有一个上层领导负责,会造成项目与项目之间、部门和部门之间的资源协调困难,无法有效地利用资源。

(2)一切决策信息都集中于项目经理处。项目经理责任比较大,对项目经理的要求非常高。项目经理不仅要有全面的知识和丰富的工程经验,而且要有很强的工作能力,否则就会造成决策困难,甚至是决策错误。

2. 职能式项目管理组织

职能式项目管理组织形式特别强调管理职能的专业分工,并把管理职能作为划分部门的基础,其结构如图2-4所示。

图2-4 职能式项目管理组织结构示意图

在职能式项目管理组织中,把项目的管理任务分配给了相应的职能部门,职能部门经理对分配到本部门的管理任务负责,要求职能部门经理对属于本部门管理的所有专业技术工作进行管理,即职能部门经理既要熟悉管理业务,又要熟悉与其管理的工程项目相关的所有专业技术工作,因此对职能部门经理的要求非常高。

职能式项目管理组织形式的优点如下:

(1)由于部门是按管理职能来划分的,因此可以充分发挥管理人员的管理才能。

(2)如果各职能管理部门能很好地配合,可以对整个项目的管理起到事半功倍的效果。

职能式项目管理组织形式的缺点如下:

(1)各个职能管理部门对管理工作的优先级可能会有不同的观点,所以,某些部门的工作可能因缺乏其他部门的配合而难以开展。

(2)最基层的操作人员可能会接到来自不同职能管理部门的互相矛盾的指令,从而会感到无所适从。

(3)不同职能管理部门之间意见有分歧时,互相协调困难。

(4)职能部门直接对最基层的操作人员下达工作指令,使项目经理对工程项目的控制能力在一定程度上被弱化。

职能式项目管理组织形式主要适用于对专业技术要求比较低的工程项目。

3. 直线职能式项目管理组织

直线职能式项目管理组织结构是在综合了直线式项目管理组织和职能式项目管理组织两

种结构的优点的基础上而形成的一种组织结构形式。它以直线指挥为基础，并为各级直线主管配备相应的职能管理参谋。职能管理参谋只能对直线主管提供职能管理的建议或者为直线主管提供职能管理的业务指导，没有指挥和命令权，不能对下级直接发布命令，其组织结构如图2-5所示。

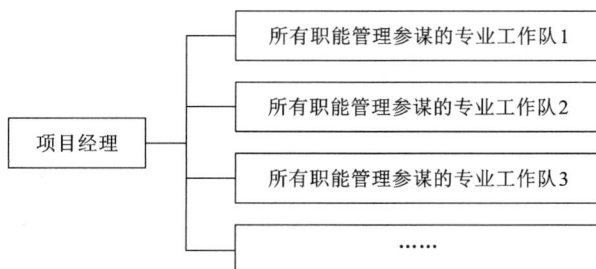

图2-5　直线职能式项目管理组织结构示意图

　　直线职能式项目管理组织保持了直线职能式项目管理组织的优点，又避免了职能式项目管理组织的多头指令的缺点。

　　直线职能式项目管理组织的缺点是职能管理参谋不能充分发挥其管理才能，工作的主动性和积极性会受到限制。

　　直线职能式项目管理组织的适用范围比较广泛，几乎可以适用于所有的工程项目。

4. 项目式项目管理组织

　　项目式项目管理组织的结构示意图如图2-6所示。项目经理把项目分解成若干个子项目，把对子项目的管理权下放给子项目经理，而自己则把精力集中在与外部协作单位和子项目之间的协调上。

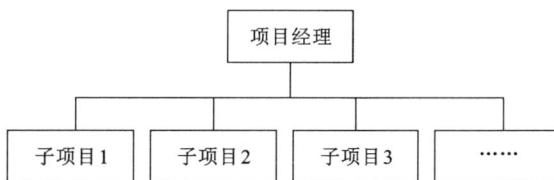

图2-6　项目式项目管理组织结构示意图

该项目管理组织的优点是：

（1）可以充分发挥子项目经理的积极性。

（2）项目经理可以集中精力做好协调工作，既可以保证与外部协作单位之间的关系顺畅，又可以保证与子项目之间的资源有效利用。

（3）可以根据项目的进展情况，随时进行子项目的增减，符合一般项目的建设规律。

　　该项目管理组织的缺点是项目经理对子项目信息的掌握可能不够全面和及时，有可能对子项目的管理失控。

　　项目式项目管理组织对于组织协调工作量比较大的大、中型项目比较适合。

5.矩阵式项目管理组织

矩阵式项目管理组织有两种形式。一种是项目式和职能式的组合，即在工程项目管理组织中同时建立项目式和职能式两套项目管理组织，将子项目的项目管理和职能管理分别交给子项目和职能管理部门两套项目管理组织进行管理，其结构如图2-7(a)所示。另一种形式是直线式和职能式的组合，即在工程项目管理组织中同时建立直线式和职能式两套项目管理组织，将工程项目的专业技术管理和职能管理分别交给直线式和职能式两套项目管理组织进行管理，其结构如图2-7(b)所示。

矩阵式项目管理组织的优点如下：

(1)由于有两套管理组织对项目进行管理，可以确保管理工作的全面、细致。

(2)在项目进行过程中，可以把职能管理部门作为永久性的管理部门，在整个项目的建设过程中始终保留，而另一套项目管理组织则可以根据项目的进展情况，随时进行子项目的增减，符合一般项目的建设规律。这样既可以保证项目管理工作的连续性，又使得项目管理组织具有很强的灵活性。

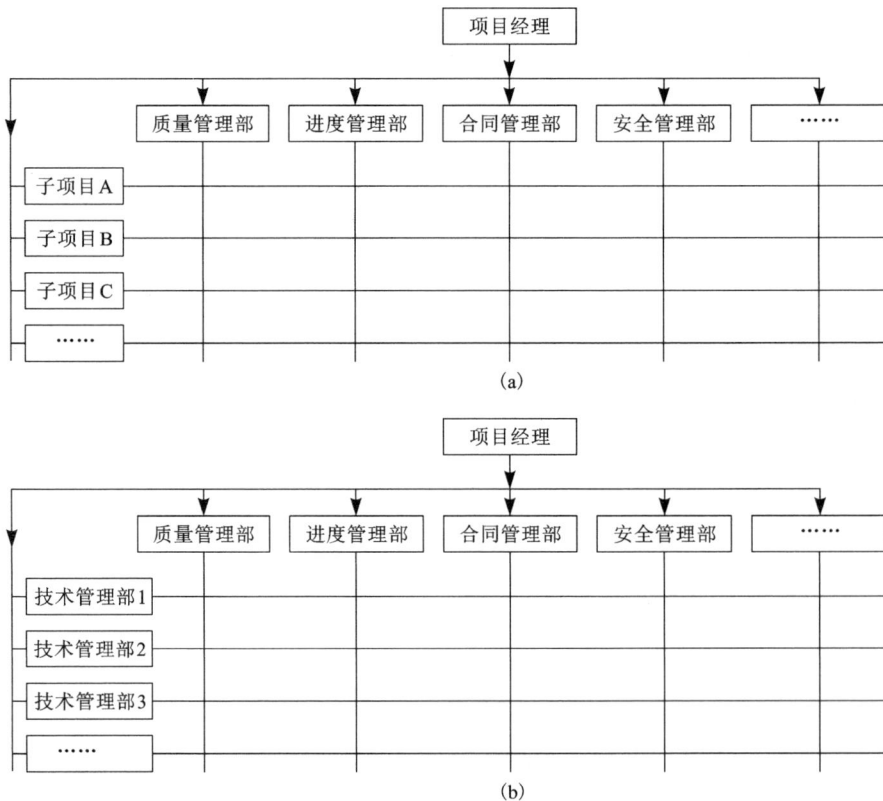

图 2-7　矩阵式项目管理组织结构示意图

(3)当一个企业同时承担多个项目的建设任务时，可以把项目式管理组织作为项目管理的基本形式，而把职能管理部门作为项目管理的补充形式，这样既可以保证单个项目管理工作的相对独立，又可以使得单个项目管理工作中的不足通过职能管理部门的管理得到弥补，还可以通过职能管理部门来对整个企业的资源进行优化组合。

(4)项目经理可以从两套管理组织中获得项目的相关信息，对项目的进展情况了解比较全面和及时。

矩阵式项目管理组织的缺点如下：

(1)两套管理组织需要的管理人员较多，管理成本较高。

(2)基层操作人员同时接受两套管理组织的管理，当两套管理组织发出的指令不一致时，会感到无所适从，造成项目管理混乱。

矩阵式项目管理组织特别适用于同时承担多个工程项目管理任务的企业。在这种情况下，各项目对管理人员的需求数量较大，采用矩阵式项目管理组织可以充分利用有限的人才同时对多个项目进行管理，特别是可以充分发挥稀有人才的作用。

对于大型、复杂的工程项目往往需要多部门、多技术、多工种的配合，采用矩阵式项目管理组织既可以在项目建设的不同阶段，对不同人员进行不同数量的搭配，满足项目管理的需要，又可以有两套管理组织对项目实行双重管理，互相弥补工作中的不足，可以确保项目总目标的实现。

综上所述，工程项目的管理是一项系统工程，每一个工程都各有特点，每一种项目管理组织形式都有优点和缺点，具体工程的管理组织形式应该由决策者对工程的特点及项目管理组织形式的优点和缺点进行综合分析后慎重选择确定。

2.3　矿业工程项目管理组织活动的基本原理

1. 要素有用原理

尽管工程项目管理组织系统中每个要素作用的大小不一样，而且随着时间、场合的变化而变化，但这些要素都是有用的。所以，在组织活动过程中应根据人力、财力、物力、信息和时间等基本要素的特点，在不同情况下根据不同作用合理地安排、组合和使用各种要素，做到人尽其才、财尽其利、物尽其用，尽可能地提高各要素的利用率。

2. 动态相关性原理

工程项目管理组织系统内的各要素之间并不是彼此孤立的，而是既相互联系，又相互制约的。在各要素的组合过程中，一加一可能等于二，也可能大于二，还可能小于二。因此，在工程项目管理过程中，要充分考虑组织系统内各要素之间的相关性，特别是各要素之间的动态相关性，应该努力使组织机构活动的整体效应大于各局部效应之和，努力提高组织的管理效率，否则，组织的存在就没有意义了。

3. 主观能动性原理

由于人是有生命的、有感情的和有创造力的，因此，人是工程项目建设过程中最活跃的因素。组织管理者应该充分发挥人的主观能动性，努力使组织机构的活动取得最佳效果。

4.规律效应原理

规律是客观事物内部的、本质的和必然的联系。一个成功的管理者只有努力掌握管理过程中的各种客观规律，并按照客观规律办事，才能取得预期的效果，否则将会受到客观规律的惩罚。

2.4 矿山建设工程项目管理的现状及问题

2.4.1 矿山建设工程项目的现状

矿山建设工程项目管理是施工管理的一种形式，和制造业等不相同的是，矿山建设工程是以自然资源为生产对象，以资源的合理开发为目的而进行的施工。需要明确的几点是，矿山建设项目是为了企业和社会发展所需要的能源要求，而进行的开采活动。必须要经过国家有关部门的同意，才能进行一系列开采措施的落实。国家部门经过审核之后，会将具体的施工环节交给一定的施工单位负责，但是施工单位必须要满足限定的时间、质量等约束条件进行一次性的开采。矿山建设工程是针对地下资源的开采和应用，所以在施工中出现的问题也不同于一般的施工问题。矿山建设工程的施工项目管理要贯穿整个施工的过程，所以具体的管理内容很复杂。从项目招标开始，项目管理便要对招标的施工单位进行审核，具体项目投入施工后，还要对整个施工的质量、时间等方方面面进行管理。矿山建设施工中的专业人才缺乏也是建设和施工管理当下亟待解决的问题。因为随着时代的发展，经济的飞速推进对资源的需求量不断增加，又因为人们的就业观念发生巨大的改变。矿山开采的危险系数高、难度系数大等种种原因，使得部分有能力的人都会对该项目避而远之。能够从事该项目的人多是没有特殊的技能，只能靠这样的项目来维持生计。所以在进行具体的施工时，会因为知识技能等的相对缺乏而造成许多安全事故的发生。近几年的矿山安全事故增加，使得国家和社会的有关部门对安全问题的重视程度不断增加。矿山在建设和施工管理过程中，安全问题一直被当作重要的内容对待，但是在具体的实践过程中，仍然有亟待解决的问题。即使有了一定的改进措施，但是有力的建议和措施不知道是自身的原因还是负责实践时环境的问题，在实践过程中并没有达到理想的效果，所以对具体方法的研究依旧是相关行业和社会关注的焦点。

2.4.2 矿山建设工程项目的问题

矿山建设和管理在具体的实践过程中，仍然有亟待解决的问题。但是出现的问题因为实施者的不同、环境的不同而有所不同，所以问题的分析具有一定的不确定性。笔者经过对矿山建设和管理的具体技术要求以及实际的操作进行分析和研究，得出建设和管理中的问题主要有以下几方面：

1.生态破坏

矿山建设和管理不同于一般的施工和建设工程，就是因为矿山建设和施工的地方主要是针对地下的自然资源。所以为了自然资源更好地使用,对地面上的生态破坏是不可避免的问题。但是具体的破坏也有程度的差别,也有可以进行挽救的方式,但是施工单位许多时候都忽略了对生态的管理。进行开采时,地表植被的破坏并不是不可避免的,因为在进行具体的开采施工时,可以边施工边进行维护处理,将施工中破坏的植被及时地种植和管理,可以在很大程度上减少生态的破坏。另外,开采过后的泥土等,也要进行及时的复垦,这样既可以保持地方生态的相对平衡,又可以减少地面塌陷等生态问题。

2.管理素质

具体的施工人员在施工过程中的技术水平,对整个工程完成的质量有着重要的影响。但是在实际的调查研究中发现,施工人员的素质很多时候都不符合规定的要求。因为就业观念等的变化,人们进行就业选择时会规避掉部分不热门的职业,缺乏专业知识和技能支持的行业,是无法满足经济发展的市场要求的。管理人员在进行管理时的具体的操作也有着一定的局限性。因为管理的项目和内容较多,所以在实践过程中的具体操作会出现一定的问题。在进行招标时,会受交情的影响。在进行质量管理时,也会想尽一切办法来进行质量处理,规避掉质量的相关要求。但是一系列的管理要求都无法达到规定后,影响的不仅是建设工程的质量,还有建设过程中的安全因素。很多安全事故的发生,就是因为工作人员缺乏一定的安全意识,在事故发生时,很多工作人员不知道怎样挽救自己的生命,有些不必要的危险甚至是工作人员自己亲手造成的。所以,对相关人员进行技术培训也成为提高行业质量的重要措施,方方面面都加强技术和质量管理,才有利于整个矿山建设工程项目管理的发展。

2.4.3　矿山建设和管理的建议

矿山工程和普通的建筑工程不一样,它是资源开发的工程。并且由于矿产资源储存的特殊性,施工的场地一般都在比较偏远的山区,材料运输不方便,施工难度比较大。在进行施工的时候,要在地下进行作业,如果矿产资源是在海洋的深处还要进行深水下的作业。所以施工环境条件很差,矿产资源的开采要对原有的自然环境进行破坏,所以自然资源的恢复也是矿山建设项目当中的一个方面。矿产资源的开采是有限度的,所以工程包含了开采与结束时期的工作。目前随着社会各方面的发展,矿山的建设项目不应该保持原有的水平不变,应该随着时代的进步有着更高的施工水平。要想取得良好的效果就要加强矿产项目的管理工作,建立新的制度和管理模式,以便将工作做得更好。项目管理的相关工作是非常繁杂的,要保证整个项目的经济利益,并且要保证施工的质量和进度,所以对于各项工作要科学地进行安排与管理。矿山工程主要包括土建、机电安装、矿建。所以工作量是非常大的,并且整个工程施工的时间比较长,所耗费的资源和资金也比较多。管理对于矿山工程是非常重要的,而安全管理又是重中之重。

2.5　小结及学习指导

本章主要介绍工程项目管理组织的概念、设计和活动基本原理。首先,通过对工程项目管理组织的概念进行阐述，使读者对工程项目管理组织的定义有一个清晰的认识。其次，本章介绍了矿业工程项目管理组织设计的要素和原则，帮助读者了解如何建立一个高效的矿业工程项目管理组织，此外，本章重点介绍了矿业工程项目管理组织活动的基本原理，使读者了解矿业工程项目管理组织活动的基本运作方式。最后，介绍了矿山建设工程项目管理的现状及问题。

通过本章的学习，读者可以了解到矿业工程项目管理组织的重要性、建立矿业工程项目管理组织的要素和原则，以及矿业工程项目管理组织活动的基本原理。

课后习题

1. 什么是工程项目管理组织？
2. 矿业工程项目管理组织的构成要素有哪些？
3. 矿业工程项目管理组织设计的原则有哪些？
4. 直线式项目管理组织的特点是什么？适用于什么样的工程？
5. 职能式项目管理组织的特点是什么？适用于什么样的工程？
6. 直线职能式项目管理组织的特点是什么？适用于什么样的工程？
7. 矩阵式项目管理组织的特点是什么？适用于什么样的工程？
8. 矿业工程项目管理组织活动的基本原理有哪些？

第 3 章 矿业工程项目进度管理

3.1 矿业工程项目进度计划的编制方法

3.1.1 进度与进度目标

1. 进度

工程项目管理中的进度是一个综合的指标，它将项目的工期、成本、资源等有机地结合起来，能全面反映项目中各工作的进展情况。进度管理的目的就是按期完工，其总目标和工期管理是一致的，但在进度管理过程中，其不仅追求时间上的一致性，还追求劳动效率的一致性。进度与工期这两个概念既相互联系，又有区别。工期作为进度的一个指标，进度管理首先表现为工期管理，有效的工期管理才能达到有效的进度管理。但不能只用工期来表达进度，这样是不全面的，有可能产生误导。若进度延误了，则工期目标也不可能实现。在项目实施中，对计划的有关活动进行调整，当然工期也会发生变化。

2. 项目总进度目标

建设工程项目的总进度目标是指整个项目的进度目标，是在项目决策阶段项目定义时确定的。项目管理的主要任务是在项目的实施阶段对项目目标进行控制。对工程项目总进度目标的控制是业主方项目管理的任务。项目总进度包括以下 7 个方面：

(1)设计前准备阶段的工作进度。

(2)设计工作进度。

(3)招标工作进度。

(4)施工前准备工作进度。

(5)工程施工(土建和设备安装)进度。

(6)工程物资采购工作进度。

(7)项目动用前的准备工作进度等。

在进行建设工程项目总进度目标控制前，首先应分析和论证上述各项工作的进度目标实现的可能性以及上述各项工作进度的相互关系。若项目总进度目标不可能实现，则项目管理者应提出调整项目总进度目标的建议，提请项目决策者审议。

在对建设工程项目总进度目标进行论证时，往往还不能掌握比较详细的设计资料，也缺乏比较全面的有关工程承发包的组织、施工组织和施工技术方面的资料以及其他有关项目实施条件的资料。因此，总进度目标论证并不是单纯的总进度规划的编制工作，它涉及许多工程实施的条件分析和工程实施策划方面的问题。

大型建设工程项目总进度目标论证的核心工作是通过编制总进度纲要，论证目标实现的可能性。总进度纲要的主要内容包括以下几点：

(1)项目实施的总体部署。

(2)总进度规划。

(3)各子系统进度规划。

(4)确定主要阶段的开始和结束期间的计划进度目标。

(5)总进度目标实现的条件和应采取的措施等。

3.1.2 工程项目进度计划系统

1.工程项目进度计划系统的概念

工程项目实施活动的时间进度计划，即工期计划，就是确保项目目标实现所必须进行的工程活动，根据其内在联系及持续时间，用横道图或网络计划方法进行安排。它是项目计划的主要内容，也是其他计划工作的基础。工程项目进度目标是项目的主要目标之一，对工期计划具有规定性和限制性。

从项目整体角度看，建设工程包括多个相互关联的进度计划，各项目参与方，各不同层次项目管理者都有其进度计划，它们组成了一个系统。对于总目标的实现而言，缺一不可。建设工程项目进度计划系统是项目进度控制的依据。由于各种进度计划编制所需要的必要资料是在项目进展过程中逐步形成的，因此项目进度计划系统的建立和完善也有一个过程，它是逐步形成的。如果没有设计的图样和说明，是不能编制施工进度计划的。图3-1所示是一个建设工程项目进度计划系统的示例，这个计划系统有4个计划层次。

2.进度计划系统的类型

根据项目进度控制的不同需要和用途，业主方和项目各参与方可以编制多个不同的建设工程项目进度计划系统。

1)由不同计划深度的进度计划构成的计划系统，包括：

(1)总进度规划(计划)。

(2)项目子系统进度规划(计划)。

(3)项目子系统中的单位工程(或单项工程)进度计划等。

2)由不同计划功能的进度计划构成的计划系统，包括：

(1)控制性进度规划(计划)。

(2)指导性进度规划(计划)。

(3)实施性(操作性)进度计划等。

3)由不同项目参与方的进度计划构成的计划系统，包括：

(1)业主编制的整个项目实施的进度计划。

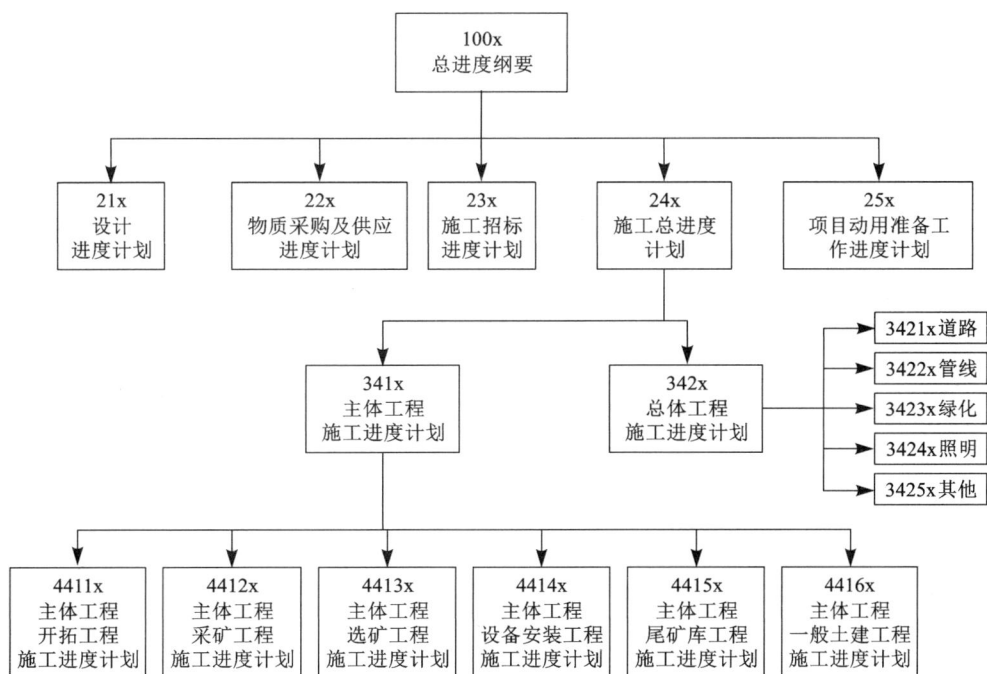

图3-1　建设工程项目进度计划系统实例

（2）设计进度计划。

（3）施工进度计划。

（4）采购和供货进度计划等。

4）由不同计划周期的进度计划构成的计划系统，包括：

（1）五年建设进度计划。

（2）年度、季度、月度、旬和周进度计划等。

在建设工程项目进度计划系统中，各进度计划或各子系统进度计划编制和调整时必须注意其相互之间的联系和协调。

3.1.3　施工项目进度计划编制的依据与步骤

1.施工总进度计划

1）施工总进度计划概述

施工总进度计划是针对建设项目施工而编制的施工进度计划，它是施工总体方案在时间序列上的反映。由于这种项目规模大、子项目多，因而其进度计划具有概略的控制性、综合性、预测因素多的特点，对进度只能起规划作用，用以确定各主要工程项目的施工起止日期，综合平衡各施工阶段（或施工年度、季度）建筑工程的工程量和投资分配。施工总进度计划应在施工组织总设计阶段编制完成。

2）施工总进度计划编制依据

（1）施工合同，包括合同工期，分期分批子工程的开、竣工日期，关于工期提前、延误、调整的约定，以及标前施工组织设计。

（2）施工进度目标。为了追求保险的进度目标，企业领导可能有自己的施工进度目标，一般比合同目标更短。

（3）工期定额。工期定额通常是承发包双方签订合同的依据，在编制施工总进度计划时，应以此为最大工期标准，力争缩短而绝对不能超过定额规定的工期。

（4）有关技术经验资料，主要指设计文件，可供参考的施工档案资料、地质资料、环境资料、统计资料等。

（5）施工部署与主要工程施工方案。施工总进度计划是施工部署在时间上的体现，所以其编制应在施工部署与主要工程施工方案确定以后进行。

3）施工总进度计划的编制步骤

（1）收集编制依据。

（2）确定进度编制目标。应在充分研究经营策略的前提下，确定一个比合同工期和指令工期更积极可靠(更短)的工期作为编制施工总进度计划的目标工期。

（3）计算工程量。施工总进度计划的工程量综合性比较强，编制计划者可从图样计算得到。因为企业投标报价需要计算工程量，现在有些招标文件就附有工程量清单，所以也可利用这些工程量。

（4）确定各单位工程的施工期限和开、竣工日期。影响单位工程施工期限的因素很多，主要是建筑类型、结构特征和工程规模，施工方法、施工经验和管理水平，资源供应情况以及施工现场的地形、地质条件等。因此，各单位工程的工期应综合考虑上述因素并参考有关工程定额(或指标)，类似工程根据实际情况决定。

（5）安排各单位工程的搭接关系。在不违背工艺关系、逻辑顺序的前提下，主要考虑资源平衡的需要，搭接越多，总工期越短。在具体安排时着重考虑以下几点：

①根据施工要求兼顾施工可能，尽量分期分批地安排施工，明确每个施工阶段的主要单位工程开、竣工时间。

②同一时期安排开工项目不宜过多，其中施工难度大、工期长的应尽量先安排开工。

③每个项目的施工准备、土建施工、设备安装、试生产在时间上要合理衔接。

④土建、设备安装应组织连续、均衡的流水施工。

（6）编制施工总进度计划表。首先，根据各单位工程(或单项工程)的工期与搭接关系，编制初步计划；其次，按照流水施工与综合平衡的要求，调整进度计划得出施工总进度计划；最后，依据总进度计划编制分期分批施工工程的开工日期、完工日期及工期一览表，资源需要量表等。

（7）编制说明书。施工总进度计划的编制说明书内容有本施工总进度计划安排的总工期，工期提前率(与合同工期比较)，施工高峰人数、平均人数及劳动力不均衡系数，本计划的优缺点，本计划执行的重点和措施，有关责任的分配等。

2. 单位工程施工进度计划

1）单位工程施工进度计划概述

单位工程施工进度计划以施工方案为基础，根据规定的工期、技术及物资的供应条件，遵循各施工过程合理的工艺顺序，统筹安排各项施工活动进行编制，它是针对单位工程的施工而编制的。这种进度计划所含施工内容比较简单，施工工期相对较短，故具有作业指导性。它为各施工过程指明了一个确定的施工日期，即时间计划，并以此为依据确定施工作业所必需的劳动力和各种物资的供应计划。单位工程施工进度计划通常由建筑业企业项目经理部在单位工程开工之前编制完成。

2）单位工程施工进度计划的编制依据

（1）项目管理目标责任书。项目管理目标责任书中的 6 项内容均与单位工程施工进度计划有关，但最主要的还是其中的应达到的项目进度目标。这个目标既不是合同目标，也不是定额工期，而是项目管理的责任目标，不但有工期，而且有开工时间和竣工时间等。总之，凡是项目管理目标责任书中对进度的要求，均是编制单位工程施工进度计划的依据。

（2）施工总进度计划。单位工程施工进度计划应执行施工总进度计划中的开、竣工时间，工期安排，搭接关系以及说明书。在实施中如需调整，不能打乱总计划的部署，且应征得施工总进度计划审批者（企业经理或技术主管）的批准。

（3）施工方案。施工方案的选择先于施工进度计划确定，它所包含的内容都对施工进度计划有约束作用。其中，施工方法直接影响施工进度的快慢；施工顺序就是施工进度计划的编制次序；机械设备的选择，既影响所涉及的子项的持续时间，又影响总工期，对施工顺序也有制约。

（4）主要材料和设备的供应能力。施工进度计划编制的过程中，必须考虑主要材料和机械设备的供应能力，主要检查供应能否满足进度要求，这就需要反复平衡。一旦进度确定，则供应能力必须满足进度的需要。

（5）施工人员的技术素质及劳动效率。施工项目的活动大多以人工为主，机械为辅，施工人员的技术素质的高低影响着施工的速度和质量。作业人员技术素质必须满足规定要求，作业人员的劳动效率要客观实际，并应考虑社会平均先进水平。

（6）施工现场条件、气候条件和环境条件。施工现场条件、气候条件和环境条件的摸底调查，是编制施工计划的要求，也是以后施工调整的需要。

（7）已建成的同类工程实际进度及经济指标。这项依据既可参照、模仿，又可用来分析本计划的水平高低。

3）单位工程施工进度计划的编制步骤

（1）熟悉图样和有关资料，调查施工条件。

（2）施工过程项目划分。任何一个建筑物的建造，都是由许多施工过程组成的。因建筑物类型、建造地点、时间的不同，每一个建筑物所要完成的施工过程的数量和内容也各不相同。

①施工过程的粗细程度。为使计划简明，便于执行，原则上应尽量减少施工过程的数量，能合并的项目尽量合并。关键是找到工作量大、工作持续时间长的主导施工过程。

②施工过程应与施工方法一致。应结合施工方法进行分项，以保证进度计划能够完全符合施工进展的实际情况，真正起到指导施工的作用。

（3）编排合理的施工顺序。确定施工顺序是为了按照施工的技术规律和合理的组织关系，解决各项目之间在时间上的先后顺序和搭接关系，以期达到保证质量、安全施工、充分利用空间、争取时间，实现合理安排工期的目的。

施工顺序是在施工方案中确定的施工起点流向、施工阶段程序的基础上，按照所选的施工方法和施工机械的要求确定的。确定施工顺序时，必须根据工程的特点、技术上和组织上的要求以及施工方案等进行研究，不能拘泥于某种僵化的顺序。

（4）计算各施工过程的工程量。施工过程确定后，根据施工图及有关工程量计算规划，按划分的施工段的分界线，分层、分段分别计算各个施工过程的工程量，以便安排进度。工程量计算应与所采用的施工方法一致，工程量的计量单位应与采用定额的单位一致。

（5）确定劳动量和机械需要量。计算劳动量和机械需要量时，应根据现行施工定额，并考虑实际施工水平，使作业班组有超额完成的可能性，以调动其工作积极性。

①对普通工程分项的劳动量或机械台班需要量，其计算公式为：

$$P_i = \frac{Q_i}{S_i} = Q_i \cdot H_i \tag{3-1}$$

式中：P_i 为某工程分项的劳动量或机械台班需要量；Q_i 为某工程分项的工程量；S_i 为完成某工程分项的产量定额；H_i 为完成某工程分项的时间定额。

②对于零星工程的组合工程分项，可先由式（3-2）确定其平均产量定额，然后按式（3-1）确定其劳动量或机械台班需要量。

$$\bar{S} = \frac{\sum_{i=1}^{n} Q_i}{\sum_{i=1}^{n} \frac{Q_i}{S_i}} \tag{3-2}$$

式中：$\bar{S}$ 为某组合分项平均产量定额；Q_i 为第 i 个零星工程的工程量；S_i 为第 i 个零星工程的产量定额；n 为组合分项的零星工程数量。

（6）工程分项工作持续时间。其计算方法分为以下3种。

①定额计算法。这种方法是根据施工项目需要的劳动量或机械台班需要量，按配备的劳动人数或机械台数计算其工作持续时间，计算公式为：

$$t_i = \frac{P_i}{R_i \cdot b} \tag{3-3}$$

式中：t_i 为某工程分项的工作持续时间；R_i 为该工程分项所配备的班组作业人数或机械台数；b 为每天采用的工作班制。

施工班组人数的确定。在确定班组人数时，应考虑最小劳动组合人数、最小工作面和可能安排的施工人数等因素。最小劳动组合人数即某一施工过程进行正常施工所必需的最低限度的班组人数；可能安排的施工人数即施工单位所能配备的人数；最小工作面即施工班组为保证安全生产和有效的操作所需的工作空间。

工作班制的确定。一般情况下，当工期允许、劳动力和机械周转使用不紧迫、施工工艺无连续施工要求时，可采用一班制施工；当工期较紧或为了提高机械的使用率，或工艺上要求连续施工时，某些施工过程可考虑二班制甚至三班制施工。

②经验估算法。针对采用新工艺、新技术、新结构、新材料等无定额可循的工程分项，首先根据经验进行最乐观时间 a、最可能时间 b、最悲观时间 c 的估计，然后确定工作持续时间，计算公式为：

$$t = \frac{a + 4b + c}{6} \tag{3-4}$$

③倒排计划法。倒排计划法根据流水施工方式及要求工期，先根据总工期的要求确定各部分工程的施工持续时间，再确定各施工过程的施工持续时间和工作班制，最后确定施工班组人数或机械台数。

（7）编制施工进度计划图。优先使用网络图，有时也可使用横道图。注意要撰写编制说明，并进行进度计划风险分析和制订控制措施。

（8）编制劳动力和物资等资源计划。有了施工进度计划之后，还需要依据它编制劳动力、主要材料、预制件、半成品及机械设备需要量计划，资金收支计划。施工过程就是资源的消耗过程，要以资源支持施工，这些计划统称为施工进度计划的支持性计划。

3.1.4　流水施工

生产实践证明，流水作业法是组织产品生产的理想方法，流水施工也是工程建造有效的科学组织方法。它建立在专业化大生产的基础上，但由于工程项目本身及其建造的特点不同，流水施工中是人员、机械在"产品"上流动，而一般工业产品的生产，其人员、机械设备是固定的，流动的是产品。

流水施工组织方式是将拟建工程项目的整个建造活动分解成若干个施工过程，可以是若干工作性质不相同的分部、分项工程或工序，同时将拟建工程项目在平面上划分为若干个劳动量大致相等的施工段（区），这是实现"批量"生产的前提条件；在竖向上为了满足操作需要，往往需要划分为若干个施工层，按照施工过程分别建立相应的专业工作队（组），各专业工作队按照一定的施工顺序投入施工（不同的专业工作队在时间上最大限度地、合理地搭接起来），依次、连续地在各施工层各施工段上按规定时间完成各自的施工任务。保证拟建工程项目的施工全过程在时间上、空间上，有节奏、连续、均衡地进行下去，直到完成全部施工任务。

流水施工是在工艺划分、时间排列和空间布置上的科学规划和统筹安排，使劳动力得以合理使用，资源供应也较均衡，不论是在缩短工期、保证工程质量方面，还是在提高劳动效率、降低工程成本等方面效果均显著。组织流水施工重要的是确定反映流水特征的工艺参数、空间参数和时间参数。

3.1.5　横道图进度计划

横道图进度计划法是一种传统方法，其横坐标是时间标尺，各工作的进度线与之相对应，这种表达方式简便直观、易于管理使用，依据它直接进行统计计算可得到资源需要量计划。

横道图的基本形式如图3-2所示。其纵坐标按照项目实施的先后顺序自上而下表示各工作的名称、编号，为了便于计划的审查与使用，在纵坐标上也可以表示出各工作的工程量、劳动量（或机械量）、工作队人数（或机械台数）、工作持续时间等内容。图中的横道线段表示任务计划各工作的开展情况，工作持续时间、开始与结束时间，一目了然。其实质上是图和表的结合形式，在工程中被广泛应用，很受欢迎。

横道图的使用也有局限性，主要是工作之间的逻辑关系表达不清楚，不能确定关键工作，不能充分利用计算机等，尤其是项目包含的工作数量较多时，这些缺点表现得更加突出。所以，它适用于一些简单的小项目、工作划分范围很大的总进度计划、工程活动及其相互关系还不是很清楚的项目初期的总体计划。

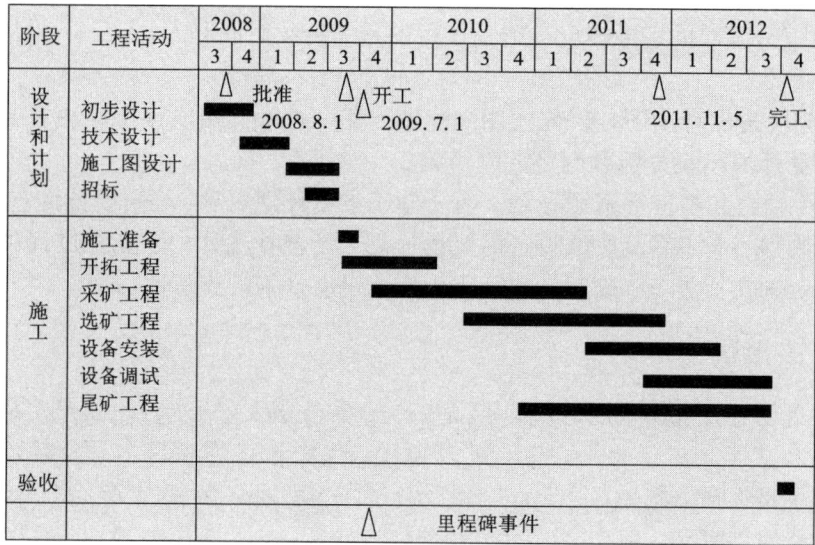

图 3-2　某项目进度计划

3.1.6　网络计划方法

1.网络计划方法的发展

网络计划方法是用于工程项目的计划与控制的一项管理技术，它是 20 世纪 50 年代发展起来的一种编制与优化大型工程进度计划的有效方法。网络计划技术已被公认为当前最为行之有效的管理方法之一，其发展历程如下：1956 年，杜邦公司和兰德公司合作运用关键路线法(critical path method，CPM)。1957 年，美国北极星导弹项目运用了计划评审技术(program evaluation and review technique，PERT)。1958 年，美国海军军械局针对舰载洲际导弹项目研究，开发了计划评审技术。20 世纪 60 年代，CPM 和 PERT 在工业、农业、科研、军事等方面广泛运用，如空间系统发展计划、"阿波罗"宇宙飞船、"百老汇"的演出。1965 年，华罗庚在我国开始推广应用 CPM 和 PERT，并将这两种科学方法取名为统筹法。

在工程技术迅速发展和工程规模越来越大的情况下，影响生产过程和各项工作的因素日益增多。各个生产环节之间，各项工作之间的关系是错综复杂的。在这种情况下，应合理地组织好、管理好整个系统，做到全面规划、统筹安排，以便各个环节相互配合，在一定条件下使整个系统在最佳状态下工作。要做到这一点，靠过去的传统方法越来越难以反映这些复杂关系，更难以统筹安排众多的工作人员与成千上万的工作环节。所有这些都要求一种新的、更好的方法，网络计划方法就是在这种情况下应运而生的。网络计划方法，即统筹法，是一种组织生产和进行计划管理的科学方法。其基本原理是以工作任务的工时为时间因素，按照工作的先后顺序和相互关系做出网络图，然后进行时间参数计算，找出关键工作和关键路线，再对网络计划合理安排，得到最优方案。

近年来，网络计划技术与决策论、排队论、控制论、仿真技术相结合，相继产生了搭接网络技术(PDN)、决策网络技术(DN)、图示评审技术(GERT)、风险评审技术(VERT)等一大批现代计划管理方法。目前，网络计划技术已成为我国工程建设领域推行现代化管理的必不可少的方法。

2. 网络计划图的绘制

1）网络计划图的基本概念

网络图——由工序、事项及标有完成各道工序所需时间等参数所构成的网状图形，称为网络图。网络图又称为箭线图，由带箭头的线和节点组成，箭线表示工作（或工序、活动），节点表示事项。

事项——表示一个或若干个工作的开始或结束，也可以把箭头图的始点和终点称为事项。

工序——为了完成某项工程，在工艺技术和组织管理上相对独立的活动，称为工序。一个工程由若干道工序组成。工序需要消耗一定的人力、物力等资源，并需经过一定的时间。例如，巷道支护、设备安装等通常在网络图中用一个实箭线（→）来表示一道工序。

虚工序——用虚箭线（--→）表示，它表示工时为零，不消耗任何资源的虚构工作，其作用只是为了正确表示工作的前行后继关系。

紧前工序——紧挨一道工序之前的那几道工序，称为紧前工序。

紧后工序——紧挨一道工序之后的那几道工序，称为紧后工序。

2）网络图的绘制规则

把表示各个工作的箭线按照先后顺序及逻辑关系，由左至右排列画成图，再给节点统一编号。工作之间的逻辑关系及其在网络计划图中的表示方法如表 3-1 所示。

表 3-1　工作之间的逻辑关系及其在网络计划图中的表示方法

	工作之间的逻辑关系	网络图中的表示方法	说明
1	A 工作完成后进行 B 工作		A 工作制约着 B 工作的开始
2	A、B、C 三项工作同时开始		A、B、C 三项工作称为平行工作
3	A、B、C 三项工作同时结束		A、B、C 三项工作称为平行工作
4	有 A、B、C 三项工作。只有 A 完成后，B、C 才能开始		A 工作制约着 B、C 工作的开始，B、C 为平行工作
5	有 A、B、C 三项工作。C 工作只有在 A、B 完成后才能开始		C 工作依赖着 A、B 工作，A、B 为平行工作

网络图中节点 1 表示整个计划的开始（总开工事项），图中最大数码 n 表示计划结束事项（总完工事项），节点由小到大编号，对任一工序 (i,j) 来讲，要求 $i<j$。

此外，在绘制网络计划图时，要注意以下几点：

（1）网络图只能有一个总起点事项，一个总终点事项。

如图 3-3 所示，有两个总起点事项①、⑤，两个总终点事项④、⑦，不符合规则。

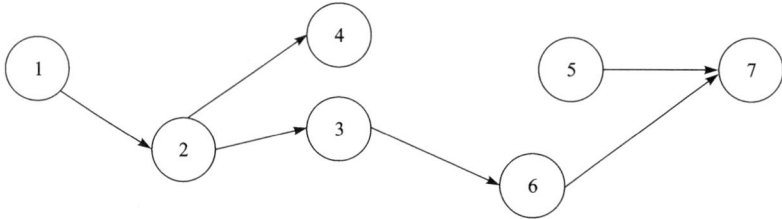

图 3-3　两总起点两总终点错误图

（2）网络图是有向图，不允许有回路。

如图 3-4 所示，③→⑥→⑤→③是一个回路，不符合规则。

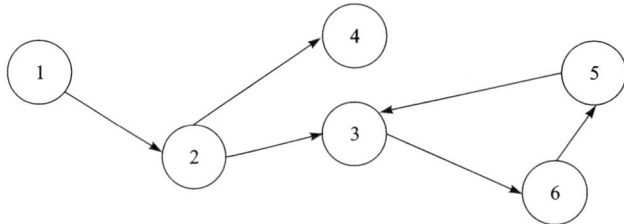

图 3-4　有回路错误图

（3）节点 i，j 之间不允许有两道或两道以上的工序。

如图 3-5 所示，节点 i，j 之间有 a，b 两道工序，不符合规则。

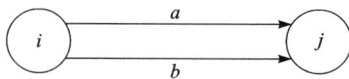

图 3-5　节点间两道工序错误图

（4）必须正确表示工作之间的前行、后继关系。

如要表示 c 必须在 a，b 均完工后才能开工，而 d 只要在 b 完工后即可开工，则图 3-6 中表示有错误。

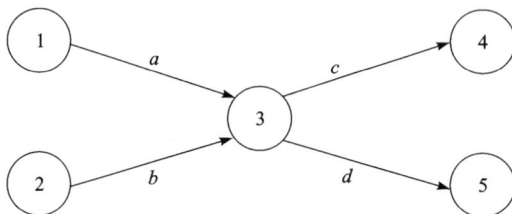

图 3-6　工作之间关系错误图

（5）虚工序的运用。运用虚工序可将图 3-3、图 3-5 和图 3-6 表示成如图 3-7、图 3-8 和图 3-9 形式。

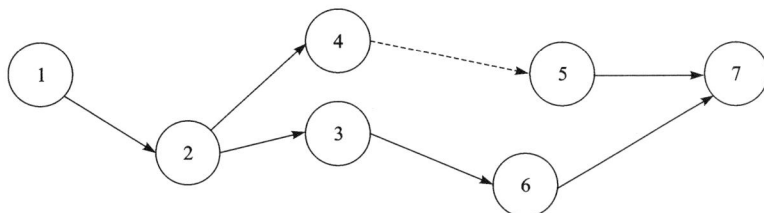

图 3-7　两总起点两总终点错误修正图

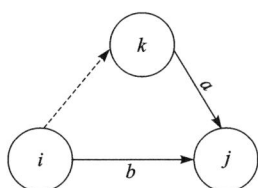

图 3-8　节点间两道工序错误修正图

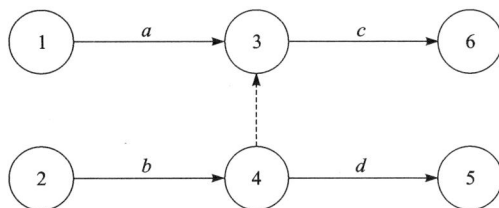

图 3-9　工作之间关系错误修正图

虚工序还可以正确表示平行与交叉工序。一道工序可以分几道工序同时进行，称为平行工序，如图 3-10(a)所示巷道维护需 12 d，如增加工人分为三组同时进行，可将网络图变为图 3-10(b)。

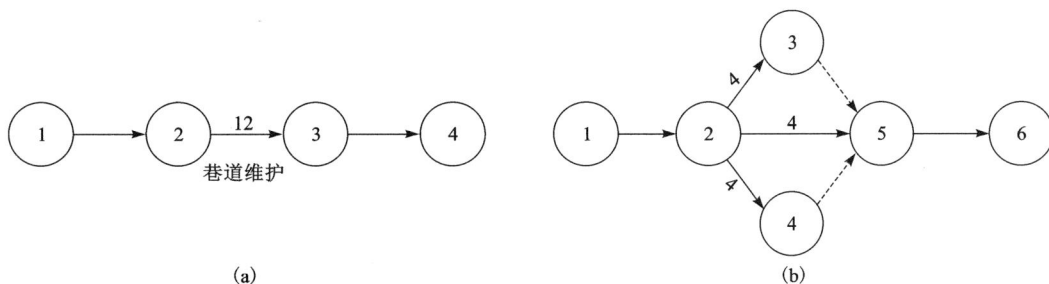

(a)

(b)

图 3-10　巷道维护工序图

两件或两件以上的工序交叉进行，称为交叉工序。如工序 A 与工序 B 分别表示出矿和临时支护，那么它们的关系可以是边出矿边进行临时支护，不必等到出完矿以后再进行临时支护。这就可以用交叉工序表示，如图 3-11 所示。

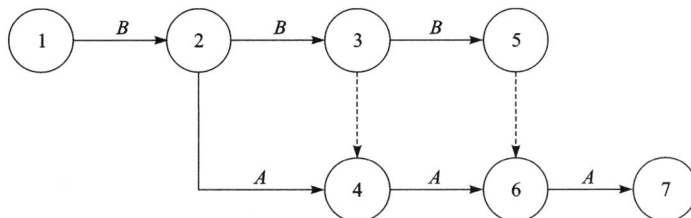

图 3-11　交叉工序示意图

【案例3-1】根据以下的工作明细表绘制网络图。

表3-2　某工程工作明细安排

工作代号	工作名称	工作持续时间/周	紧前工作
A	设备运送	6	无
B	场所准备	10	无
C	控制系统的建立	14	A
D	设备安装	8	A
E	地下连接	6	B
F	程序联系	18	B
G	作业人员培训	10	C
H	原材料运送与准备	12	F
I	设施的检查与安装	6	D，E

解：根据该工程工作明细安排得到项目网络图如图3-12所示。

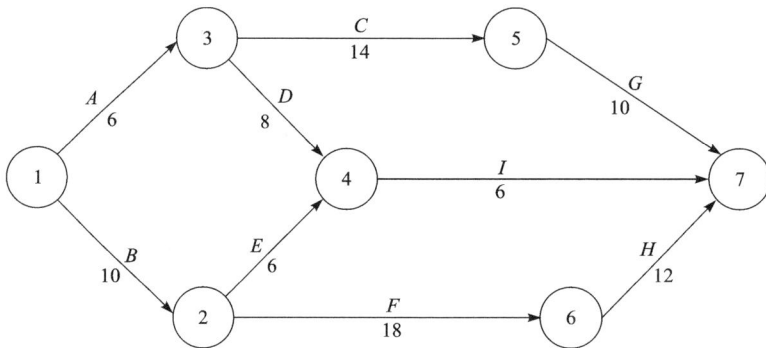

图3-12　例题3-1工程项目网络图

3.关键路线

在网络图中，从始点开始，按照各道工序的顺序，连续不断地到达终点的一条通路，称为路。通常把网络图中需时最长的路称为关键路线，或称主要矛盾线。关键路线的工序称为关键工序。如果能够缩短或延长关键工序的完工时间，就可以提前或推迟工程的完工时间。

在图3-13中，有四条路线分别为：

①→②→③→⑤→⑧，完成各工序所需时间为：3+4+1+4=12；

①→②→④→⑥→⑦→⑧，完成各工序所需时间为：3+3+4+2+5=17；

①→②→⑥→⑦→⑧，完成各工序所需时间为：3+2+2+5=12；

①→②→③→④→⑥→⑦→⑧，完成各工序所需时间为：3+4+2+4+2+5=20。

其中，①→②→③→④→⑥→⑦→⑧所需时间最长，则为该网络图的关键路线。

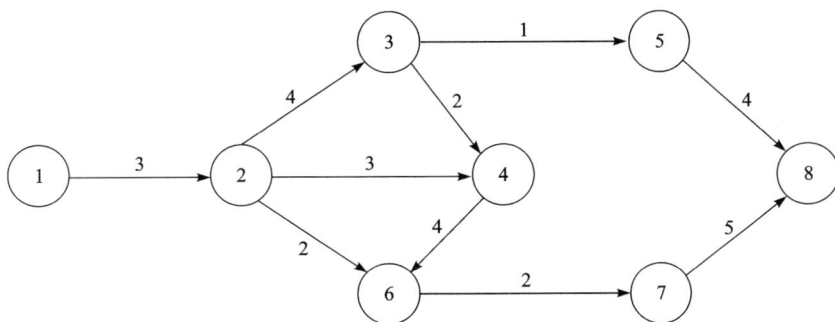

图 3-13 某项目网络计划图

4. 工序时间 $t(i, j)$ 的确定

1) 确定型

指在具备工时定额的任务中，工序的工时 $t(i, j)$ 可以用这些定额资料确定。

2) 概率型

指对工序所需工时难以准确估计的任务中，可以采用三点时间估计法来确定工序的工时，则每道工序的期望工时可估计为：

$$t(i, j) = \frac{a + 4m + b}{6} \tag{3-5}$$

式中：a 为最快可能完成时间（最乐观时间）；m 为最可能完成时间；b 为最慢可能完成时间（最悲观时间）。

5. 事项时间参数的确定

时间参数（time parameter）是指工作或节点所具有的各种时间值，如节点的最早时间、最迟时间以及工作的最早开始时间、最早完成时间、最迟开始时间、最迟完成时间等参数。

时间参数的计算方法有节点计算法和工作计算法两种。节点计算法是先计算节点时间参数，再据以计算各项工作的时间参数的方法。工作计算法是直接计算各项工作的时间参数的方法。

不论是采用节点计算法还是工作计算法计算时间参数，都应在确定各项工作的持续时间之后进行。虚工作必须视同工作进行计算，其持续时间为零。

1) 节点计算法

(1) 节点时间参数。

节点最早时间（earliest event time），以该节点为开始节点的各项工作的最早开始时间，节点 i 的最早时间记为 ET_i。

节点最迟时间（latest event time），以该节点为完成节点的各项工作的最迟完成时间，节点 i 的最迟时间记为 LT_i。

节点 i 的最早时间 ET_i 应从网络计划的起点节点开始，顺着箭线方向依次逐项计算。起点节点最早时间等于零。

当节点 j 只有一条内向箭线时，最早时间为：

$$ET_j = ET_i + D_{i-j} \tag{3-6}$$

式中：D_{i-j} 为节点 i 至节点 j 对应工作的持续时间。

当节点 j 有多条内向箭线时，其最早时间为：

$$ET_j = \max\{ET_i + D_{i-j}\} \tag{3-7}$$

（2）工期与节点最迟时间。

根据节点计算法计算出来的终点节点 n 的最早时间 ET_n 就是网络计划的计算工期，即

$$T_c = ET_n \tag{3-8}$$

节点 i 的最迟时间 LT_i 应从网络计划的终点节点开始，逆着箭线方向依次逐项计算。

终点节点 n 的最迟时间等于网络计划的工期。

其他节点的最迟时间 LT_i 的计算公式：

$$LT_i = \min\{LT_j - D_{i-j}\} \tag{3-9}$$

（3）工作时间参数。

①工作的最早开始时间。

工作的最早开始时间是各紧前工作全部完成后，本工作有可能开始的最早时刻。工作 $i-j$ 的最早开始时间计算公式：

$$ES_{i-j} = ET_i \tag{3-10}$$

②工作的最早完成时间。

工作的最早完成时间是各紧前工作全部完成后，本工作有可能完成的最早时刻。工作 $i-j$ 的最早完成时间计算公式：

$$EF_{i-j} = ET_i + D_{i-j} \tag{3-11}$$

③工作的最迟完成时间。

工作的最迟完成时间是在不影响整个任务按期完成的前提下，工作必须完成的最迟时刻。工作 $i-j$ 的最迟完成时间的计算公式：

$$LF_{i-j} = LT_j \tag{3-12}$$

④工作的最迟开始时间。

工作的最迟开始时间是在不影响整个任务按期完成的前提下，工作必须开始的最迟时刻。工作 $i-j$ 的最迟开始时间的计算公式：

$$LS_{i-j} = LT_j - D_{i-j} \tag{3-13}$$

⑤工作的总时差。

总时差是在不影响总工期的前提下，本工作可以利用的机动时间。工作 $i-j$ 总时差的计算公式为：

$$TF_{i-j} = LT_j - ET_i - D_{i-j} \tag{3-14}$$

⑥工作的自由时差。

自由时差是在不影响其紧后工作最早开始时间的前提下，本工作可以利用的机动时间。工作 $i-j$ 的自由时差的计算公式为：

$$FF_{i-j} = ET_j - ET_i - D_{i-j} \tag{3-15}$$

（4）关键路线与时差。

总时差为零的工作是关键工作，自始至终全部由关键工作所组成的线路为关键线路。

关键线路是从起点至终点的所有线路中，工作持续时间最长的线路。工作时差不等于零，表示工作有机动时间。工作的总时差往往为若干项工作共同拥有的机动时间，工作的自由时差是某项工作单独拥有的机动时间，其大小不受其他工作的机动时间的影响。网络计划的关键线路也可能不只有一条。关键线路上任一节点的最早时间和最迟时间一定相等。

2）工作计算法

（1）工作最早开始时间。

表明以它为始点的各工序最早可能开始的时间，也表示以它为终点的各工序最早可能完成时间，它等于从始点事项到该事项的最长路线上所有工序的工时总和。

以起点节点 i 为箭尾节点的工作 $i-j$，$ES_{i-j}=0$

当工作 $i-j$ 只有一项紧前工作 $h-i$ 时，

$$ES_{i-j} = ES_{h-i} + D_{h-i} \qquad (3-16)$$

当工作 $i-j$ 有多个紧前工作时，

$$ES_{i-j} = \max\{ES_{h-i} + D_{h-i}\} \qquad (3-17)$$

（2）工作最早完成时间的计算。

是从最早可能开工时间开始，所能达到的完工时间，等于最早可能开工时间加上工序时间。工作 $i-j$ 的最早完成时间 EF_{i-j} 按照下式计算：

$$EF_{i-j} = ES_{i-j} + D_{i-j} \qquad (3-18)$$

（3）最迟完成时间。

以终点节点 n 为箭头节点的工作 $i-n$ 的最迟完成时间 LF_{i-n}，应按网络计划的计划工期 T_p 确定。其他工作 $i-j$ 的最迟完成时间 LF_{i-j} 的计算公式为：

$$LF_{i-j} = \min\{LF_{j-k} - D_{j-k}\} \qquad (3-19)$$

（4）最迟开始时间。

工作 $i-j$ 的最迟开始时间 LS_{i-j} 计算公式：

$$LS_{i-j} = LF_{i-j} - D_{i-j} \qquad (3-20)$$

（5）总时差。

在不影响工程最早完工时间的前提下，工序的完工期可以推迟的时间，称为总时差，或称为工序总的允许延误时间。工序的总时差等于该工序的最迟开工时间减去工序最早可能开工时间，或者是工序最迟必须完工时间减去工序最早完工时间。

工作 $i-j$ 的总时差 TF_{i-j}：

$$TF_{i-j} = LS_{i-j} - ES_{i-j} = LF_{i-j} - EF_{i-j} \qquad (3-21)$$

关键路线上的各道关键工序，其总时差均为零。所以在网络图上，以那些总时差为零的工序所形成的路线来确定关键路线。

（6）自由时差。

指一项工作在不影响其紧后工作最早开始时间的条件下，本工作可以利用的机动时间。用紧后工作的最早开始时间与该工作的最早完成时间之差表示。

工作 $i-j$ 有紧后工作 $j-k$ 时，其自由时差 FF_{i-j}：

$$FF_{i-j} = ES_{j-k} - EF_{i-j} = ES_{j-k} - ES_{i-j} - D_{i-j} \qquad (3-22)$$

【案例3-2】根据表3-3矿山建设项目配件制造及安装工作明细表绘制网络图，采用节点计算法标出网络图上各个节点的最早时间和最晚时间，并找出网络图上的关键路线。

表 3-3   矿山建设项目配件制造及安装工作明细表

工作代号	工作名称	工作持续时间/天	紧前工作
A	下达任务	2	—
B	产品设计	6	A
C	工艺准备	8	A
D	零件制造	10	B
E	外购部件	12	B, C
F	产品装配	6	D, E

(1) 绘制网络图

根据工作明细表绘制网络图如图 3-14 所示：

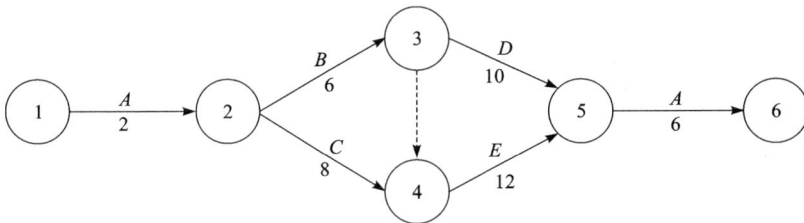

图 3-14   某矿业建设项目工作网络图

(2) 确定关键路线

把求得的节点最早时间和节点最迟时间分别标注在各节点处的方框和右面的方框中，连接节点最早时间和节点最迟时间相等的节点，从而确定出关键路线，见图 3-15。

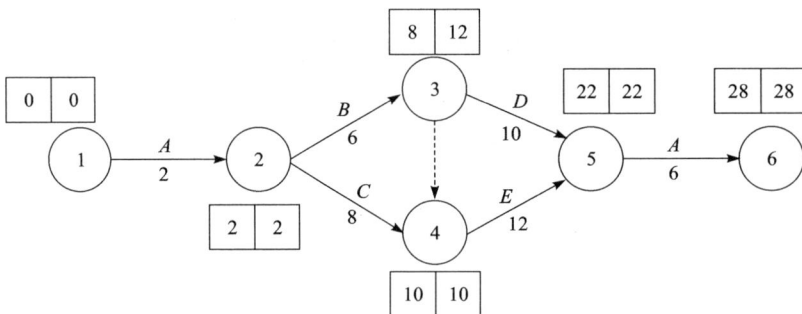

图 3-15   某矿业建设项目节点计算法网络图

由网络图计算可得关键路线：1→2→4→5→6。

其总工期为 28 d。

3.2 矿业工程项目进度计划的实施与检查

3.2.1 进度计划的实施

实施进度计划要做好 3 项工作，即编制年、季、月、旬、周作业计划和作业任务书，通过明确负责人的团队实施计划；记录计划实施的实际情况；调整控制进度计划。

1）年、季、月、旬、周作业计划

施工组织设计中编制的施工进度计划，是按整个项目（或单位工程）编制的，具有一定的控制性（或指导性），但还不能满足施工作业（操作）要求。实际作业是按照年（或季）、月（或旬、周）的作业计划和施工任务书执行的，故应进行认真编制。

作业计划除依据施工进度计划编制外，还应依据现场情况及年（季）、月（旬、周）的具体要求编制。作业计划以贯彻施工进度计划、明确当期任务及满足作业要求为前提。

对于大型项目，工期往往几年，这就需要编制年（季）施工进度计划，以实现施工总进度计划。对于单位工程来说，月（旬、周）计划有实施作业的作用要求，因此要具体编制成作业计划，应在单位工程施工度计划的基础上分段细化编制。

年、季、月、旬、周施工进度计划应逐级落实，最终通过施工任务书由班组实施。

2）施工任务书

施工任务书是向作业班组下达施工任务的一种工具，表达形式如表 3-4 所示。施工任务书的背面是考勤表，限额领料单（形式如表 3-5 所示）随施工任务书下达并流转，它是进行材料管理和核算的良好手段。施工任务书是一份计划文件，也是一份核算文件，又是作业实施的原始记录。它把作业计划下达到班组，并将计划执行与技术管理、质量管理、安全管理、成本核算、原始记录、资源管理等融为一体。

施工任务书一般由工长根据计划要求、工程数量、定额标准、工艺标准、技术要求、质量标准、安全措施、节约措施等为依据进行编制。在编制时涉及定额以外的项目和用工，由工长、定额员及工人班组长进行"三结合"估算。

任务书下达给班组时，由工长进行交底。交底内容为交任务、交操作规程、交施工方法、交质量、交安全、交定额、交节约措施、交材料使用、交施工计划、交奖罚要求等，做到任务明确，报酬预知，责任到人。

施工班组接到任务书后，应做好分工，安排完成。执行中要保质量、保进度、保安全、保节约、保工效提高。任务完成后，班组自检，在确认以后，向工长报请验收。工长验收时查数量、查质量、查安全、查用工、查节约，然后回收任务书，交作业队登记，以备结算、统计，然后存档。

表 3-4　施工任务书

		开工	竣工	天数
	计划			
	实际			

第_____施工队_____组　任务书编号_____

工地名称：_____　单位工程名称：_____　签发日期_____年_____月_____日

定额编号	工程部位及项目	计量单位	计划				实际			安全、质量、技术、节约措施及要求
			工程量	时间定额	每工产量	定额工日	工程量	定额工日	实际用工	
										验收意见
										生产效率
										定额用工　工日
										实际用工　工日
合计										工效　%

工长：_____　定额员：_____　班组长：_____

表 3-5　限额领料单

材料名称	规格	计量单位	单位用量	限额用量		领料记录						退料数量	执行情况		
				按计划工程	按实际工程量	第一次		第二次		第三次			实际耗用量	节约或浪费(+,-)	其中：返工损失
						日/月	数量	日/月	数量	日/月	数量				

发料人：_____　领料人：_____

3）生产调度

在施工进度计划的实施过程中，应跟踪计划的实施并进行监督，当发现进度计划执行受到干扰时，应采取调度措施。

调度工作主要对进度控制起协调作用。协调配合关系，排除施工中出现的各种矛盾，克服薄弱环节，实现动态平衡。调度工作的内容包括：检查作业计划执行中的问题，找出原因，并采取措施解决；督促供应单位按进度要求供应资源；控制施工现场临时设施的使用；按计划进行作业条件准备；传达决策人员的决策意图；发布调度令等。要求调度工作做到及时、灵活、准确、果断。

4）实施进度计划中的几个问题

（1）执行施工合同中对进度、开工及延期开工、暂停施工、工期延误、工程竣工的承诺。施工合同对上述5点都有具体规定。

（2）编制统计报表。在施工进度计划实施的过程中，应跟踪形象进度对工程量，总产值，耗用的人工、材料和机械台班等的数量进行统计分析，编制统计报表。以上统计内容应按企业制订的统计表格进行取量和填表，按规定上报。这是基础统计，应力求准确。工程计量应在施工合同中具体约定。

（3）进度索赔。当合同一方因另外一方的原因导致工期拖延时，便应进行工期索赔。

①当发包人未能按合同规定提供施工条件，如未及时交付设计图样、技术资料、场地、道路等，或因非承包人原因，发包人指令停止施工，或其他不可抗力因素作用等原因，造成工程中断，或工程进度放慢，使工期拖延，承包人均可提出索赔。

②由于发包人或监理工程师指令修改设计、增加或减少工程量、增加或删除部分工程、修改施工进度计划、变更施工顺序等造成的工期延长，可进行工期索赔。

③当出现不可预见的外部障碍时，如在施工期间即使有经验的承包人也很难预见到地质条件与业主提供的预计资料不同，出现未预见到的地下水、淤泥或岩石等，导致工期拖延，可进行索赔。

工期索赔的资料要准确，要有说服力。分析工期索赔值就是探讨干扰事件对工期的影响，对此可以通过原网络计划与可能状态的网络计划对比得到，而分析的重点是两种状态的关键线路长度。分析的基本思路如下：假设工程施工一直按原网络计划确定的施工顺序和工期进行，现发生了干扰事件，使某些工程活动（工作）受到干扰，如延长持续时间、活动之间逻辑关系变化，或者网络中增加了新的工程活动。将这些影响代入原网络中，重新进行网络分析，得到一个新工期，新工期与原工期之差为干扰事件对工期的影响，即为工期索赔值。显然，如果受干扰的活动在关键线路上，则该活动的持续时间增加值即总工期的延长值；如果受干扰的活动在非关键路线上，当该活动的持续时间增加值未超过其总时差，则这个干扰事件对工期无影响，这种情况不能提出工期索赔。

4）分包工程的实施。分包人应根据项目施工进度计划编制分包工程施工进度计划并组织实施。施工项目经理部应将分包工程施工进度计划纳入项目进度计划控制范畴，并协助分包人解决项目进度控制中的相关问题，主要是"帮"。

3.2.2 工程项目进度计划的检查

工程进度的检查与进度计划的执行是融合在一起的，计划检查是对执行情况的总结，是工程项目进度调整和分析的依据。

1. 检查方法

进度计划的检查方法主要是对比法,即对实际进度与计划进度进行对比。通过比较发现偏差,以便调整或修改计划,保证进度目标的实现。实际进度都是记录在计划图上的,故因计划图形的不同而产生了多种检查方法。

1)横道图检查

横道图检查的方法就是将项目实施中针对工作任务检查实际进度收集到的信息,经过整理后直接用横道涂黑的粗线并列标于原计划的横道单线下方(或上方),进行直观比较的方法。例如,某工程的施工实际进度与计划进度横道图检查,如图3-16所示。

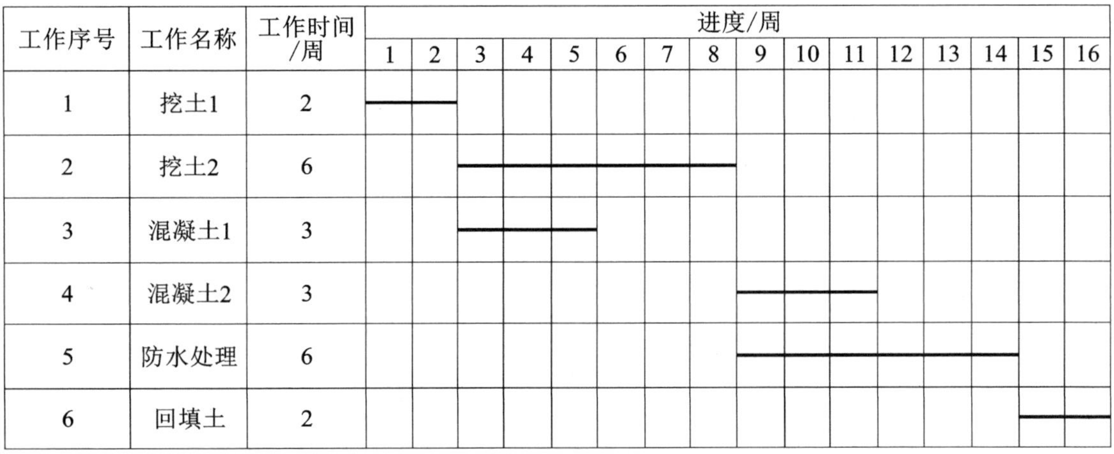

工作序号	工作名称	工作时间/周	进度/周															
			1	2	3	4	5	6	7	8	9	10	11	12	13	14	15	16
1	挖土1	2																
2	挖土2	6																
3	混凝土1	3																
4	混凝土2	3																
5	防水处理	6																
6	回填土	2																

图 3-16 某工程的施工实际进度与计划进度的横道图检查

通过这种比较,管理人员能很清晰和方便地观察出实际进度与计划进度的偏差。横道图检查中的实际进度可用持续时间或任务量(如劳动消耗量、实物工程量、已完工程价值量等)的累计百分比表示。但由于计划图中的进度横道线只表示工作的开始时间、持续时间和完成时间,并不表示计划完成量,所以在实际工作中要根据工作任务的性质分别考虑。

工作进展有两种情况:一是工作任务是匀速进行的(单位时间完成的任务量是相同的);二是工作任务的进展速度是变化的。因此,进度比较法就需采取相应不同的方法。每一期检查,管理人员应将每一项工作任务的进度评价结果合理地标在整个项目的进度横道图上,最后综合判断工程项目的进度进展情况。

(1)匀速进展横道线比较法。其可用持续时间(或任务量)来表达实际进度,并与计划进度进行比较。其步骤如下。

①在进度计划图中标出检查日期。

②将检查收集的实际进度数据,按比例用涂黑的粗线标于计划进度线的下方,如图3-17所示。

③比较分析实际进度与计划进度。当双线右端与检查日期相重合,表明实际进度与计划进度相一致;涂黑的粗线右端落在检查日期左侧,表明实际进度拖后;涂黑的粗线右端落在

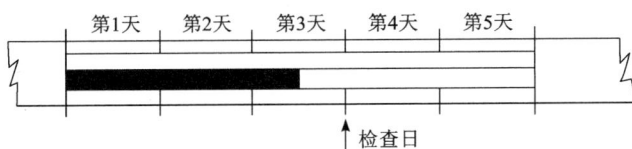

图 3-17 匀速进展横道线比较法

检查日期右侧，表明实际进度超前。

（2）双比例单侧横道线比较法。这是适用于工作的进度按变速进展情况的对比检查方法之一。该方法用涂黑的粗线表示工作实际进度的同时，标出其对应完成任务量的累计百分比。将该百分比与同时刻该工作计划完成任务量的累计百分比相比较，判断工作的实际进度与计划进度之间的关系。其步骤如下：

①在任务计划图中进度横线上、下方分别标出各主要时间工作的计划、实际完成任务量累计百分比。其中，确定计划累计完成任务量累计百分比需要进行大量的工程实践案例分析计算。

②用涂黑的粗线标出实际（时间）进度线，如图 3-18 所示。

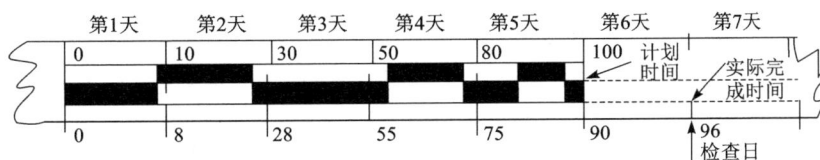

图 3-18 双比例单侧横道线比较法

③对照检查日期横道涂黑的粗线下方实际完成任务量累计百分比与同时刻的横道涂黑的粗线上方计划完成任务量累计百分比，比较它们的偏差，分析对比结果。同一时刻上下两个累计百分比相等，表明实际进度与计划一致；同一时刻下方的累计百分比小于上方的累计百分比，表明该时刻实际进度拖后；同一时刻下方的累计百分比大于上方的累计百分比，表明该时刻实际进度超前。

2）实际进度前锋线检查

前锋线检查主要适用于双代号时标网络图计划及横道图进度计划。该方法是从检查时刻的时间标点出发，用点画线依次连接各工作任务的实际进度点（前锋），最后到计划检查的时刻的时间标点为止，形成实际进度前锋线，按前锋线判定工程项目进度偏差，如图 3-19 所示。

当某工作前锋点落在检查日期左侧，表明实际进度拖延；当该前锋点在检查日期右侧，表明实际进度超前。进度前锋点的确定可以采用比例法。这种方法形象直观，便于采取措施，但最后应针对项目计划做全面分析，以判定实际进度情况对应的工期。

3）利用网络计划检查

以双代号网络计划切割线检查为例，该方法就是利用切割线进行实际进度记录，如图 3-20 所示，点画线为"切割线"。在第 10 天进行记录时，D 工作尚需 1（方括号内的数）天才能完成；G 工作尚需 8 天才能完成；L 工作尚需 2 天才能完成。这种检查可利用表 3-4 进行分析。

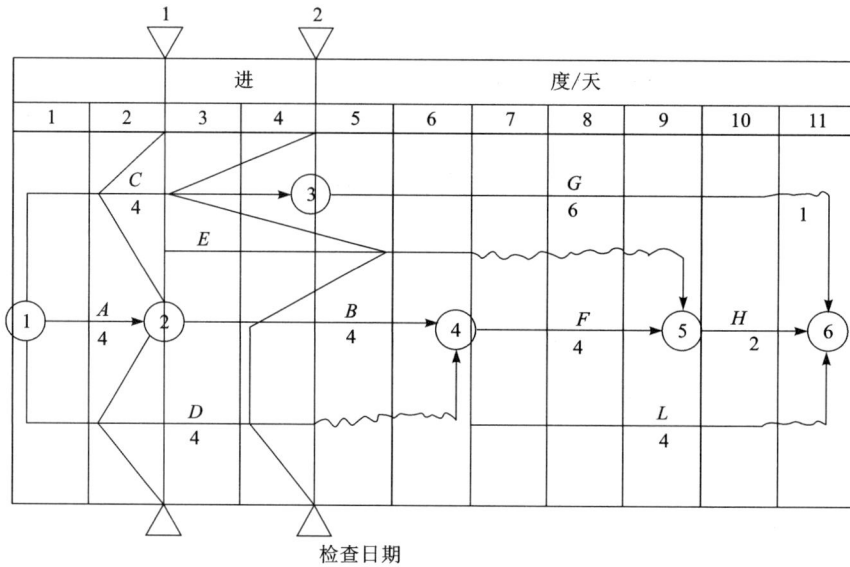

图 3-19 时标网络图计划前锋线检查

判断进度进展情况是 D 工作、L 工作正常，G 工作拖期 1 天。由于 G 工作是关键工作，所以它的拖期将导致整个计划拖期，故应调整计划，追回损失的时间。

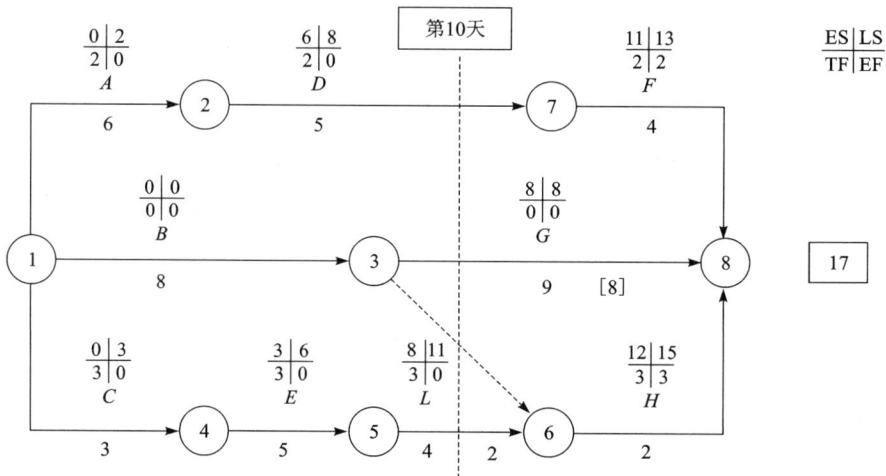

图 3-20 双代号网络计划切割线检查

2.进度计划检查内容与检查报告

1）检查内容

进度计划的执行情况检查可根据不同需要灵活进行，可以是日检查或定期（如周、月）检查，但检查必须有内涵。以施工进度计划为例，其内容包括以下几项：

（1）检查期内实际完成和累计完成的工程量。

（2）实际参加施工的劳动力、机械数量与计划数。

（3）窝工天数、窝工机械台班数及其原因分析。

（4）进度偏差情况。

（5）进度管理情况。

（6）影响进度的原因及分析。

2）进度报告

通过进度计划检查，项目组织者（如项目经理部）应定期向上级提供进度计划执行情况检查报告，即进度报告。进度报告是在项目执行过程中，把有关项目业务的现状和将来发展趋势以最简练的书面形式提供给上一级管理部门或业务职能负责人；通常还借用图、表、图解对设计、采购、施工、试运转等阶段的时间进度、劳力、资金、材料等现状，将来的预测以及变更指令现状等进行简要说明。

业主方项目经理部向上提交的报告内容通常包括以下几方面：

（1）项目实施情况、管理及监理概况、进度概要。

（2）设计进度。

（3）材料、生产设备采购供应进度。

（4）施工进度。

（5）劳务记录及预测。

（6）形象进度及概要说明。

（7）日历计划。

（8）变更指令现状等。

施工项目经理部每月向企业提供的进度报告内容一般包括以下几方面：

（1）进度执行情况综合描述。

（2）实际施工进度图（表）。

（3）工程变更、价格调整、索赔及工程款收支情况。

（4）进度偏差的状况与导致偏差的原因分析。

（5）解决问题的措施。

（6）计划调整意见等。

3.3 矿业工程项目进度的控制与调整

3.3.1 矿业工程项目进度控制

1. 工程项目进度控制的概念

在项目实施过程中，怎样保证项目按计划的轨道运行，是项目控制的任务。世界上没有不需要控制的项目，因为理想的完美无缺的计划是没有的，理想的没有干扰并完全均衡地组织，分毫不差地按计划运行也是不可能的。这是因为项目实施都是处在一个开放的动态条件下，环境的变化、业主目标的修正、技术设计的不确定性、施工方案的缺陷及其他风险的出现，使原计划必须不断修改，以适应新的变化。解决实施中发现的实际与原计划差异的矛盾及新的变化带来的新的矛盾和问题都需要控制。

工程项目进度控制的目的是确保工程进度目标的实现。

2. 工程项目进度控制的任务

工程项目进度控制的任务就是按计划进行任务实施，控制计划的执行，按期完成工程项目实施任务，最终实现进度目标。建筑工程项目管理有多种类型，代表不同利益方的项目管理者(业主方和项目各参与方)都有进度控制的任务，但其控制的目标、时间，甚至工作内容、范畴都是不相同的。

(1)业主方进度控制的任务是控制整个项目实施阶段的进度，包括控制设计准备阶段的工作进度、设计工作进度、施工进度、物资采购工作进度以及项目使用(或生产运行)前准备阶段的工作进度。

(2)设计方进度控制的任务是依据设计任务委托合同对设计工作进度的要求控制各设计阶段的设计图样的出图时间(设计工作进度)，这是设计方履行合同的义务。注意，设计方应尽可能使设计工作的进度与招标、施工及物资采购等工作进度相协调。

(3)施工方进度控制的任务是依据施工任务委托合同对施工进度的要求控制施工进度，这是施工方履行合同的义务。在进度计划编制方面，施工方应视项目的特点和施工进度的需要，编制不同的控制性、指导性和实施性施工进度计划以及不同生产期(年、季、月、旬、周)的施工计划等。

4)供货方进度控制的任务是依据供货合同对供货的要求控制供货进度，这是供货方履行合同的义务，供货进度计划应包括供货过程中的原料采购、加工制造、运输等所有环节。

3. 工程项目进度控制的方法与措施

1)控制方法

工程项目进度控制的主要工作环节首先是确定(确认)总进度目标和各进度控制子目标，并编制进度计划；其次在工程项目实施的全过程中，分阶段进行实际进度与计划进度的比较，出现偏差则及时采取措施予以调整，并编制新计划；最后是协调工程项目各参加单位、部门和工作队之间的工作节奏与进度关系。简单地说，进度控制就是规划(计划)检查与调整、协调这样一个循环的过程，直到项目活动全部结束。

进度控制的关键工作环节是计划执行中的跟踪检查和调整。

2)控制措施

工程项目进度控制采取的主要措施有组织措施、管理措施、经济措施、技术措施等。

(1)组织措施。组织是目标能否实现的决定性因素，为实现项目的进度目标，应充分重视项目管理的组织体系。

①落实工程项目中各层次进度目标的管理部门及责任人。

②进度控制主要工作任务和相应的管理职能应在项目管理组织设计分工表和管理职能分工表中标示并落实。

③应编制项目进度控制的工作流程，如确定项目进度计划系统的组成；各类进度计划的编制程序、审批程序、计划调整程序等。

④进度控制工作往往包括大量的组织和协调工作，而会议是组织和协调的重要手段，应

进行有关进度控制会议的组织设计，以明确各类会议的类型，各类会议的主持人及参加单位和人员，各类会议的召开时间(时机)，各类会议文件的整理、分发和确认等。

（2）管理措施。建设工程项目进度控制的管理措施涉及管理的思想、管理的方法、管理的手段、承发包模式、合同管理和风险管理等。在理顺组织的前提下，科学和严谨的管理显得十分重要。

①在管理观念方面下述问题比较突出。一是缺乏进度计划系统的观念，分别编制各种独立而互不联系的计划，形成不了系统；二是缺乏动态控制的观念，只重视计划的编制，而不重视计划执行中的及时调整；三是缺乏进度计划多方案比较和择优的观念。合理的进度计划应体现资源的合理使用，空间(工作面)的合理安排，有利于提高建设工程质量，有利于文明施工和缩短建设周期。

②工程网络计划的方法有利于实现进度控制的科学化。用工程网络计划的方法编制进度计划应仔细严谨地分析和考虑工作之间的逻辑关系，通过工程网络计划可发现关键工作和关键线路，也可以知道非关键工作及误差。

③承发包模式的选择直接关系到工程实施的组织和协调。应选择合理的合同结构以避免合同界面过多而对工程的进展产生负面影响。工程物资的采购模式对进度也有直接影响，对此应做分析比较。

④应该分析影响工程进度的风险，并在此基础上制定风险管理措施，以减少进度失控的风险量。

⑤重视信息技术(包括各种应用软件、互联网以及数据处理设备等)在进度控制中的应用。信息技术应用是一种先进的管理手段，有利于提高进度信息处理的速度和准确性，有利于增加进度信息的透明度，有利于促进相互间的信息统一与协调工作。

（3）经济措施。建设工程项目进度控制的经济措施涉及资金需求计划、资金供应的条件及经济激励措施等。

①应编制与进度计划相适应的各种资源(劳力、材料、机械设备、资金等)的需求计划，以反映工程实施的各时段所需的资源。进度计划确定在先，资源需要量计划编制在后，其中，资金需要量计划非常重要，它同时也是工程融资的重要依据。

②资金供应条件包括可能的资金总量供应、资金来源以及资金供应的时间。

③在工程预算中应考虑加快工程进度所需要的资金，其中包括为实现进度目标将要采取的经济激励措施所需要的费用。

（4）技术措施。建设工程项目进度控制的技术措施涉及对实现进度目标有利的设计技术和施工方案。

①不同的设计理念、设计路线、设计方案会对工程进度产生不同的影响。在设计工作的前期，特别是在设计方案评审和择优选用时，应对设计技术与工程进度的关系做分析比较。在工程进度受阻时，应分析是否存在设计技术的影响因素及为实现进度目标有无设计变更的可能性。

②施工方案对工程进度有直接的影响。在选择施工方案时，不仅需要分析技术是否先进与合理，还应考虑其对进度的影响。在工程进度受阻时，应分析是否存在施工技术的影响因素以及为实现进度目标有无变更施工技术、施工方法、施工机械和施工顺序的可能性。

3.3.2 工程项目进度的调整

1. 调整的方法

项目实施过程中经常发生工期延误，发生工期延误后，通常应采取积极的措施赶工以弥补或部分地弥补已经产生的延误。主要通过调整后期计划，采取措施赶工，修改（调整）原网络进度计划等方法解决进度延误问题。发现工期延误后，任其发展或不及时采取措施赶工，拖延的影响会越来越大，最终必然会不能实现预期的工期目标和经济效益。有时刚开始仅一周多的工期延误，如任其发展或采取的是无效的措施，到最后可能会导致拖期一年的结果，所以进度调整应及时有效。调整后的编制的进度计划应及时下达执行。

1）利用网络计划的关键线路进行调整

（1）关键工作持续时间的缩短，可以缩短关键线路的长度，即可以缩短工期，要有目的地去压缩那些能缩短工期的工作的持续时间，解决此类问题最接近于实际需要方法的是选择法，此方法应综合考虑压缩关键工作的持续时间对质量的影响、对资源的需求增加等多种因素，对关键工作进行排序，优先缩短排序靠前，即综合影响小的工作的持续时间。

（2）压缩工期通常都会引起直接费用支出的增加，在保证工期目标的前提下，如何使相应的追加费用的数额最小呢？关键线路上的关键工作有若干个，在压缩其持续时间上，显然有一个次序排列的问题需要解决。

2）利用网络计划的时差进行调整

（1）任何进度计划的实施都受到资源的限制，计划工期的任一时段，如果资源需要量超过资源最大供应量，那这样的计划是没有任何意义的，它不具有实践的可能性，不能执行。受资源供给限制的网络计划调整是利用非关键工作的时差来进行。

（2）项目均衡实施，是指在进度开展过程中所完成的工作量和所消耗的资源量尽可能保持得比较均衡。反映在支持性计划中，是工作量进度动态曲线、劳动力需要量动态曲线和各种材料需要量动态曲线尽可能不出现短时期的高峰和低谷。工程的均衡实施优点可以节约实施中的临时设施等费用支出，经济效果显著。使资源均衡的网络计划调整方法是利用非关键工作的时差来进行。

3）调整的内容

进度计划的调整，以进度计划执行中的跟踪检查结果进行调整的内容包括以下几方面：内容、工作量、工作起止时间、工作持续时间、工作逻辑关系、资源供应。可以只调整六项中一项，也可以同时调整多项，还可以将几项结合起来调整，以求综合效益最佳。只要能达到预期目标，调整越少越好。

（1）关键路线长度的调整

当关键线路的实际进度比计划进度提前时，首先要确定是否对原计划工期予以缩短。如果不予缩短，可以利用这个机会降低资源强度或费用，方法是选择后续关键工作中资源占用量大的或直接费用高的予以适当延长，延长的长度不应超过已完成的关键工作提前的时间量，以保证关键线路总长度不变。

当关键线路的实际进度比计划进度落后（拖延工期）时，计划调整的任务是采取措施赶工，把失去的时间抢回来。

(2)非关键工作时差的调整

时差调整的目的是充分或均衡地利用资源,降低成本,满足项目实施需要,时差调整幅度不得大于计划总时差值。

需要注意非关键工作的自由时差,它只是工作总时差的一部分,是不影响紧后工作最早可能开始时间的机动时间。在项目实施过程中,如果发现正在开展的工作存在自由时差,一定要考虑是否需要立即利用,如把相应的人力、物力调整支援关键工作或调整到别的工程区号上去等,因为自由时差不用"过期作废"。关键是进度管理人员要有这个意识。

(3)增减工作项目的调整

增减工作项目均不应打乱原网络计划总的逻辑关系。由于增减工作项目,只能改变局部的逻辑关系,此局部改变不影响总的逻辑关系。增加工作项目,只能是对原遗漏或不具体的逻辑关系进行补充;减少工作项目,只能是对提前完成了的工作项目或原不应设置而设置了的工作项目予以删除。只有这样才是真正调整而不是"重编"。增减工作项目之后应重新计算时间参数,以分析此调整是否对原网络计划工期产生影响,如有影响应采取措施消除。

(4)逻辑关系调整

工作之间逻辑关系改变的原因必须是施工方法或组织方法改变。但一般来说,只能调整组织关系,而工艺关系不宜调整,以免打乱原计划。

(5)持续时间的调整

在这里,工作持续时间调整的原因是指原计划有误或实施条件不充分。调整的方法是重新估算。

(6)资源调整

资源调整应在资源供应发生异常时进行。所谓异常,即因供应满足不了需要,导致工程实施强度(单位时间完成的工程量)降低或者实施中断,影响了计划工期的实现。

3.4 小结及学习指导

本章主要介绍了矿业工程项目进度管理的基本概念、原则、方法和工具。首先,介绍了工程项目进度管理的概述,强调了进度管理在工程项目中的重要性和必要性。同时,还介绍了进度计划在工程项目中的作用,以及如何使用里程碑和关键路径等标志方法来确定进度计划。然后,介绍了工程项目进度的控制和调整方法,包括进度跟踪、进度评估、进度调整和风险管理等方面。同时,还详细阐述了如何使用进度计划更新和进度报告来进行进度控制和调整,以及如何应对工程项目进度滞后和变更等问题。

本章还介绍了一些实际案例,以帮助读者更好地理解工程项目进度管理在矿业工程实践中的应用。通过本章的学习,读者将掌握工程项目进度管理的基本原则和方法,能够制订和实施有效的进度计划以及掌握如何进行进度控制和调整,从而保证工程项目的顺利进行和圆满完成。

课后习题

1. 什么是工程项目进度计划的标志方法？它们的作用是什么？

2. 工程项目进度计划的实施与检查中，项目经理需要采取哪些措施来保证计划的质量和有效性？

3. 工程项目进度的控制与调整中，为什么需要监控进度？请列举三个监控进度的工具和技术。

4. 请举一个矿业工程项目中进度控制与调整的案例，并分析其控制与调整的过程及结果。

5. 在工程项目进度管理中，有哪些因素会影响进度？请列举至少三个因素并分析其影响。

第 4 章　矿业工程项目质量管理

4.1　矿业工程项目质量管理概述

在现代社会，质量通常指所具有的能满足明确和隐含的需要，与能力相关的所有特性的总和，是"内在系列特征满足要求的程度"。矿业工程项目质量是指通过项目实施形成的工程实体质量，是反映建筑工程满足相关标准规定或合同约定的要求，包括其在安全、使用功能及其在耐久性能、环境保护等方面所有明显和隐含能力的特性总和。其质量特性主要体现在适用性、安全性、耐久性、可靠性、经济性及与环境的协调性六个方面。

矿业工程项目质量控制，需要系统有效地应用质量管理和质量控制的基本原理和方法，建立和运行工程项目质量控制体系，落实项目各参与方的质量责任，通过项目实施过程各个环节质量控制的职能活动，有效预防和正确处理可能发生的工程质量事故，在政府的监督下实现建设工程项目的质量目标。

1. 质量管理内涵

在矿业工程领域，项目的质量不仅指产品的质量，也包括产品生产活动或过程的工作质量（设计质量和施工质量等），还包括质量管理体系运行的质量（图 4-1）。

1）矿业工程项目产品质量

（1）矿山项目建成投产后，所生产的产品（或服务）满足预定的使用功能、特性、质量要求、技术标准和产出效益等。如竖井井筒工程，产品的质量即为井筒的建造质量。

（2）矿山项目的技术系统（如井筒的结构、材料、抗压强度、井壁厚度等）都达到预定的质量要求（如国家的法律、法规、技术标准），具有可靠性、安全性、稳定性和耐久性，达到工程的设计寿命。

（3）矿山项目的服务质量。矿山基建工程能够提供系统、可靠的服务，在完成矿山生产任务的同时，保证现场作业人员和设备的安全。

（4）工程的其他方面。如造型美观，与环境的协调，工程运行费用低、能耗低以及工程的可维护性、可扩展性等。

2）矿业工程项目工作质量

矿业工程项目工作质量是指为了保证工程质量，项目的实施者和管理者所从事工作的水平和完善程度。其主要体现在如下几个方面：

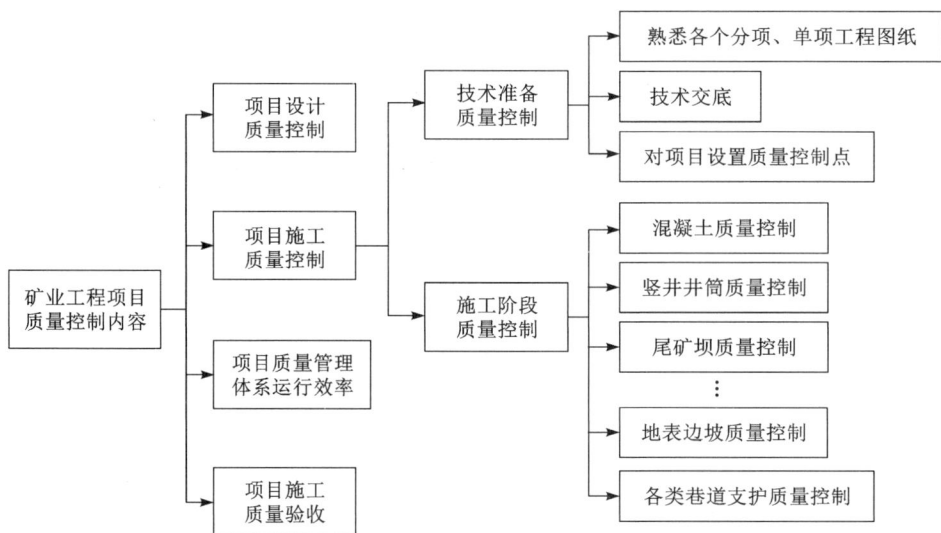

图 4-1　矿业工程项目质量控制内容

(1)矿山基建工程的需求设计。如阶段运输大巷的断面设计是否满足矿山生产能力的要求。

(2)矿山项目的设计需与当地的政策法规相适应。

(3)矿山项目的施工质量。如巷道断面的支护厚度、混凝土的养护时间、锚杆的布置方式等。

3)矿业工程项目管理质量

矿业工程项目的管理质量直接关系到整个系统的运行效率,其主要体现在:

(1)矿业项目管理人员的职业道德和专业素养。

(2)项目各个部分衔接的紧密程度,各个部门的配合程度等。

因此,要实现项目总目标,就必须实现设计质量、工作质量和管理质量的全面统一。

4.2　矿业工程项目的质量和工期关系

矿山基建项目质量与工期密切相关。在一定的社会、技术和环境条件下,建设一定规模和质量要求的矿山基建工程所要求的时间消耗(工期)是有一定范围的。总的来说,矿山基建工期越短,工程质量越难得到保证。质量要求越高所需要的工期就越长,如图 4-2 所示。对于矿业工程项目而言,压缩工期所带来的影响有以下几点:

(1)项目前期策划时间短,对项目决策的科学性、可行性,选址的正确性和工程的组织结构会产生重大影响。

(2)前期勘探时间短,对目标区域的水文地质环境不了解,使得相应的水文地质报告不准确。后续基础设计方案和施工方案受到影响,进而影响矿山建筑结构的安全性、稳定性。如某些矿山建筑在建成后不久出现墙体开裂和地表下沉的现象。

（3）设计时间短，工程设计的科学性无法保证。同时对相关工程的可施工性、结构稳定性、可用性、专业协调性产生重要影响。

（4）招标时间短，合同双方的责权界定不清楚，后续施工争议较大，相应的合同签订风险也会增加。

（5）施工时间短，混凝土的养护时间不达标，对工程的结构和耐久性产生重要影响，缩短了矿山基建的服务年限。

当下，国内许多矿山为了缩短矿山基建时间以期快速投产，过度压缩工期。例如，混凝土浇筑过多外加剂，养护达不到规范要求，容易导致混凝土表面干缩开裂，抗渗性差，强度不够；拆模和施工加荷载过早，产生裂缝，影响主体结构的强度和耐久性；工期太短，常常夜间赶工、工人节假日不休息，工程质量和安全都不能保证。

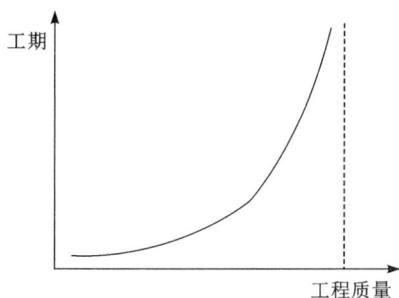

图4-2　矿业工程质量与工期的关系

4.3　矿业工程项目质量控制的基本原则

4.3.1　矿业工程项目的特殊性

矿业工程项目与一般工程项目质量管理有很大的区别，具有如下特殊性：

（1）对于某一个具体的矿山而言，其所处的水文地质环境都不一样，使得每一个矿业工程项目都是个性化的、常新的。如果项目初期质量目标（功能、技术要求等）定义不清晰，就很难实现质量与工期、成本目标的协调统一，可能存在设计不完善，施工计划不周全等问题。然而矿山项目建设过程具有一次性、不可逆的特点，若出现质量问题，也无法回到初始状态。

（2）矿山项目质量形成过程是项目相关者共同参与的过程。对一般制造业，用户在市场上直接购买最终产品，不介入该产品的生产过程。而矿山项目的建设需要施工方和投资方直接介入，其过程十分复杂，社会相关方对工程的实施过程也会有许多干预。因此，矿山项目质量管理过程是各方面共同参与的过程，同时又是一个不断变更的过程。

（3）矿山项目的建设需要许多单位共同参与，存在各种专业的承包（如设计、井巷施工、安装等）和多级的分包（如专业工程和劳务分包、租赁），是高度的社会化生产和专业化分工的过程。但是和高新技术产业相比，其生产方式又非常落后，有大量的手工和现场湿作业，需要非常完备的经济承包责任制。这是工程建设过程自身的矛盾性。

（4）矿业工程项目兼具社会性和历史性的特征。对于矿山项目而言，出现质量问题不仅会影响工程的使用效果和经济性，还会涉及工程的安全性和稳定性。重大的工程质量问题和事故常常会造成人员伤害和财产的损失。甚至未建好的工程就被拆除和炸毁，造成资源的极大浪费，产生重大的社会影响。

（5）合同对质量管理的决定作用。矿山项目是根据矿企的要求进行建设的，企业的意图反映在工程合同中，质量要求、组织责任、质量控制过程、质量承诺等都是通过合同规定的。不同的合同，工程承包商有不同的质量管理规范。既要利用合同对质量进行有效的控制，又要在合同范围内进行质量管理，超过合同范围的质量要求和管理措施会导致赔偿问题。为此应注意以下几点：①合同中对质量要求的说明文件，如阶段运输大巷的尺寸、支护厚度等表述应正确、清楚、详细，应有定量化、可执行、可检查的指标，应给参与项目各方一个清晰的质量目标，防止因质量问题产生争执。②合同中应规定承包商的质量责任，划清界限，赋予项目管理者绝对的质量检测权，并确定检查方法、手段及检查结果的处理方式。③在合同中应定义材料采购、图纸设计、工艺使用的认可和批准制度，即采购前先送样品认可，图纸在使用前必须先经过批准。④应避免多层次的分包和将工程分割得太细发包，这会严重损害工程的质量。对某些隐蔽工程（如桩基的深度），其质量无法在施工过程中进行检测，只有在后续施工或运行过程才会显露出来的。不仅要采用过程确认办法加强对过程的控制，还要通过合同强化实施者对工程运行效果的责任。

（6）矿山项目质量问题大多是技术性的，如开采设计、施工方案等工作。项目质量管理的技术性很强，但它又不同于技术性工作。长期以来人们过于注重质量技术方面的问题，而忽视管理方面的问题。矿业项目质量管理应着眼于质量管理体系的建立，质量控制程序的编制，质量、工期和成本目标的协调和平衡，以及工作监督、检查、跟踪、诊断，以保证技术工作的有效性和完备性。

（7）质量目标的脆弱性。在矿业工程项目管理目标系统中，质量目标的许多指标描述了工程的内在的隐含的特性，属于软性指标。所以在建设过程中，它最容易被削弱或放弃。在项目的目标设计中，项目各方常常重视工期和成本（投资）目标，追求工期短、成本低，客观上就削弱了质量目标。当项目实施过程中出现工期拖延、成本超支时，就会有意识或无意识地放弃质量目标。当发现工期拖延、费用超支时，应采取一定措施防止以牺牲质量为代价赶工和降低费用对工程质量的影响。

4.3.2 项目质量、成本与费用的关系

矿业工程项目质量包括工程功能的可用性、安全性、耐久性等，具有综合工程质量与成本之间的关系特性，很难用一个指标来描述。最理想的工程质量是100%，实际情况下工程质量应介于0~100%之间。矿业工程项目质量控制的目标在于保证工程质量的前提下尽可能减少工程运行的总费用。矿业工程项目质量与费用之间的关系包括如下几个方面：

（1）为了保证和提高矿业工程项目质量、满足用户需要而支出的费用。矿山基建工程成本是指整个基建工程寿命期的成本，包括建设成本和运行维护成本等。在工程总成本中，与工程质量密切相关的成本被称为质量成本，包括工程建设方面的投入（如使用高质量的材料，先进的工艺和设备等）和管理方面的投入（即质量控制和质量保证的成本，包括人员培训费用、检测费用以及工程检查验收消耗的费用）。

（2）因工程未达到质量标准或质量低劣而产生的一切损失费用，如返工成本、维修费用、赔偿费用、运行中增加的能耗和材料消耗以及名誉的损失等。工程符合质量要求能够减少返工，这就意味着提高了劳动生产率，降低成本。通常，矿山项目的建设成本和运行维护成本之间存在一定的关系。例如，地下矿山供风系统的建设，增加建设期投资能够提高后续通风的质量，降低运行维护成本。反之，建设成本低，工程质量差，运行维护费用就会提高。对一个具体的矿山项目而言，存在如图 4-3 所示的工程总费用与工程质量的关系曲线。

（3）对于一些具有特殊功能的矿山工程，矿企要求其生产过程具有安全性和可靠性并减少运行维护工作。此时，尽管其成本很高，质量目标仍应高于成本目标。例如，阶段运输大巷承担着整个阶段的矿石运输和风量供应任务，具有较长的服务年限，因此必须按照工程规模和质量要求安排足够的费用（投资）预算。更具体地说，对工程项目的招标，不能一味地追求低的报价或将任务委托给报价过低的承包商。工程实践已经证明，报价过低，很难取得高质量的工程。

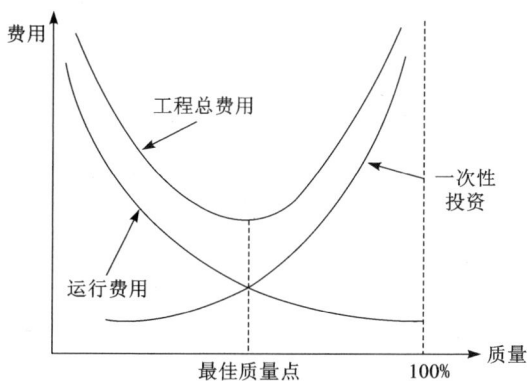

图 4-3　矿业工程项目质量与费用关系图

4.3.3　质量管理基本原则

矿业工程项目质量管理原则借鉴世界各国质量管理成功经验，其中不少内容与我国全面质量管理的经验吻合。它的贯彻执行能促进矿山企业管理水平的提高，帮助企业达到持续成功的目的。矿业工程项目质量管理八项原则的具体内容如下：

1）以行业需求为关注焦点

矿业企业的发展前景依存于行业的需求。矿企应理解行业当前和未来的需求，根据行业的需求优化自身结构，提升质量管理水平。

2）领导作用

矿企领导应确立本公司发展的统一宗旨和方向，营造和保持使员工充分参与实现组织目标的内部环境。因此，领导在矿企质量管理中起着决定性的作用。只有领导重视，各项与矿山质量控制相关的活动才能有效开展。

3）全员参与

矿业工程项目质量是项目形成过程中全体人员共同努力的结果，其中也包含着为他们提供支持的管理、检查、技术人员的贡献。矿企领导应对员工进行质量意识等各方面的教育，激发他们的积极性和责任感，为其能力、知识、经验的提高提供机会，发挥创造精神，鼓励持续改进，给予必要的物质和精神奖励，使全员积极参与，为达到满足行业需求的高质量矿业工程目标而奋斗。

4）过程控制

一般在矿山基建过程的输入端、过程的不同位置及输出端都存在着可以进行测量、检查的机会和控制点，对这些控制点实行监测和管理，便能控制过程的有效实施。

5）管理的系统方法

将相互关联过程作为系统加以识别、理解和管理，有助于组织提高实现其目标的有效性和效率。矿山企业应根据自己的特点，建立资源管理、过程实现、测量分析改进等方面的关联关系并加以控制。即采用过程网络的方法建立质量管理体系，实施系统管理。

建立实施质量管理体系的工作内容一般包括：

（1）确定矿山发展需求。

（2）建立矿山项目质量目标和方针。

（3）确定实现目标的过程和职责。

（4）提供矿山项目建设所需资源。

（5）规定测量过程有效性的方法。

（6）确定防止不合格并清除产生原因的措施。

（7）建立和应用持续改进质量管理体系的过程。

6）持续改进

持续改进项目管理水平是矿企的一个永恒目标，其作用在于增强矿企满足质量要求的能力，包括矿山生产能力、过程及体系的有效性和效率的提高。持续改进是增强和满足质量要求能力的循环活动，是使矿山企业的质量管理走上良性循环轨道的必经之路。

7）基于事实的决策

有效的决策应建立在大量可靠的数据和信息分析基础上，数据和信息分析是事实的高度提炼。以事实为依据做出决策，可防止决策失误。为此矿山企业领导应重视数据信息（如地下矿山岩爆倾向性及相关的参数）的收集、汇总和分析，以便为决策提供依据。

8）矿业项目多方互利关系

矿山企业与项目各方是相互依存的，建立多方的互利关系可以增强项目各方创造价值的能力。处理好与各方的关系，是涉及矿山企业能否完成年度生产任务和盈利与否的重要问题。因此，对项目参与方不能只讲控制，而要建立合作互利的关系。

4.3.4 影响项目质量的因素

矿业工程建设项目质量的影响因素，主要是指在项目质量目标策划、决策和实现过程中影响质量形成的各种客观因素和主观因素，包括人的因素、机械的因素、材料的因素、方法的因素和环境的因素（简称人、机、料、法、环）等。

1）人的因素

在矿业工程项目质量管理中，人的因素起决定性作用。项目质量控制应以控制人的因素为基本出发点。影响矿山项目的人的因素包括以下两个方面：

（1）是指直接履行项目质量职能的决策者、管理者和作业者个人的质量意识及质量活动能力。

（2）是指承担项目策划、决策或实施的建设单位、勘察设计单位、咨询服务机构、工程承包企业等实体组织的质量管理体系及其管理能力。

前者是个体的人，后者是群体的人。我国实行矿山企业经营资质管理制度、市场准入制度、执业资格注册制度、作业及管理人员持证上岗制度等，从本质上说，都是对从事建设工程活动的人的素质和能力进行必要的控制。人，作为控制对象，人的工作应避免失误；作为控制动力，应充分调动人的积极性，发挥人的主导作用。因此，必须有效控制项目参与各方的人员素质，不断提高人的质量活动能力，才能保证项目质量。

2）机械的因素

矿山机械包括施工机械和各类施工器具。如露天矿山使用的大型铲装设备、地下矿山巷道掘进的凿岩设备和通风设施等。它们是矿业项目的重要组成部分，其质量的优劣，直接影响到基建工程使用功能的发挥。合理选择和正确使用施工机械设备是保证项目施工质量和安全的重要条件。

3）材料的因素

材料包括工程材料和施工用料，工程材料又包括原材料、半成品、成品、构配件和周转材料等。各类材料是工程施工的基本物质条件，材料质量是工程质量的基础，材料质量不符合要求，工程质量就不可能达到标准。加强对材料的质量控制，是保证工程质量的基础。

4）方法的因素

方法的因素也可以称为技术因素，包括矿山建设勘探、设计、施工所采用的技术和方法，以及工程检测、试验的技术和方法等。从某种程度上说，技术方案和工艺水平的高低，决定了项目质量的优劣。依据科学的理论，采用先进合理的技术方案和措施，按照规范进行勘察、设计、施工，必将对保证项目的结构安全和满足使用功能等方面起到良好的推进作用。

5）环境的因素

影响项目质量的环境因素，又包括项目的自然环境因素、社会环境因素、管理环境因素和作业环境因素：

（1）自然环境因素。

主要指矿山水文地质、气象条件和地下障碍物以及其他不可抗力等影响项目质量的因素。例如，在地下水丰富的区域进行井筒开挖或巷道掘进，若遇到连续暴雨或排水困难，则极易引发井下突水事故；夏季温度过高使得竖井井筒发生非扰动破坏等。

（2）社会环境因素。

主要是指对项目质量造成影响的各种社会环境因素，包括国家建设法律法规的健全程度及其执法力度；建设工程项目法人决策的理性化程度以及经营者的经营管理理念；建筑市场的发育程度及交易行为的规范程度；政府的工程质量监督及行业管理成熟程度等。

（3）管理环境因素。

主要是指项目参建单位的质量管理体系、质量管理制度和各参建单位之间的协调等因素。比如，矿山企业的质量管理体系是否健全，运行是否有效，决定了该企业的质量管理能力；在项目施工中根据承发包的合同结构，建立统一的现场施工组织系统和质量管理的综合运行机制，确保工程项目质量保证体系处于良好的状态，创造良好的质量管理环境和氛围。

（4）作业环境因素。

主要指项目实施现场平面和空间环境条件，各种能源介质供应，施工照明、通风、安全防护设施，施工场地给水排水，以及交通运输和道路条件等因素。

上述因素对项目质量的影响，具有复杂多变和不确定性的特点。对这些因素进行控制，是项目质量控制的主要内容。

4.4 矿业工程项目设计质量管理

4.4.1 设计质量概述

矿山设计的任务是定义矿业工程项目的技术系统、功能、工艺等各个总体和细节问题，包括功能目标设计、工程系统规划和各专业工程系统设计。矿业项目的设计质量不仅直接决定了工程最终所能达到的质量水准，还决定了工程实施的秩序程度和费用水平。在现代化矿山中，要求设计提供的信息越来越多。设计中的任何错误都会在计划、施工、运行中扩展、放大，引起更大的失误。所以，矿山企业应明确项目质量设计流程，如图 4-4 所示，并在工作上进行严格的设计质量控制。涉及矿业工程项目质量(技术、功能等)方面的设计包括以下两个方面：

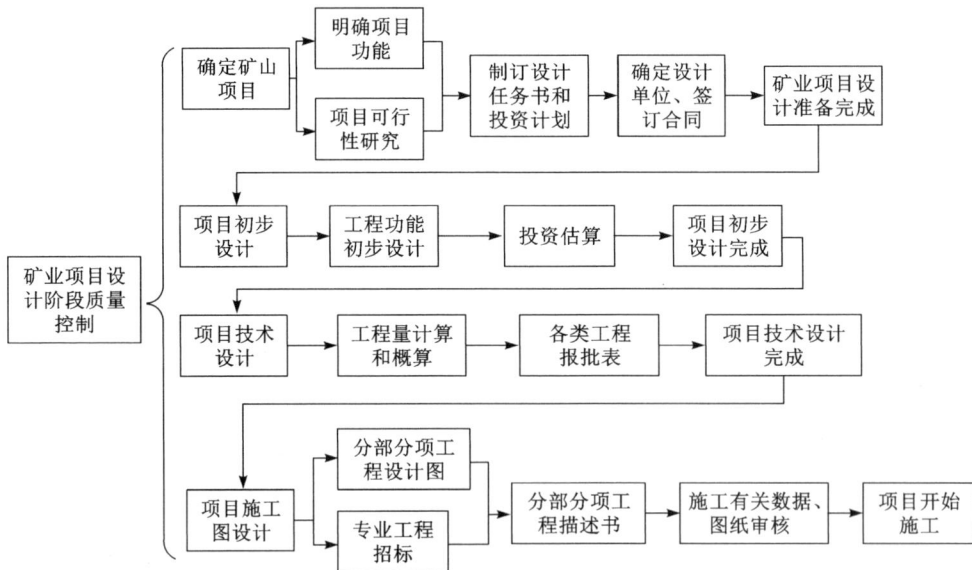

图 4-4 矿业工程项目设计阶段质量控制流程

（1）矿业项目的质量标准，如工程质量定位、所采用的技术标准、规范、设计使用年限、工程规模和特性，年生产能力，都是设计工作的对象。矿业工程项目质量的标准应符合项目目标的要求，保证在设计寿命期内工程运行的可靠性、安全性和耐久性等。

（2）矿业项目设计工作质量，即系统规划的科学性、设计成果的正确性、各专业设计的协调性、文件的完备性、设计计算的正确性。矿业设计文件要清晰、易于理解、直观明了，符合规定的详细程度和设计成果的数量要求。

对矿业工程项目而言，要保证施工质量首先要控制设计质量。项目设计质量的控制，主要是从满足矿业项目建设需求入手，包括国家相关的法律法规、强制性标准和合同规定的明确需求以及潜在需求，以使用功能和安全可靠性为核心，进行下列设计质量的综合控制。

(1)矿业项目功能性质量控制。

功能性质量控制的目的，是保证矿业工程项目使用功能的符合性，其内容包括项目服务定位、生产工艺流程组织等，如地下矿山根据年生产能力确定对应的运输设备和阶段运输大巷的断面尺寸；依照矿井需风量来进行设备选型等。

(2)矿业项目可靠性质量控制。

主要是指矿业工程项目建成后，在规定的使用年限和正常的使用条件下，保证使用安全和建筑物、构筑物及其设备系统性能稳定、可靠。

(3)矿业项目观感性质量控制。

主要是指矿山地表建筑物的总体格调、分布位置与整体环境的适宜性、协调性。如矿山地表建筑是否造成植被的大量破坏，是否符合绿色矿山发展理念等。

(4)矿业项目经济性质量控制。

矿业工程项目设计经济性质量，是指不同设计方案的选择对建设投资的影响。设计经济性质量控制目的在于强调设计过程的多方案比较，通过价值工程、优化设计，不断提高建设工程项目的性价比。在满足项目投资目标要求的条件下，尽可能提高企业和社会的经济效益，避免自然资源的永久浪费。

(5)矿业项目施工可行性质量控制。

任何一个矿山项目，设计意图都要通过施工来体现。设计意图不能脱离现实的施工技术和装备水平，否则再好的设计意图也无法实现。设计一定要充分考虑施工的可行性，并尽量做到方便施工，保证项目的施工质量。

4.4.2　矿业项目施工与设计协调

从项目施工质量控制的角度来说，项目参与方都要注重施工与设计的相互协调。这个协调工作主要包括以下几个方面：

1)设计联络

项目建设单位或监理单位应组织施工单位到设计单位进行设计联络，其任务主要是：

(1)了解设计意图、设计内容和特殊技术要求，分析其中的施工重点和难点，以便有针对性地编制施工组织设计，及早做好施工准备。对于以现有的施工技术和装备水平实施有困难的设计，要及时提出意见，协商修改设计，或者探讨通过技术攻关提高技术装备水平来实施的可能性，同时向设计单位介绍和推荐先进的施工新技术、新工艺和工法，争取通过适当的设计，使这些新技术、新工艺和工法在矿山施工中得到应用。

(2)了解设计进度，根据项目进度控制总目标、施工工艺顺序和施工进度安排，提出设计出图的时间和顺序要求，对设计和施工进度进行协调，使施工得以连续顺利地进行。

(3)从施工质量控制的角度，提出合理化建议，优化设计，为保证和提高施工质量创造更好的条件。

2）设计交底和图纸会审

矿山企业和设计单位应向所有的施工实施单位进行详细的设计交底，使施工单位充分理解设计意图，了解设计内容和技术要求，明确质量控制的重点和难点；同时认真地进行图纸会审，深入发现和解决各专业设计之间可能存在的矛盾，消除施工图的差错。

3）设计现场服务和技术核定

矿企和监理单位应要求设计单位派出得力的设计人员到施工现场进行设计服务，解决施工中发现和提出的与设计有关的问题，及时做好相关设计核定工作。

4）设计变更

在施工期间，无论是建设单位、设计单位或施工单位提出需要进行局部设计变更的内容，都必须按照规定的程序，先将变更意图或请求报送监理工程师审查，经设计单位审核认可并签发《设计变更通知书》后，再由监理工程师下达《变更指令》。

4.5 矿业工程项目施工质量管理

4.5.1 施工质量控制内容

1.矿业工程项目施工阶段质量管理特点

矿业工程项目施工阶段是将设计蓝图付诸现实的过程，决定了工程实体质量，如图 4-5 所示。该阶段质量管理有大量的现场工作，非常细致，也最为重要。施工阶段质量管理有以下特点：

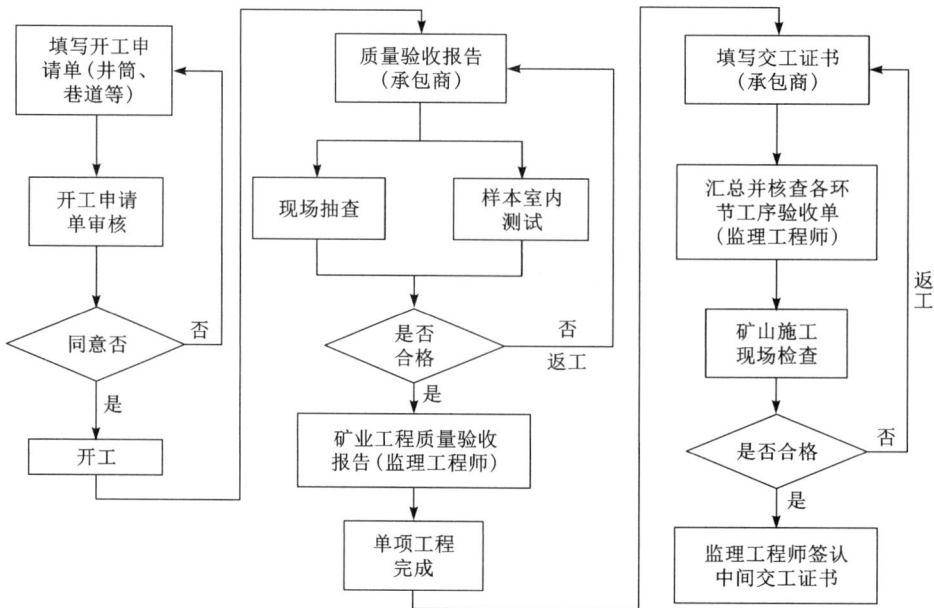

图 4-5 矿业工程项目施工阶段质量控制流程

(1)矿业工程项目施工中的质量控制属于生产过程的质量控制。施工质量控制不仅要保证工程的各个要素(材料、基建设备、采矿工艺等)符合规定(合同、设计文件、质量管理体系)要求,还要保证各部分的成果,即分部分项工程符合规定。并且还要保证最终整个工程符合质量要求,达到预定的功能,整个系统能够经济、安全、高效率地运行。

(2)矿业工程项目施工阶段影响工程质量的因素众多,施工过程和环节复杂,质量波动大,如材料、机械、环境、施工工艺、管理制度以及人员素质等均直接或间接地影响施工质量。

(3)矿业工程项目中,部分工程隐蔽性强,质量检查的局限性大。如地表建筑的桩基工程,混凝土已经浇筑完成后已无法确定基坑深度是否达到要求;巷道掘进时支护锚杆的安装质量等。

(4)我国矿山施工生产方式普遍落后,管理水平偏低,管理难度大。目前矿山工程中普遍存在的质量问题,如地表建筑物屋面渗漏、空鼓裂缝,井下支护设施失效等都与施工质量有关。

2.质量控制点

矿业工程项目质量控制点是指为了保证作业过程质量而确定的重点控制对象、关键部分或薄弱环节。设置质量控制点是保证施工质量达到要求的必要前提。对于质量控制点,一般要分析可能造成质量问题的原因,再针对原因制订对策和措施进行预控。作为施工单位,在工程施工前应根据施工过程质量控制的要求,列出质量控制点明细,并详细列出各质量控制点的名称或控制内容、检验标准及方法等,以便在此基础上实施质量控制。

1)选择质量控制点的一般原则

(1)施工过程中的关键工序或环节以及隐蔽工程。

(2)施工中的薄弱环节或质量不稳定工序、部位或对象。

(3)对后续工程施工或对后续工程质量或安全有重大影响的工序、部位或对象。

(4)采用新材料、新工艺、新技术的部位或环节。

(5)施工上无足够把握的,施工条件困难的、技术难度大的工序或环节。

2)质量控制点重点控制对象

质量控制点重点控制对象包括:人的行为,材料的质量与性能,采矿工艺操作流程,施工顺序,基建过程中质量不稳定、不合格率较高及易发生质量通病的工序,易对工程质量产生重大影响的施工方法等。

3)矿山工程常见施工质量控制点

矿山工程施工包括矿山井巷工程、地面建筑工程以及井上下安装工程等内容,施工项目多,质量控制面广,施工质量控制点应结合工程实际情况进行确定。常见的井巷工程及矿场地面建筑工程的施工质量控制点设置往往包括下列几方面的主要内容:

(1)工程的关键分部、分项及隐蔽工程。

井筒表土、基岩掘砌工程,井壁混凝土浇筑工程,巷道锚杆支护工程,井架、井塔的基础工程,注浆防水工程等。

(2)工程的关键部位。

矿井井筒锁口,井壁壁座,井筒与巷道连接处,巷道交岔点,提升机滚筒,提升天轮,地面皮带运输走廊,基坑支撑等。

（3）工程施工的薄弱环节。

井壁混凝土防水施工，巷道锚杆安装，喷射混凝土的厚度控制，地下连续墙的连接，基坑开挖时的防水等。

（4）工程关键施工作业。

井壁混凝土的浇筑，锚杆支护钻孔，喷射混凝土作业，巷道交岔点施工，井架的起吊组装，提升机安装等。

（5）工程关键质量特性。

混凝土的强度，井筒的规格，巷道的方向、坡度，井筒涌水量，基坑防水性能等级等。

（6）工程采用新技术、新工艺、新材料的部位或环节。

井壁大流态混凝土技术，立井井壁高强混凝土施工方法，可压缩井壁结构，螺旋矿仓施工工艺，巷道锚杆支护工艺，地面建筑屋面防水新技术等。

4.5.2 矿业工程不同施工对象质量控制

1.混凝土施工质量控制

合格的混凝土工程要求其质量达到处于具体环境的工程所要求的各项性能指标和匀质性且体积稳定。决定混凝土最终质量的关键是其施工工艺。

1）材料的控制

（1）水泥的质量控制。水泥的质量控制项目包括凝结时间、安定性、胶砂强度、氧化镁和氯离子含量，低碱水泥还包括碱含量，中、低热水泥还包括水化热。

（2）粗骨料。粗骨料的质量控制内容包括颗粒级配、针片状含量、含泥量、泥块含量和坚固性，用于高强混凝土的粗骨料还包括岩石抗压强度等指标。

（3）细骨料。对于混凝土尤其是有特殊性能要求的混凝土，如有抗渗、抗冻要求的混凝土和高强混凝土等，含泥量（包括泥块）较多对混凝土性能有不利影响。采用海砂时，需要用专用设备进行淡水淘洗。我国部分地区有特细砂资源，将特细砂与机制砂混合使用效果较好，但如果单独采用特细砂配制结构混凝土，混凝土的收缩趋势较大，工程质量控制难度较大。

（4）矿物接合料。粉煤灰、粒化高炉矿渣、硅灰、钢渣粉等矿物接合料作为活性粉体材料，加入混凝土中可以改善混凝土的性能并降低成本。利用相关标准控制矿物接合料在混凝土中的比例是混凝土工程中质量检验的重要项目。

（5）外加剂。外加剂的主要控制项目是混凝土工程质量检验的主要项目。外加剂品种多，用于混凝土时只有经过试验验证才能实施混凝土质量控制，如含有氯盐配制的外加剂引起钢筋锈蚀。

2）生产与施工质量控制

在矿山基建过程中，混凝土生产施工之前应制订完整的技术方案并做好各项准备工作。完整的生产施工技术方案能够充分确定各个环节及相互联系的控制技术，有利于做好充分准备，确保混凝土工程的顺利实施，进而保证混凝土工程的质量。在生产施工过程中向混凝土拌合物中加水会严重影响混凝土力学性能、长期性能和耐久性能，对混凝土工程质量危害极大，必须严格禁止。

2.露天矿山施工质量控制

1）疏干井

进行大孔径钻进前，当地质条件不明确或遇地质条件复杂的地段时，应进行小孔径取芯，并进一步对各地层进行了解研究后再进行扩孔或在其附近进行大孔径钻进。扩孔应符合下列要求：

（1）扩孔钻具应带有扶正器，钻具连接应牢固；扩孔期间每小班应提钻一次，认真检查钻具，当发现不符合要求时，应进行修理或更换。

（2）应按照设备和钻具的负荷能力及地层性质和复杂程度合理选择扩孔直径级差，当设备和钻具条件允许时，应增大扩孔直径级差，减少扩孔级差。

（3）扩孔过程中应保持孔壁圆直和下部小孔畅通，下钻不顺应扫孔，发现下部小孔堵塞应进行通孔。扩孔速度不宜过快，应与地层、转速相适应。

（4）扩孔过程中应定期冲孔和清理循环系统内岩粉，并加强泥浆净化。

（5）扩孔过程应在维持孔壁不塌的原则下，降低泥浆的黏度和密度。当最后进行扩孔时，泥浆的黏度和密度应降低到最低限度。

（6）扩孔应连续进行，停扩期间，应把钻具提出孔外并应注意孔内水位变化。当其下降时应及时注满。

2）防排水工程

对于露天矿山，当排水沟经过有变形、裂缝的边坡地段时应采取防护措施。排洪沟的开挖应符合下列规定：

（1）开挖前应清除或处理各种障碍物。

（2）排洪沟上口线和坡脚线应整齐、顺直。河沟底横向应平整，不得有反坡。

（3）排洪沟挖土堆放，应按设计指定地点进行，不得随意乱堆。

（4）排洪沟两岸高程及坡度应符合设计要求，沟底纵向坡度不应小于3%。

（5）对沟底及两侧边坡应符合设计要求进行夯实。

集水仓施工前，应在确定的水仓位置周围预设围挡。集水仓施工中，底部出现积水现象应进行导水。集水仓排水管路宜修筑管堤，管路在采场平盘铺设时设置合理的坡度。

3）边坡工程

露天采场的高陡边坡，同时受到人为因素（爆破振动）、自身特性（裂隙倾角、边坡角和节理发育程度等）和环境因素（风化程度）的影响。因此，在前期严格控制边坡的质量有利于保障后续露天采矿作业的安全，边坡工程应符合以下规定：

（1）当采掘场、排土场有滑坡迹象或其他危险时，必须立即将人员和设备撤到安全地带，并采取措施进行处理。

（2）当采掘场和排土场的边坡有地下水时，应对地下水采取相应的控制措施。

（3）当边坡到达边界时应采用控制爆破。

（4）对于裸露的煤体到界边坡，应采取防止裸露煤体风化、自燃或滑动的措施。

边坡的防排水工程应符合下列规定：

（1）当非工作帮平台的水沟经过弱层（面）露头时，应采取防护措施。

（2）在已出现滑坡或变形的不稳定区段，及时在周围建立防排水系统。

(3)对地表水渗入后可能形成滑坡的弱层(面)露头,应采取防渗措施。

(4)当地下水成为滑坡的主要因素时,应对该边坡进行疏干。

在地下水对边坡稳定性影响较大的地段或进行疏干排水的边坡地段,应对地下水位进行监测。

4)穿爆工程

(1)深孔抛掷爆破穿孔倾角宜与台阶坡面角相同,倾角方向宜与台阶坡顶线垂直。

(2)抛掷爆破孔位应精确定位,位孔误差不得超过 0.2 m。

(3)穿孔作业应按设计参数进行穿孔,并应对成孔进行维护。

(4)台阶抛掷爆破应在每一个采掘带分界处布置预裂孔。

5)尾矿坝

(1)坝肩岸坡的开挖清理工作宜自上而下一次完成,不宜边填筑边开挖。清出的杂土应全部运出坝外并堆放在指定的场地。

(2)凡坝基和岸坡易风化、易崩解的岩石和土层,开挖后不能按时回填者应留保护层或喷水泥砂浆或喷混凝土保护。

(3)灌浆法处理坝基时,灌浆工作除应进行室内必要的灌浆材料性能试验外,还应在施工现场进行灌浆试验,同时检查灌浆效果。

(4)天然土作为坝基时,可预留保护层并在开始填筑前清除。冻融期应在冻结前处理完毕,并预先填筑 1~2 m 厚的坝体或采取其他防冻措施。

3.地下矿山施工质量控制

相对露天矿山而言,地下矿山所面临的不确定性因素更多,施工难度也更大。所有地下建(构)筑物均应进行施工质量控制和检测。

1)竖井施工

(1)竖井施工,应根据井筒直径及深度、工程地质及水文地质条件等因素,进行技术经济方案比较,选择合理的施工工艺和机械装备。

(2)竖井宜采用普通法施工。当井筒穿过流沙、淤泥、卵石、砂砾等含水的不稳定地层时,应采用冻结法、钻井法、帷幕注浆法等特殊凿井法施工。

(3)选择施工作业方式时,应将凿岩、装岩、提升、支护、排水等工作综合考虑。

(4)当通过单层涌水量大于 10 m³/h 的含水层时,应采取治水措施。

(5)竖井施工应以井筒中心线确定炮孔位置和检查掘进、支护断面。

(6)竖井施工采用激光指向时,应符合下列规定:

①掘进时,应每隔 20~30 m 用井筒中心线校核激光光束一次,其偏差不应大于 15 mm;

②砌碹时,应每隔 10~20 m 用井筒中心线校核激光光束一次,其偏差不应大于 5 mm。

(7)竖井掘进中,当所揭露岩层与地质资料发生重大变化时,施工单位应通知相关单位现场勘验。

(8)凡与竖井井筒直接相连的各巷道、硐室口,应与竖井井筒同时施工,并进行不小于 5 m 的永久支护。

(9)竖井施工当井底或中部有通道可利用时,宜采用反井法施工井筒。

(10)反井段由上往下刷砌时,应用吊盘盖住反井口。

（11）竖井施工期间，应按确定的方法和周期测定井筒涌水量。

针对表土段竖井施工的质量控制：

（1）井口开挖前及开挖过程中，应根据当地的地形、气象、工程地质及水文地质等资料，采取有效的防水、排水措施。

（2）表土段井筒施工方法的选择，应根据工程地质、水文地质及技术装备情况确定。

（3）普通法施工表土段井筒时，采取如下施工方法：

①采用锚喷临支法，空帮距离不宜大于 2 m；

②采用井圈背板法，最大圈距不宜大于 1 m，空帮距离不宜大于 1.2 m；

③采用吊挂井壁法，空帮距离不宜大于 1 m；

④采用吊挂井壁斜板桩综合法，最大圈距不宜大于 1.5 m，斜板桩超前掘进工作面不应小于 0.5 m；

⑤采用井外疏干孔降水锚喷临支吊挂井壁法，空帮距离不宜大于 2 m。

（4）表土段井筒施工提升可按表土坚固稳定程度、允许承载力进行选择。

（5）表土段井筒施工应设置临时锁口，其结构应符合封闭严密、作业安全的要求。

（6）采用简易提升设施施工表土段井筒时，井内设带护圈的梯子。

（7）井筒施工深度超过 40 m，应安装吊盘，设置稳绳。

（8）永久井颈宜一次砌筑，并应按设计预留管线口、梁窝和其他预埋洞口；当条件受限时，永久井颈、井口段应采用砖、石或砌块临时封砌。

（9）表土段井筒施工时，宜采取超前小井或井外疏干孔降低工作面水位。

（10）表土段井筒施工过程中，应在锁口表面、井架基础和井口附近地面设置沉降观测点，定期观测。

针对基岩段竖井施工的质量控制：

（1）基岩段井筒施工宜采用短段掘砌作业，段高不宜大于 4 m；采用掘砌平行作业时，段高不宜大于 40 m；采用掘砌单行作业时，应根据围岩类别和临时支护型式确定段高。

（2）井筒掘进时的临时支护，可采用锚喷、井圈背板支护。井圈背板临时支护的时间不应超过 1 个月，段高在Ⅳ级围岩中不宜大于 15 m，在Ⅴ级围岩中不宜大于 5 m。

（3）当井筒直径大于 5 m 时，基岩掘进宜选用环形钻架或伞形钻架。

（4）井筒掘进应采用光面爆破技术，根据设备性能、岩石性质爆破器材等编制爆破设计，并严格按爆破设计进行爆破作业。井筒光面爆破质量，应符合下列要求：井筒掘进局部欠挖不得大于设计规定 50 mm，超挖不得大于设计规定 150 mm，平均线性超挖值应小于 100 mm；硬岩的眼痕率不应小于 80%，中硬岩的眼痕率不应小于 50%，软岩中的巷道周边成型应符合设计轮廓；井帮岩面不应有明显的炮震裂缝。

（5）凿岩应符合下列要求：凿岩前应清出实底、集水坑或水窝；按井筒中心确定炮孔圈径，除掏槽孔外其余孔底宜在同一水平面上；炮眼圈径允许偏差为±50 mm，各圈眼间距允许偏差为±100 mm；不得沿残孔或顺岩层裂隙凿岩；炮孔堵塞时，应先进行人工掏孔，若炮孔深度达不到要求则应在该孔附近重新凿孔；凿岩后应用木楔堵塞炮孔口。

（6）爆破作业宜选用防水炸药和导爆管，导爆管长度应与炮孔深度相适应并满足连线要求，并应采用磁电雷管、起爆器起爆。

（7）爆破参数、周边孔单位长度装药量应符合相关规范的规定。

针对盲竖井施工的质量控制：

（1）盲竖井施工宜利用永久设施，合理布置，减少措施工程。

（2）选择盲竖井施工方法和设备时，应考虑大件设备的尺寸和运输通道允许通过的最大尺寸。

（3）盲竖井施工应在井口平面以上井筒及天轮硐室的永久支护和提升设备安装完成后，方可由上往下进行。

（4）当井底或中部有巷道可利用时，宜采用反井法施工盲竖井，贯通后由上往下逐段刷砌井筒。

（5）盲竖井井口平面运输应与中段运输系统相一致。

（6）盲竖井施工的污风应排入中段回风系统，不得污染其他作业地点。

（7）盲竖井施工的废水应排入中段排水系统。

（8）采用竖井井筒普通法施工盲竖井应符合相关规范的规定。

针对竖井穿过局部不良岩层施工的质量控制：

（1）竖井穿过软岩、破碎带，应采用短段掘砌法施工。掘进时采用浅孔小药量爆破或风镐破岩。

（2）竖井通过含水层地段，宜先预注浆治水，再采用短段掘砌法施工。

（3）竖井通过膨胀岩区域应采用先让后抗的方法施工。

针对竖井井筒延深施工的质量控制：

（1）井筒延深时，必须设置与上部生产水平隔开的保护设施。

（2）保护设施可采用保护岩柱，亦可采用人工保护盘。但在松软岩层或遇水膨胀的岩层中，应采用人工保护盘。

（3）采用保护岩柱应符合下列要求：岩柱的厚度应根据围岩性质确定，并应大于井筒外径；岩柱的下方应设护顶盘；护顶盘的钢梁应在同一水平面上，梁窝用混凝土浇筑密实；钢梁拼接时应等强焊接，接头应错开；钢梁上方应用板材将岩柱底面背紧封严。

（4）采用人工保护盘、井筒延深方案、井筒保护设施的拆除、井筒延深中心和十字中线应符合相关规范的规定。

2）斜井与斜坡道施工

（1）表土段斜井、斜坡道施工方法应根据表土性质确定，并应符合下列规定：

①稳定的表土层宜采用全断面法或导硐法施工；

②不稳定的表土层，应采用明槽开挖或超前支护法施工；

③表土层含水较大时，宜采用降低水位法、冻结法、帷幕注浆法等特殊方法施工。

（2）斜井、斜坡道施工前，应根据水文地质资料确定排水方案，设置排水设施。工作面排水应选择安全可靠的排水设备。

（3）斜井、斜坡道的井口采用明槽开挖时，明槽的边坡允许值应按设计或现行国家标准的有关规定执行。

（4）斜井、斜坡道从明槽进入硐身，应采取短段掘砌，必要时应采用管棚超前支护。

（5）含水层地段浇筑混凝土时应采取防水措施。对淋水较大的地段和集中出水点，应采取导水措施。

（6）斜井、斜坡道砌碹支护时，应将拉线钩、挂钩、托梁等安装好或预留孔洞。预埋螺栓的外露螺纹应采取保护措施，所有外露的金属构件应进行防腐处理。

（7）斜井、斜坡道施工中应标设中线及腰线。每隔 25~30 m 设中线 1 组，每组不应少于 3 条，中线点间距宜为 2 m；腰线应紧跟工作面，每组腰线的间隔宜为 5 m；每隔 100 m 应对中线和腰线进行 1 次校核。

针对斜井、盲斜井施工的质量控制：

（1）斜井、盲斜井施工，必须遵守下列规则：提升矿车时，井口应设与提升机连锁的阻车器；井口下 20 m 内及掘进工作面上方 30 m 内应分别设保险杠，并有专人看管；斜井内人行道侧，应每隔 30~50 m 设躲避硐室。

（2）斜井施工应符合下列规定：

①坡度为 10°~15°时，应设人行踏步，且距掘进工作面的距离不宜大于 40 m；

②坡度为 15°~35°时，应设人行踏步及扶手，且距掘进工作面的距离不宜大于 20 m；

③坡度大于 35°时，应设梯子，且距掘进工作面的距离不宜大于 10 m。

（3）斜井倾角大于 20°时，不宜采用掘进、支护平行作业。

（4）斜井中设置管座时，其底面应低于实底以下 150 mm，管座底面应水平或向井口倾斜，必要时底部应增设锚杆。

（5）斜井出碴采用耙斗装岩机时，应采用卡轨器并固定牢靠。当斜井倾角大于 25°时，应增设防滑装置。

（6）与斜井相连的各水平巷道交叉口，应与斜井同时施工，其长度不得小于 5 m。

（7）倾角大于 10 的斜井施工时，铺设的临时轨道应采取防滑措施。

（8）斜井通过含水层后，应选择在不透水处挖掘截水沟。

（9）倾角大于 20°和斜长大于 300 m 的斜井宜设专用人车。

（10）斜井交叉口施工应符合相关规范的规定。

针对斜井反井施工的质量控制

（1）斜井反井施工，工作面与井底之间必须设信号装置。电耙出碴或反井提升时，井筒内严禁行人。

（2）斜井反井施工应符合下列规定：

①风水管、风筒、电缆宜安装在斜井起拱线附近；

②加强通风、防尘的措施；反井提升不得采用翻转式矿车，矿车与提升钢丝绳应连接牢靠；

③提升绞车、电耙、耙斗装岩机、导向轮等应固定牢靠。

针对斜坡道施工的质量控制：

（1）斜坡道施工中，当装车调头硐室无永久工程可利用时，宜在围岩条件较好地段设置，间距宜为 100~150 m。

（2）无轨斜坡道应设躲避硐室，在曲线段间距不应大于 15 m 直线段间距不应大于 30 m。硐室高度不应小于 1.9 m，深度和宽度均不应小于 1.0 m。躲避硐室应有明显标志。

（3）斜坡道交岔点、斜坡道路面施工应符合相关规范规定。

（4）斜坡道两侧应开挖排水沟。

3）巷道与硐室施工

（1）硐室宜布置在工程地质及水文地质条件良好的地段。

（2）机电设备硐室和存放爆破物品硐室的墙和顶部应无渗水、电缆沟应无积水。当不能满足要求时，应采取防水措施。

（3）用钻爆法贯通对穿、斜交及立交巷道时，应准确测量贯通距离。当两个工作面相距15 m时，必须停止一个工作面的掘进作业；爆破前，应在通向两个工作面的巷道中设安全警戒，待两个工作面的作业人员全部撤至安全区域后，方可起爆。

（4）间距小于20 m的平行巷道，任一工作面进行爆破前，应通知相邻巷道工作面的作业人员撤至安全区域后方能进行爆破。

针对巷道施工的质量控制：

（1）长距离巷道施工应符合下列规定：

①单轨平巷采用道岔型调车时，宜120~150 m设1个调车场。

②采用翻框型滑车器调车时，宜50 m设1个调车硐室。

③斜巷宜每隔100 m设1个调头装车硐室。

（2）巷道水沟应定期清理，保持排水畅通。下坡掘进时，应采取排水措施。

（3）井底车场在主、副井到位后，应采取措施尽快贯通。

（4）曲线巷道施工应符合下列规定：

①施工前根据曲线长度、曲率半径进行分段，按分段布设中线和腰线。

②按分段长度、曲率半径、内外侧加宽值或顶(底)板加高(深)值做施工大样图。

③测量放线的分段及起点应与施工大样图的分段及起点一致。

④根据中线、腰线及工作面距分段起点的距离，按施工大样图确定中线左、右边尺寸和腰线上、下尺寸。

⑤凿岩时应控制曲线转角角度和方向。

⑥当使用有轨装岩设备施工平曲巷道时，轨道应偏向操作阀对侧。

⑦轨道应加工成平面弧形或立面弧形，不得加工成折线形。

（5）巷道掘进的机械设备组合，应根据断面大小及运输条件确定。当采用无轨设备运输时，应加强通风并维护好运输道路。

（6）斜巷施工应采用机械装岩，无轨或有轨设备运运，并根据涌水量大小确定排水方案。斜巷下施工采用有轨设备运输时应符合相关规范的规定。

（7）巷道交岔点施工应符合规范规定。

针对硐室施工的质量控制：

（1）马头门、箕斗装载硐室的施工，应符合下列规定：

①竖井井筒掘至马头门、箕斗装载硐室上部3~4 m处，应停止井筒掘进，在完成其永久支护后，方可往下施工井筒和马头门(或箕斗装载硐室)。

②马头门、箕斗装载硐室，宜与井筒同时施工。

③马头门、箕斗装载硐室位于Ⅲ级及其以上围岩中，宜采用分层法施工。

④位于Ⅳ、Ⅴ级围岩中，应采用导硐法施工。

⑤马头门、箕斗装载硐室，当采用下行分层掘进，反向一次砌碹方法施工时，不论围岩稳定与否，均应采用锚喷作临时支护，喷层厚度不宜小于50 mm。

⑥马头门、箕斗装载硐室与井筒连接处，应砌筑成整体。

⑦井壁有淋水时，应在马头门、箕斗装载硐室上部做截水槽或搭设防水棚。

（2）提升机硐室、破碎机硐室、防水闸门、排泥仓密闭门硐室、其他大型硐室、井筒转水站、硐室设备基础的施工，应符合相关规范的规定。

（3）水仓施工中形成的临时通道，在水仓竣工前封堵，不得漏水。

4）天井与溜井施工

（1）天井、溜井宜布置在坚固、稳定的岩层中，避开破碎带、断层、褶皱、溶洞及节理裂隙发育地带。

（2）天井、溜井施工，应采用导爆管、磁电雷管、起爆器起爆，严禁使用普通电雷管起爆。

（3）天井溜井掘进爆破后，必须通风，工作面必须经安全检查合格后方可进行作业。

（4）天井溜井施工，当工作台距坠落接触面高度超过 2 m 时，作业人员应系好安全带。

（5）天井、溜井不应采用从上向下的坐炮贯通法施工。

（6）天井、溜井施工时，井上、下应设联络信号。

针对垂直天井、溜井施工的质量控制：

垂直天井、溜井施工方法的选择，应根据天井、溜井设计高度、围岩稳固程度、工作条件及施工技术装备情况确定，并应符合下列规定：

（1）优先采用反井钻机法施工。

（2）当高度小于 15 m 且围岩为Ⅲ级及其以上时，可采用锚杆悬吊平台法施工。

（3）当高度为 15~60 m，且围岩为Ⅳ级及其以上时，可采用普通法施工。

（4）当井上、下均与巷道相通，高度为 15~200 m，围岩为Ⅳ级及其以上时，宜采用吊罐法施工。

（5）当高度为 30~150 m，且围岩为Ⅳ级及其以上时，可采用爬罐法施工。

（6）当高度为 15~60 m，且围岩为Ⅲ级及其以上时，可采用深孔分段爆破法施工。

（7）当围岩为Ⅴ级时，应采用由上往下的竖井施工方法施工。

针对分支溜井及溜井底部结构施工的质量控制：

（1）溜井掘进到分支溜井位置时，宜先施工分支溜井，在主溜井与分支溜井交接处，应搭设安全保护平台。

（2）施工分支溜井时，应校核溜井中心线和分支溜井方向、标高，并设中线和腰线。

（3）施工分支溜井时，作业人员应系好安全带，并在分支溜井井壁上安设扶手。

（4）溜井底部结构施工前，应将其上部井壁浮石认真清理干净，并搭设安全保护平台。

（5）溜井底部结构的预埋件应按设计要求施工。底部结构的支护应与下部硐室的永久支护连接为一体。

针对倾斜天井、溜井施工的质量控制：

（1）倾斜天井、溜井宜采用爬罐法施工。

（2）倾斜天井、溜井每掘进 5 m，应校核 1 次中线和腰线。

5）采切工程施工

（1）采切工程施工前，应熟悉采区地质资料、采矿方法、采场巷道布置及其功能要求等。

（2）采切工程施工方案应根据采区的采切设计进行编制，并确定合理的施工顺序及进度要求。对位于软岩、破碎带的采切工程应制订相应的支护措施。

（3）地质编录及采样工作应紧跟工作面，以指导探矿和优化采切工程设计。

针对采切巷道、切割上山施工的质量控制：

（1）采准巷道施工宜在矿井总负压通风系统形成后进行，并应采取加强通风和防尘的措施。

（2）切割巷道施工，应在采场上下水平的回风、运输和充填等采准巷道施工完毕后进行。

（3）切割上山施工应符合下列规定：

①切割上山应结合探矿和采矿方法要求进行施工。当矿体底板界线较明显、规整时，应按中线和腰线及矿体底板与上山底板的相对高差进行施工；

②当矿体底板不规整或受地质条件限制，应按探矿上山进行施工；

③当发现矿体尖灭及地质构造变化较大时，应停止施工，并及时与建设、设计、监理单位联系，确定是否采取补充探矿措施；

④当电耙道距切割上山有一定的控制高度时，应先施工切割上山，后施工电耙道；

⑤每次放炮后应及时清渣，严禁翻凿岩。

针对漏斗川、漏斗施工的质量控制：

（1）漏斗川施工应符合下列规定：

①漏斗川定位宜待电耙道施工完毕后，按设计要求并结合探矿成果标定；

②凿岩前，按设计断面在电耙道壁上标出漏斗川的轮廓线；

③漏斗川应采用光面爆破，其壁、顶、底面应平整，炮孔应布在距边线 100~200 mm 的设计轮廓线内；

④设计要求对漏斗川围岩、桃形柱等进行加固时，应先加固后施工；

⑤当漏斗川需要支护时，应先备齐材料，及时支护。

（2）漏斗施工应符合下列规定：

①按电耙道中线、腰线确定漏斗颈位置，并控制好漏斗颈的高度；

②漏斗井的高度应符合设计要求，当无要求时，其高度应施工至拉底巷道底板；

③扩漏应在拉底巷道及采矿中深孔完成后进行；

④扩漏前应在工作面上标出边孔的位置，并在漏斗井口铺设厚度不小于 50 mm 的木板；

⑤扩漏应采用浅孔小药量爆破；

⑥漏斗喇叭口的宽度和坡度应符合设计要求。

针对采场天井、溜井施工的质量控制：

（1）采场的短天井、溜井，宜采用锚杆悬吊工作平台法或深孔分段爆破法施工。

（2）采场天井、溜井施工时，应符合下列规定：

①相距 30 m 以内同时施工的天井、溜井，应错开爆破时间并设警戒。任一工作面进行爆破前，应通知相邻工作面的作业人员撤至安全区域后，方能起爆；

②天井、溜井施工距上水平巷道小于 7 m 时，应在贯通位置设明显标志，爆破时设警戒哨。贯通距离不应小于 2 m，若围岩条件较差，则不应小于 3 m。

（3）兼有探矿性质的天井、溜井，施工高度应符合设计要求，并宜超出矿体顶、底板 1 m。

6）永久支护工程施工

（1）永久支护采用锚喷支护时，应符合现行国家标准与相关规范的规定。

（2）原材料进场前，应对所选原材料取样，进行分析试验，确定合格后，方能组织原材料进场。

（3）混凝土中掺用外加剂的品种、掺量，使用前应根据对混凝土的性能要求、施工及气候条件、混凝土原材料、配合比等因素经试验确定，并应符合现行国家标准的有关规定；当采用碱性外加剂时，不得使用含有活性二氧化硅的骨料。

（4）混凝土用水泥，宜采用普通硅酸盐水泥、硅酸盐水泥，亦可采用矿渣硅酸盐水泥、火山灰质硅酸盐水泥。拌制锚杆砂浆的水泥，宜采用硅酸盐水泥、普通硅酸盐水泥。有其余特殊情况时，宜采用矿渣硅酸盐水泥或火山灰质硅酸盐水泥。

（5）根据井巷特性要求及其适用性，支护用水泥可按相关规范采用。

（6）位于软岩膨胀岩层或受动压影响的井巷工程，宜采用锚喷支护或分期支护。

（7）钢筋混凝土保护层厚度应符合设计要求。

（8）混凝土应按国家现行标准的有关规定，根据混凝土强度等级、耐久性和工作性能等要求进行配合比设计。现场拌制混凝土前，应测定砂、石含水率并根据测试结果调整材料用量，确定施工配合比。

（9）混凝土最大水灰比、最小水泥用量、最大水泥用量应符合相关规范的规定。

（10）采用砌、喷射混凝土作永久支护时，应进行混凝土、喷射混凝土抗压强度试验。采用砂浆锚杆、砌体支护时，应进行砂浆强度、砌体抗压强度试验。

针对支护的质量控制：

（1）砂浆锚杆宜采用先注后锚式，砂浆强度等级应符合设计要求，当设计无具体要求时，应不低于 M20。

（2）浇筑混凝土前，应对基槽进行检查，基槽内不得有浮渣、积水或流水。

（3）混凝土浇筑方式的选择，应符合下列规定：

①竖井井筒及与井筒相连的马头门箕斗装载硐室、转水站，宜采用溜灰管浇筑，或采用底卸式吊桶配混凝土分配器浇筑；

②斜井、斜坡道、巷道及其他硐室，宜采用输送泵浇筑；

③与上部通道相通的天井、溜井，宜采用溜灰管浇筑；

④竖井反井段以及上部无通道的天井、溜井，宜采用输送泵浇筑。

（4）输送泵宜靠近浇筑地点布设，输料管不得架设在模板支架及磉胎上。泵送混凝土，应符合国家现行标准的有关规定。

（5）当不具备输送泵浇筑条件而采用人工浇筑时，混凝土中宜掺缓凝剂。

（6）混凝土自高处倾落的自由高度，不应超过 2 m，否则应采取相应措施。浇筑混凝土时，应分层对称进行，并采用机械振捣。

（7）机械振捣混凝土应符合相关规范规定。

（8）每次浇筑混凝土应连续进行，间隔时间不得超过混凝土的终凝时间。

（9）在施工缝处继续浇筑混凝土时，应符合相关规范规定。

（10）混凝土浇筑过程中，应经常观察模板、支架（含立柱、横梁、卧撑、磉胎等）、钢筋、预埋件和预留孔洞的情况，当发现有变形、移位时，应及时采取措施处理。

（11）竖井井壁接茬宜采用斜口接茬法，在含水裂隙部位浇筑混凝土时，应采取导水措施。接茬应密实，表面平整。条件许可时，宜采用喷射混凝土接茬。

（12）竖井、天井及溜井的壁后充填，应用同强度等级混凝土充填密实，必要时打锚杆加固。

（13）斜井、斜坡道、巷道、硐室的壁后充填，应符合相关规范规定。

（14）后期支护时间，应按设计要求及前期支护体变形的施工监测数据确定。

（15）架设永久支架时，应符合下列规定：

①支架应按中、腰线架设并符合设计要求；

②支架两帮及顶部应用背板背紧牢固，不得使用风化岩石或矿石作充填物；

③支架立柱应落在巷道底板以下 50~150 mm 的实底上；

④有水沟的巷道，立柱底部应低于水沟底板 50~150 mm；

⑤支架间应设拉杆或撑杆固定。

（16）有底鼓的巷道，应采取混凝土底拱、底部锚杆或设置底梁等措施。

（17）永久支架宜采用金属支架、钢筋混凝土预制支架，背板宜用钢筋混凝土预制板。

（18）永久支架宜用混凝土或片石混凝土护腿，护腿高度从轨面上起 1 m 为宜。

7）防水与治水工程施工

（1）当掘进工作面遇有下列情况之一时，必须先探水后掘进：

①接近溶洞、水量大的含水层；

②接近可能与地表水体或地下水系、含水层等相通的断层裂隙；

③接近被淹井巷、老窿；

④接近水文地质复杂地段；

⑤接近隔离矿柱；

⑥掘进工作面或其他地段发现有突水预兆。

（2）在接近含水层或可疑地段，应根据工程地质、水文地质和施工技术装备条件，选择钻探、物探或化探进行探水。并采取查探、堵、排的综合治理方法进行防水与治水。经技术经济方案比较，编制探放水工程设计、注浆工程设计。

（3）地下水的防治方法，应根据地下水的充水性和富水性，以及对井巷工程施工的影响程度和矿井总体排水方案，采取下列方法：

①对补给通道不大，容易构筑防水帷幕的强含水层，可采用帷幕注浆堵水；

②对与地表水相通的地下水，可采用地面预注浆、改道引流堵水；

③对直接向井巷充水的含水层，可采用疏放降压排水或注浆堵水；

④井巷工程穿过有突水危险的地区，可采用设置防水闸门、钻探探水或预留防水隔离岩防水；

⑤在水文地质条件不好的地区施工井巷工程时，可采取短段探、注、掘方式防治水；

⑥对直通井巷的出水裂隙，可采用后注浆堵水；

⑦对导水断层裂隙等潜在突水点，应在揭露前采用钻探查清含水层位置，并用预注浆堵水；

⑧井巷掘进中遇到涌水冒砂时，应采取水砂分离的防治方法，先堵住冒砂，再注浆固砂、止水；

⑨对含水破碎带、含水砂层，可采用预注浆固结、堵水；

⑩对已支护工程，可采用后注浆堵水；

⑪对老窿、溶洞积水可采用钻孔疏放降压排水。

（4）通过单层涌水量大于 10 m³/h 的含水层，或有 0.5 m³/h 以上的集中出水点，竖井井筒应采用注浆堵水,斜井、巷道的防治水方法可根据实际情况确定。

(5)注浆钻孔应按设计施工。地面预注浆和工作面预注浆钻孔每隔 20～30 m 应测斜一次,钻孔偏斜率应符合下列规定:

①孔深小于 200 m 时,不得大于 0.5%;

②孔深 200～400 m 时,不得大于 0.8%;

③孔深大于 400 m 时,不得大于 1.0%。

(6)注浆前的准备工作,应符合下列规定:

①成孔后用清水冲洗钻孔,直至返清为止。当裂隙小,冲孔效果不好时,应采用抽水洗孔;

②对注浆管路系统进行水压试验,压力应为注浆终压的 1.2～1.5 倍,持续时间不少于 15 min;

③安设止浆装置及连接孔口管路;对钻孔进行压水试验,检查止浆塞(或止浆垫、孔口管)的密封效果,测量钻孔吸水量;

④备齐注浆材料,确定浆液品种、配合比及浓度。

(7)工作面预注浆,应先安装孔口管,并用不小于 1.2 倍注浆终压进行压力试验,孔口管应不松动、不顶出。

(8)浆液起始浓度、注入量及单、双液的使用界线,应根据钻孔吸水量确定,并应符合下列规定:

①浆液起始浓度及注入量应符合相关规范的规定;

②当钻孔吸水量等于或小于 7 L/(min·m) 时,宜采用单液注浆;当钻孔吸水量大于 7 L/(min·m)时,宜采用双液注浆;

③每次注浆时,浆液浓度为先稀后浓。

(9)注浆应符合下列规定:

①当连续单液注浆 30 min(双液注浆 20 min)压力不升,吸浆量不减时,应提高浆液浓度;

②当发现压力骤然上升或浆液耗量突增,应停止注浆,查明原因,处理后再恢复注浆;

③若压力上升快、减量也快时,应依次降低浓度;

④每更换一次浆液浓度,注浆应持续 20 min;当单液吸入量接近预计总量的 40%～50%,其压力不升,吸浆量不减时,可采用低压、间歇注浆方法达到注浆终压;

⑤当注浆中断时间超过浆液凝胶时间时,应在浆液凝胶前把浆液从管路系统中排出,并用清水将管路系统冲洗干净;

⑥结束注浆时,应用清水冲洗注浆设备及管路,清理现场;

⑦认真做好各项记录和签证工作。

4.5.3 项目施工质量分析评价方法

在矿业工程项目中,数据统计是一种控制施工质量的有效办法,通过它能揭示施工质量的差异规律、找出质量的影响因素,判别施工成果的质量,检查施工过程中工艺操作的好坏。因为可以进行过程的质量控制,将最终的成果评价提前到施工过程,这就大大提高了施工质量控制的效能,从而更有益于提高施工成果的可靠性和经济性。

数据统计方法的运用步骤：

(1)订立质量准则。这是运用数据方法控制质量的依据。一般包括质量基础成果标准、工艺标准、工艺装备标准、原材料标准等。

(2)收集质量数据。这是数据统计分析方法的工作基础，反映实际情况的数据才能进行可靠的分析。数据分为计量数据和计件数据。

(3)根据不同目标采取不同的质量图表和方法，进行质量分析并获得评价结论。为获得更正确或更深刻的结论，质量图表可以交错灵活运用。

1.抽样方法

抽样本身就是质量检验的一种方法。根据抽样形式决定检验方法，可以分为全检、抽查、免检。无论哪种检验方式，都以评价施工质量为目的。抽样不仅是获取数据，而且是要获取能代表总体的数据。因此，作为检验的抽样，通常采用概率抽样的方法，即按照随机原则进行抽样，组成总体的每个单位都有被抽中的概率，可以避免样本出现偏差。

2.数理统计评价方法

1)直方图

随机取样的质量数据，经过整理和统计处理后，就可以通过质量数据的分布状态来获得施工质量的状态。最简单的方法就是用统计数据建立直方图。设不同样本的数据为一个变量 S 表示，其中 S_{min} 和 S_{max} 分别为其最小值和最大值，并在最大值和最小值之间按均匀的组距分组。样本的分组个数按照样本个数进行划分。S_i 按照大小落入各组，则每组中 S_i 的个数用 f_i 表示（f_i 为频数）；按顺序排列各组的频数就构成了分布直方图，如图4-6所示。

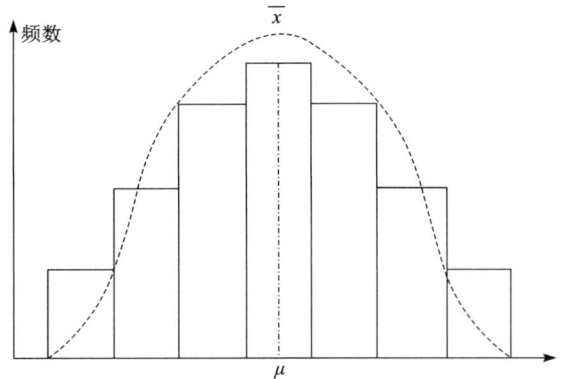

图4-6 样本的分布直方图

频数占全部频数之和 $\sum f_i$ 的比值称之为 S_i 的频率，用 P_i 表示，称之为相对频数，相对频数之和为1。相对频数可以和频数一样，制成相对频数分布表。

对数据直方图进行形状观察分析能够在一定程度上判断工程质量的好坏。所谓形状观察分析是指将绘制好的直方图形状与正态分布图的形状进行比较分析，一看形状是否相似，二看分布区间的宽窄。直方图的分布形状及分布区宽窄是由质量特性统计数据的平均值和标准偏差所决定的。正常直方图呈正态分布，其形状特征是中间高、两边低、成对称，如图4-6所示，正常直方图反映生产过程质量处于正常、稳定状态。数理统计研究证明，当随机抽样方案合理且样本数量足够大时，在生产能力处于正常、稳定状态，质量特性检测数据趋于正态分布，如图4-7(a)所示。异常直方图呈偏态分布，常见的异常直方图有折齿型、缓坡型、孤岛型、双峰型、峭壁型，如图4-7(b)~(f)所示。

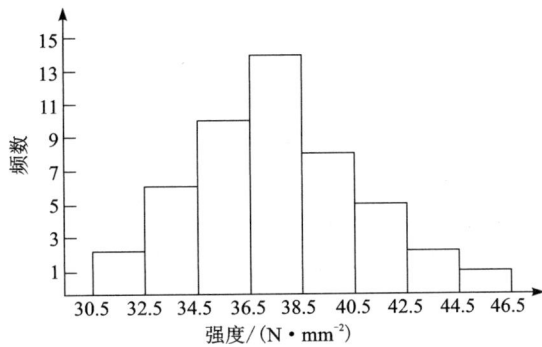

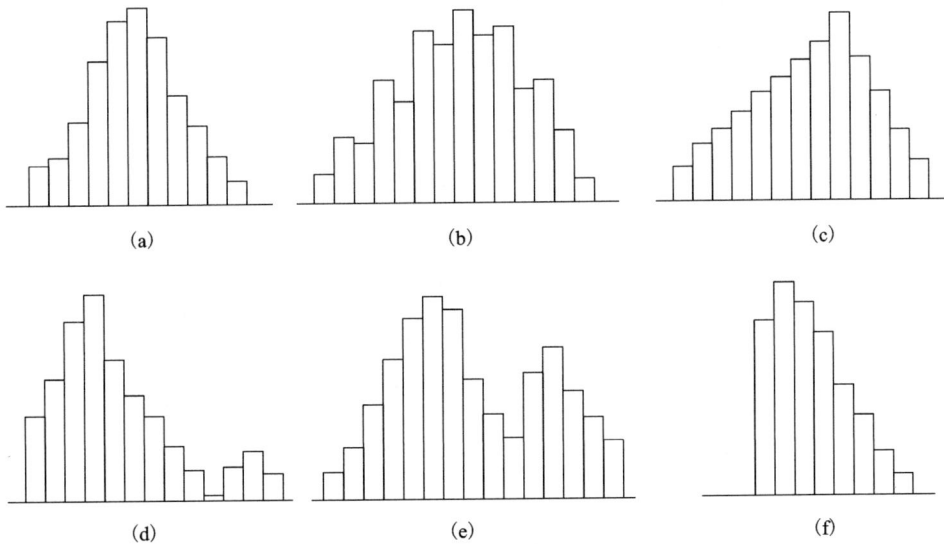

(a)正常型统计直方图;(b)折齿型统计直方图;(c)缓坡型统计直方图;(d)孤岛型统计直方图;(e)双峰型统计直方图;(f)峭壁型统计直方图

图 4-7 混凝土强度分布与质量范围

【**案例 4-1**】某矿山基建工程存在 10 组混凝土试件的强度数据,如表 4-1 所示,从这些数据很难直接判断其质量状况和受控情况。为此,将表 4-1 中的数据整理后绘制成直方图如图 4-7 所示,同时根据正态分布的特点进行分析。

表 4-1 矿山基建工程 10 组试件的抗压强度　　　　　　　　　　　单位:N/mm²

序号	抗压强度					最大值	最小值
1	39.8	37.7	33.8	31.5	36.1	39.8	31.5
2	37.2	38.0	33.1	39.0	36.0	39.0	33.1
3	35.8	35.2	31.8	37.1	34.0	37.1	31.8
4	39.9	34.3	33.2	40.4	41.2	41.2	33.2
5	39.2	35.4	34.4	38.1	40.3	40.3	34.4
6	42.3	37.5	35.5	39.3	37.3	42.3	35.5

续表4-1

序号	抗压强度					最大值	最小值
7	35.9	42.4	41.8	36.3	36.2	42.4	35.9
8	46.2	37.6	38.3	39.7	38.0	46.2	37.6
9	36.4	38.3	43.4	38.2	38.0	43.4	36.4
10	44.4	42.0	37.9	38.4	39.5	44.4	37.9

直方图结果分析：

生产过程的质量正常、稳定和受控，还必须在公差标准上、下界限范围内达到质量合格的要求，只有这样的正常、稳定和受控才是经济合理受控状态，如图4-7(a)所示。图4-7(b)质量特性数据分布下限，易出现不合格，在管理上必须提高总体能力；图4-7(c)质量特性数据的分布宽度边界达到质量标准的上下界限，其质量能力处于临界状态，易出现不合格，必须分析原因并采取措施；图4-7(d)质量特性数据的分布居中且边界与质量标准的上下界限有较大的距离，说明其质量能力偏大、不经济；图4-7(e)(f)数据分布均已出现超出质量标准的上下界限，这些数据说明生产过程存在质量不合格，需要分析原因并采取措施进行纠偏。

2）分层法

影响矿业工程项目质量的因素众多，对工程质量状况的调查和质量问题的分析，必须分门别类地进行，以便有效地找出问题及其原因所在。

【案例4-2】一个班组有A、B、C三位工人实施焊接作业，共抽检90个焊接点，发现30个不合格点，占比30%。究竟问题出在谁身上？

根据分层调查的统计数据表4-2可知，主要是作业工人A的焊接质量影响了总体质量水平。

表4-2　工人焊接数据统计

作业工人	抽检点数	不合格点数	个体不合格率/%	占不合格点总数百分率/%
A	30	18	60	60
B	30	8	27	27
C	30	4	13	13
合计	90	30	—	100

3）工序能力分析法

工序能力，是指工序处于稳定状态下的实际操作能力。所谓稳定状态，就是指没有异常因素影响，整个工序过程均按作业规程要求正常实施的质量进行状态。在此状态下，可以认为代表工序质量的特性值服从于正态分布，于是在$(\mu+3\sigma)$范围内应能包括全部质量特性值的99%，即6σ几乎包括了质量特性值的整个变异范围。所以，通常以6σ为标准衡量工序能力。

计算工序能力的公式为：

$$W = 6\sigma \tag{4-1}$$

数据分布中心与允许公差中心重合，工序能力指数 I_p 为：

$$I_p = (H_u - H_l) / 6\sigma \qquad (4-2)$$

数据分布中心与允许公差中心 C 不重合，工序能力指数 I_p 为：

$$I_p = (H_u - H_l - 2\varepsilon) / 6\sigma \qquad (4-3)$$

式中：H_u 为允许公差上限；H_l 为允许公差下限；σ 为工序质量特性的标准偏差；ε 为分布中心与公差中心差的绝对值，$\varepsilon = |x - C|$。

由图 4-8 可知，合理的工序能力指数应在 1.33~1.67 之间。

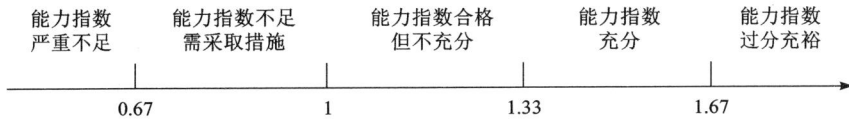

图 4-8　工序能力指数等级划分

4）控制图法

影响项目质量的主要因素是人、材料、设备、方法和环境 5 方面。在这些因素稳定的情况下，只要无异常，项目的作业活动应该是一个稳定的过程。按照统计学原理，在状态稳定的情况下，统计数据多半属于正态分布的形式，这时的质量控制点应该处于某一个界线范围内。当状态有变化或者有异常事件发生，质量控制点就会发生波动，在控制图中出现一些特有形式的异常。控制图法就是通过识别统计数据存在的异常性质，说明工序施工状态的稳定性状况。

5）因果分析法

当需要在众多可能造成质量问题的因素中寻找影响因素时，通常采用因果分析法，如图 4-9 所示，罗列了施工混凝土强度不达标原因分析过程。

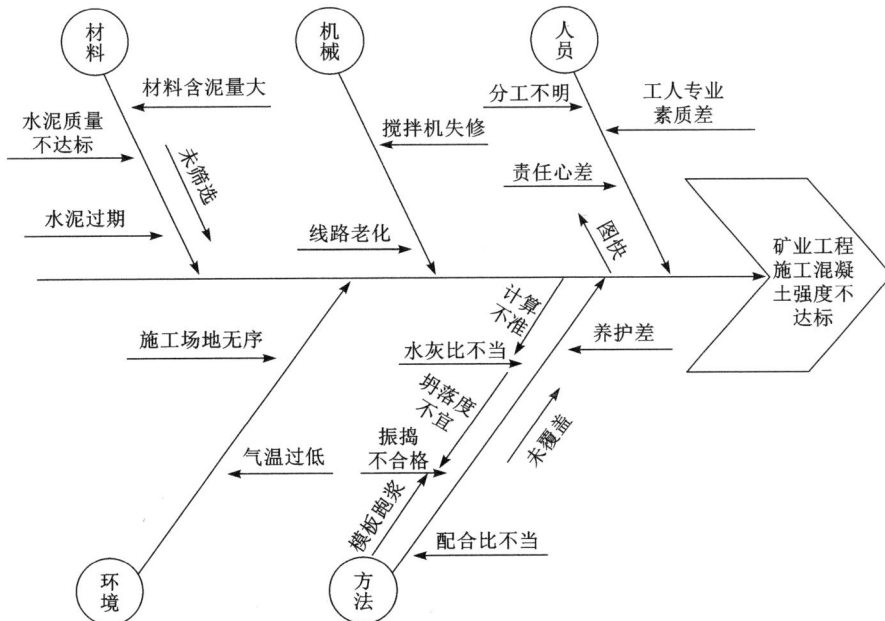

图 4-9　矿业工程项目混凝土强度不达标分析鱼骨图

6）排列图法

排列图是用于找出影响项目质量主、次因素的一种常用的统计分析工具，故也称为主次因素排列图。它由两个纵坐标（频数纵坐标和频率纵坐标）、一个横坐标（项目排列）以及若干个根据频数大小依次排列的直方柱和一条累计频率曲线所组成。通常，将累计频率在0~80%、80%~90%和90%~100%的因素称为主要因素、次要因素和一般因素。

【案例4-3】施工某矿井下轨道运输大巷。断面形式为半圆拱，采用锚喷网联合支护方式，钢筋杆直径22 mm，树脂药卷锚固锚杆间排距80 mm×800 mm，喷射混凝土强度等级C20。该巷道长500 m，在施工完100 m巷道时建设单位在组织质量检查过程中出现有喷射混凝土强度不合格15次，喷层厚度不合格10次，锚杆抗拔力不合格8次，锚杆间排距不合格5次，断面尺寸不合格30次。要求：（1）根据案例背景，绘制影响该工程质量因素的排列图；（2）根据排列图，判断影响该工程质量的主次因素。

分析：

表4-3 巷道质量不合格次数、频率和累计频率

因素	不合格次数/次	频率/%	累计频率/%
断面尺寸	30	44	44
喷射混凝土强度	15	22	66
喷射混凝土厚度	10	15	81
锚杆抗拔力	8	12	93
锚杆间排距	5	7	100

本案例要求掌握排列图的绘制方法及判断方法。

（1）按照不合格出现次数的大小进行排列，并计算累计频率，如表4-3所示。根据表4-3绘制排列图，如图4-10所示。

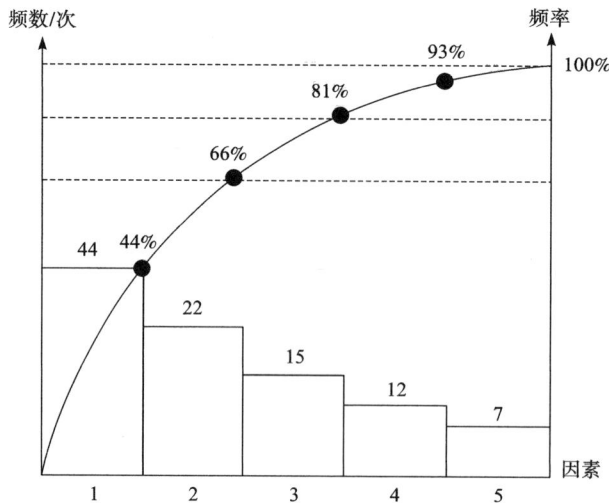

图4-10 巷道不合格点频数和累计频率

（2）根据排列图可以看出影响质量的主要因素为断面尺寸、喷射混凝土强度和喷射混凝土厚度，其累计出现频率在 0~80% 之间；次要因素为锚杆抗拔力，因为其累计频率在 80%~90% 之间；一般因素为锚杆间排距，其累计频率在 90%~100% 之间。

4.5.4 矿业工程施工质量的通病、预防和事故处理

1. 矿业工程项目质量通病

（1）为了赶进度，在混凝土没有达到足够的强度时，要求拆模进入下道工序，如冻结法施工中冻结时间不够，冻土还没有达到足够强度时就要求开挖施工，引起严重塌方事故。

（2）施工方法对井巷施工质量有重要影响。在岩石巷道掘进施工中，为了缩短钻眼时间，减少（周边）炮眼数量、多装药，以期获得多"进尺"的效果。不重视光面爆破的施工措施，结果不仅造成巷道成形差、影响喷混凝土后续工序的质量，还严重破坏了巷道围岩的稳定性。

（3）轻视、疏忽隐蔽工程的质量。隐蔽工程的质量影响往往不是直接表现，加之有后续工程的掩盖、补救，且检查又相对比较困难，因此施工时就相对比较随便，缺乏对保证隐蔽工程质量的自觉性。

（4）施工方案是影响施工质量的重要因素，这在井巷施工中尤为突出。当前，井筒施工一般采用"打干井"的办法，就是在施工井筒前通过预注浆的方法堵水，大大提高了施工效果。立井施工涌水量大时，井筒内的工作条件相当恶劣，空间小、工序变多，掘进困难，混凝土浇筑的井壁质量难以得到保证。

（5）基坑设计的支撑结构安全度不够，包括因设计方法本身的缺陷，对设计方法的认识不足，对工程地质与水文地质资料掌握不充分，不正确地引用了设计方法或设计参数。

（6）由于对工程地质与水文地质情况认识不清，或是经验不足出现决策错误，或因为重视程度不够，致使施工措施不正确。例如，一次基坑的开挖深度过大与支护不及时；大范围施工引起土与地下水的扰动而危及周围建筑结构物；在没有采取降水措施的地下水位下基坑施工等。

（7）基坑施工中因不正确的施工行为使土体强度等性质受到改变，并且对其影响认识不足而导致严重后果，例如，由于赶工而超挖、又没有及时覆盖导致保护层破坏；由于打桩使淤泥等高含水土层形成超静孔隙水压力以及疏忽雨期影响等都会使原来设计的支撑结构能力大大削弱。

（8）混凝土浇筑中经常出现蜂窝、麻面的质量问题。这和混凝土施工浇捣不充分、没有严格执行分层振捣或振捣操作不正确等有关。

（9）施工要领认识不够，没有了解锚杆支护作用除要靠锚固力之外，还必须要靠托盘挤实围岩。因此，在锚杆施工中不注意托盘密贴岩帮的要求，会使锚杆形同虚设。

（10）对质量控制的投入不足。对质量控制的投入不足表现是多方面的，或是通过省料、省工减少资金投入，或是对控制质量的措施不落实，认为与施工没有直接关系。例如，疏忽施工质量又不进行或缺少必要的施工监测，如止水帷幕失效或防水效果差致使渗漏、透水而形成坑壁坍塌等。

【案例4-4】某施工单位承担了一巷道的掘进工作，该巷道断面 $20~m^2$，围岩为中等稳定粉砂岩，工作面涌水较少，无瓦斯，施工组织设计采用钻眼爆破法施工，多台气腿式凿岩机

打眼，炮眼深度为 2.0 m。施工中为提高掘进循环进尺，钻眼爆破采取了加深炮眼深度、增加装药量、减少炮眼总数的技术措施，以节约工作面的钻眼爆破工序时间，达到缩短整个循环时间来提高施工速度。实际执行的效果并不理想，没有取得预期的效果。

问题：

(1)施工单位加深炮眼深度对提高进尺是否有帮助？

(2)增加装药量进行爆破有何危害？

(3)根据施工单位所采取的技术措施，讨论其将对工程质量产生的不良影响。

(4)应当如何安排施工，才能更加有效地提高巷道掘进进尺？

答案解析：

巷道施工爆破是掘进的重要环节，而且对整个工程施工速度和质量影响较大，应当全面考虑，方可取得较好的效果。爆破工作作为掘进施工质量的控制要点，和爆破本身的质量(断面、巷道稳定及其寿命等)有重要关系，从质量控制方面应当予以重视。

(1)施工单位加深炮眼深度对提高进尺没有明显的作用，主要是本巷道采用多台气腿式凿岩机打眼，其合理的凿岩深度在 2.0 m 以内，继续加大眼深不能有效地提高凿岩速度，反而会使打眼时间加长，不利于缩短循环时间。

(2)增加装药量可提高爆破进尺，但会增加炸药消耗，另外过量装药会造成超挖，造成振动，不利于支护。

(3)施工单位单一追求进度而采用加深炮眼深度、增加装药量、减少炮眼总数的办法实施爆破，不仅不能达到预期的效果，反而会给后续工序带来施工困难和一些不利的影响。特别是增加装药量和减少炮眼数目，将无法保证光面爆破的效果、并使围岩受振动破坏，导致支护质量下降。实际虽有可能提高一次爆破的进尺，但不能缩短总进尺时间，同时支护质量下降，总体质量达不到要求。

(4)应当优化施工参数，采用先进的施工设备，或者组织钻眼和装岩平行作业，也可选用高效率的钻眼设备和装岩设备以缩短循环时间，加快施工速度。当然，进一步缩短其他辅助工作的时间，也能有效提高掘进进尺。

2.矿业工程项目事故预防

(1)思想上要充分重视，严格遵守施工规程要求是预防质量问题的关键。

(2)注意提前消除可能的事故因素，前续工序要为后续工序创造良好的施工质量条件，后续工序要严格验收前续工序的质量。

(3)明确每个工序中的关键质量问题，是技术人员技术素质的重要反映。因此，技术人员要明确保证质量的关键技术和要求。

(4)认真进行技术交底，特别是质量的关键内容，要使操作人员明确操作过程的重点、要点，提高操作人员的技术水平。

(5)对可能出现的紧急情况要有应急措施和应急准备，随时注意施工条件的变化，及时正确应对。

3.矿业工程项目事故处理

按照质量事故所造成的危害程度，一般可将质量事故分为一般事故和重大事故，如

图 4-11 所示。重大事故是指在工程建设过程中由于责任过失造成工程坍塌或报废，机械设备损坏造成人员伤亡或重大经济损失的事故。

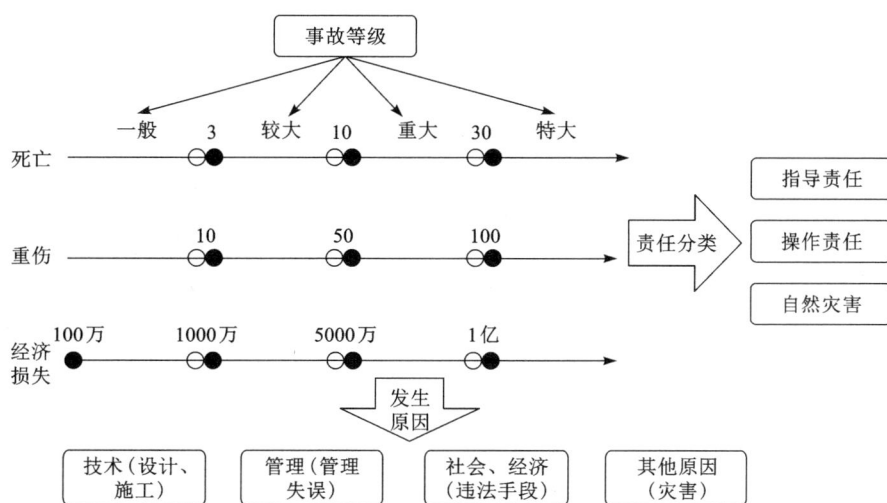

图 4-11　矿山事故等级分类

1）质量事故的分析与处理

（1）通过现场考察和检测，弄清事故真相。

（2）通过对现状的分析，找出工程损伤和事故的原因。

（3）对现状和原因确认后，再选择处理方案。

（4）通过经验总结和进一步的理论研究，加强事故防范意识。

2）质量事故处理方法

矿业工程项目发生质量事故，矿山企业应在第一时间内向当地建设行政主管部门和其他有关部门报告。对重大质量事故，事故发生地的建设行政主管部门和其他有关部门应当按照事故类别和等级向当地人民政府和上级建设行政主管部门及其他有关部门报告。特别重大质量事故的调查程序应按照国家安全生产监督管理部门和国务院有关规定办理。发生重大工程质量事故隐瞒不报、谎报或者拖延报告期限的，对直接负责的主管人员和其他责任人员依法给予行政处分。质量事故发生后，事故发生单位和事故发生地的建设行政主管部门，应严格保护事发现场，采取有效措施防止事故扩大。相关事故处理流程如图 4-12 所示。

矿业工程项目质量事故发生后，应进行调查分析，查找原因，吸取教训，分析的基本步骤和要求是：

（1）通过详细的调查，查明事故发生的经过，分析事故产生的原因，如人、机械设备、材料、方法和工艺、环境等。经过认真、客观、全面、细致、准确的分析，确定事故的性质和责任。

（2）在分析事故原因时，应根据调查所确认的事实，从直接原因入手，逐步深入到间接原因。

（3）确定事故的性质。事故的性质通常分为责任事故和非责任事故。

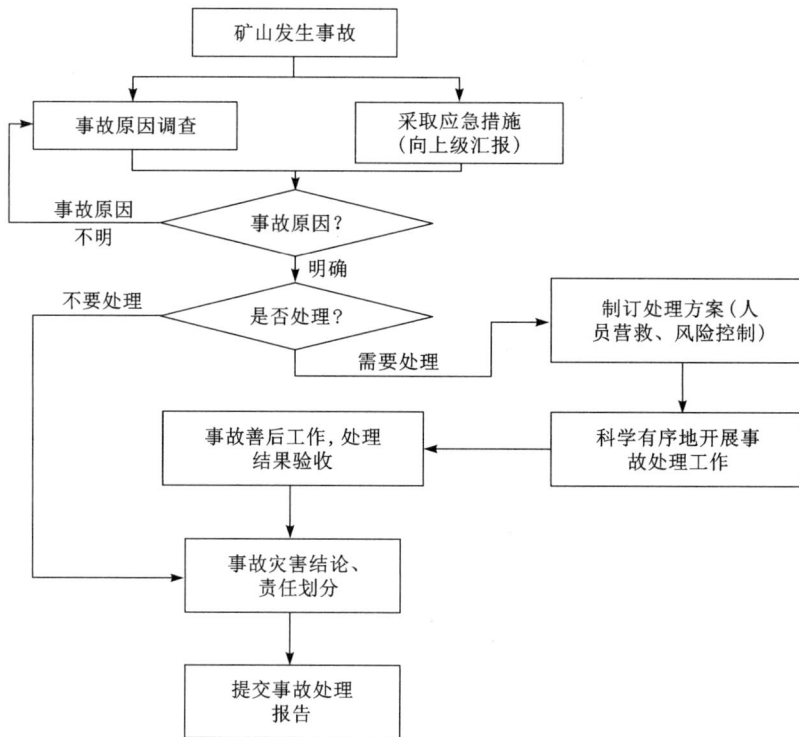

图 4-12 矿山事故应急处理流程

（4）根据事故发生的原因，制订防止类似事故再发生的具体措施，并应定人、定时间、定标准，完成措施的全部内容。

3）矿山质量事故的处理程序

（1）当发现矿山基建工程出现质量缺陷或事故后，监理工程师或质量管理部门首先应以"质量通知单"的形式通知施工单位，并要求停止有质量缺陷部位和有关联部位及下道工序的施工，需要时还应要求施工单位采取防护措施。同时，要及时上报主管部门。当施工单位自己发现质量事故时，要立即停止有关部位的施工并报告监理工程师。

（2）施工单位接到质量通知单后在监理工程师的组织与参与下，尽快进行质量事故的调查，出具矿山质量事故报告。事故情况调查是事故原因分析的基础，调查必须全面、详细、客观、准确。

（3）在事故调查的基础上进行事故原因分析，正确判断事故原因。事故原因分析是制订事故处理方案的基础，监理工程师应组织设计、施工、建设单位等各方都参加事故原因分析。

（4）在事故原因分析的基础上，研究制订事故处理方案。

（5）确定处理方案后，由监理工程师指令施工单位按既定的处理方案实施对质量缺陷的处理。

（6）在质量缺陷处理完毕后，监理工程师应组织有关人员对处理的结果进行严格的检查、鉴定和验收，撰写《质量事故处理报告》提交业主或建设单位，并上报有关主管部门。

【案例4-5】 2021年，某金矿3号盲竖井发生火灾事故。事故发生前，共有10人在井下工作。其中施工队5人在3号盲竖井-470m以上进行罐道木更换作业。矿内2名水泵工分别在-265m、-660m水泵房值守，1名卷扬机工在3号盲竖井井口卷扬机房内工作，带班副总工程师和安全员在-265m3号盲竖井井口附近值守。19时16分，施工队对3号盲竖井固定罐道木的螺栓、工字钢、加固钢板进行切割作业，作业过程中产生的高温金属熔渣、残块断续掉落。23时45分后有大量高温金属熔渣、残块频繁掉落。0时14分许，持续掉落到-505m处梯子间部位的高温金属熔渣、残块引燃玻璃钢隔板，火势逐渐增大继而又引燃电线电缆、罐道木等可燃物，沿井筒向上燃烧并迅速蔓延至-265m中段3号盲竖井井口、附近硐室和部分运输大巷，高温烟气进入-265m中段巷、7号盲斜井、-480m中段巷、5号盲斜井、1号竖井、1号斜井。此次事故造成10人被困。经全力救援，4人获救，6人死亡，直接经济损失达1375.86万元。

问题：

(1)该事故发生的直接原因是什么？

(2)该事故暴露出的主要问题是什么？

(3)该事故的责任应由哪些人承担？

(4)该事故应按怎样的程序进行处理？

答案解析：

(1)该事故发生的直接原因是从业人员在拆除3号盲竖井内-470m上方钢木复合罐道木过程中，违规动火作业，气割罐道木上的螺栓及焊接在罐道梁上的工字钢、加固钢板，较长时间内产生大量的高温金属熔渣、残块等持续掉入-505m处梯子间，引燃玻璃钢隔板，在烟囱效应作用下，井筒内的玻璃钢、电线电缆、罐道木等可燃物迅速燃烧，形成火灾。

(2)该事故暴露出的主要问题是：

金矿未依法落实非煤矿山发包单位安全生产主体责任。一是日常安全管理不到位。安全生产风险分级管控和隐患排查治理主体责任不落实，对3号盲竖井动火作业等级判定为"一般"，未将外来施工人员培训纳入企业统一管理。二是外包队伍安全管理混乱。三是工程管理不到位。四是动火作业管理缺失。五是矿山开采管理混乱。六是应急措施不到位。

施工队违规实施罐道木更换工程作业。一是违规承揽矿山施工工程。二是未建立安全生产管理基本制度，未配备专职安全生产管理人员和有关工程技术人员实施作业。三是违规实施动火作业。

(3)该事故的责任应由金矿法定代表人、盲竖井检修工程施工队负责人和监理人员承担。

(4)程序为：迅速抢救伤员，保护事故现场；组织调查组进行现场勘察；分析事故原因，确定事故性质；写出事故调查报告；事故的审理和结案。

4.5.5　施工质量监督管理

为了保证矿业工程项目质量，矿山企业、监理单位、设计单位及政府的工程质量监督部门应在施工阶段依据法律法规和工程施工承包合同对施工单位的质量行为和项目实体质量实施监督控制。

设计单位应当就审查合格的施工图纸设计文件向施工单位作详细的说明，同时参与建设工程质量事故的分析，并对因设计造成的质量事故提出相应的技术处理方案。作为监控主体之一的项目监理机构，在施工作业实施过程中，根据其监理规划与实施细则，采取现场旁站、巡视、平行检验等形式，对施工作业质量进行监督检查，如发现工程施工不符合工程设计要求、施工技术标准和合同约定的，有权要求施工单位改正。监理机构应进行检查而没有检查或没有按规定进行检查的，给建设单位造成损失时应承担赔偿责任。必须强调，施工质量的自控主体和监控主体，在施工全过程是相互依存、各尽其责，共同推动着施工质量控制过程的展开和最终实现工程项目的质量总目标。

1. 现场质量检查

现场质量检查是施工作业质量监控的主要手段。具体主要包括以下几种：

1）开工前的检查

主要检查是否具备开工条件，开工后是否能够保持连续正常施工，能否保证工程质量。

2）工序交接检查

对于重要的工序或对工程质量有重大影响的工序，应严格执行"三检"制度(即自检、互检、专检)，未经监理工程师(或矿业项目技术负责人)检查认可，不得进行下道工序的施工。

3）隐蔽工程的检查。

施工中凡是隐蔽工程必须检查认证后方可进行隐蔽掩盖。

4）停工后复工的检查

因客观因素停工或处理质量事故等停工复工时，经检查认可后方能复工。

5）分项、分部工程完工后的检查

应经检查认可，并签署验收记录后，才能进行下一工程的施工。

6）成品保护的检查

检查成品有无保护措施以及保护措施是否有效可靠。

2. 现场质量检查的方法

1）目测法

凭借感官进行检查，也称观感质量检验，其手段可概括为"看、摸、敲、照"四个字。

（1）看——根据质量标准要求进行外观检查，例如，喷锚支护的混凝土表面是否光滑、是否有大块的混凝土掉落。

（2）摸——通过触摸感进行检查、鉴别，例如地表建筑墙面的光滑度，墙面是否掉粉等。

（3）敲——运用敲击工具进行音感检查，例如敲击混凝土井壁检查是否振捣到位。

（4）照——通过人工光源或反射光照射，检查难以看到或光线较暗的部位，例如各种溜井的施工质量。

2）实测法

通过实测数据与施工规范、质量标准的要求及允许偏差值进行对照，以此判断质量是否符合要求，其手段可概括为"靠、量、吊、套"四个字。如用直尺测量巷道运输车辆轨道的轨距；测量仪器测量巷道断面的窿形；混凝土坍落度测试等。

3）试验法

通过必要的试验手段对质量进行判断的检查方法，主要包括如下内容：

（1）理化试验

矿业工程中常用的理化试验包括物理力学性能方面的检验和化学成分及化学性能的测定等两个方面。物理力学性能的检验，包括各种力学指标的测定，如抗拉强度、抗压强度、抗弯强度、抗折强度、冲击韧性、硬度、承载力等，以及各种物理性能方面的测定。如密度、含水量、凝结时间、安定性及抗渗、耐磨、耐热性能等。化学成分及化学性质的测定，如钢筋中的磷、硫含量，混凝土中粗骨料中的活性氧化硅成分，以及耐酸、耐碱、抗腐蚀性等。

（2）无损检测

利用专门的仪器仪表从表面探测结构物、材料、设备的内部组织结构或损伤情况。常用的无损检测方法有超声波探伤、X 射线探伤、γ 射线探伤等。

（3）技术核定与取样送检

在矿业工程项目施工过程中，因施工方对施工图纸的某些要求不甚明白，或图纸内部存在某些矛盾或工程材料调整与代用，改变建筑节点构造、管线位置或走向等，需要通过设计单位明确或确认的，施工方必须以技术核定单的方式向监理工程师提出，报送设计单位核准确认。

为了保证矿山项目工程质量，我国规定对工程所使用的主要材料、半成品、构配件以及施工过程留置的试块、试件等应实行现场见证取样送检。见证人员由建设单位及工程监理机构中有相关专业知识的人员担任；送检的试验室应具备经国家或地方工程检验检测主管部门核准的相关资质；见证取样送检必须严格按规定的程序进行，包括取样见证并记录、样本编号、填单、封箱、送试验室、核对、交接、试验检测、报告等。检测机构应当建立档案管理制度。检测合同、委托单位、原始记录、检测报告应当按年度统一编号，编号应当连续，不得随意抽撤、涂改。

4.5.6　施工质量验收

1. 检验与验收的程序

矿业工程项目质量检验应逐级进行。检验批是质量验收的最小单位，项目的验收按照检验批、分项工程、分部工程和单位工程逐级进行，如图 4-13 所示。在全部单位工程质量验收合格后，方可进行单项工程竣工验收及质量认证。

（1）施工班组应对其操作的每道工序，每一作业循环作为一个检查点，并对其中的测点进行检查；矿山井巷工程的施工单位应对每一循环的分项工程质量进行自检。

（2）检验批或分项工程（指井巷工程验收）应在施工班组自检的基础上，由监理工程师（建设单位技术负责人）组织施工单位项目质量（技术）负责人等进行验收，由监理工程师（建设单位技术负责人）核定。

（3）分部工程应由总监理工程师（建设单位项目负责人）组织施工单位项目负责人和技术、质量负责人等进行验收，建设单位项目负责人核定。分部工程含地基与基础、主体结构的勘察，设计单位工程项目负责人还应参加相关分部工程检验。

（4）单位工程完工后，施工单位应自行组织相关的人员进行自检。根据需要，自检可分为基层自检、项目自检和公司（或分部门）自检三个层次，最终向建设单位提交工程竣工报告。建设单位收到工程竣工报告后，应由建设单位项目负责人组织施工（含分包单位）、设

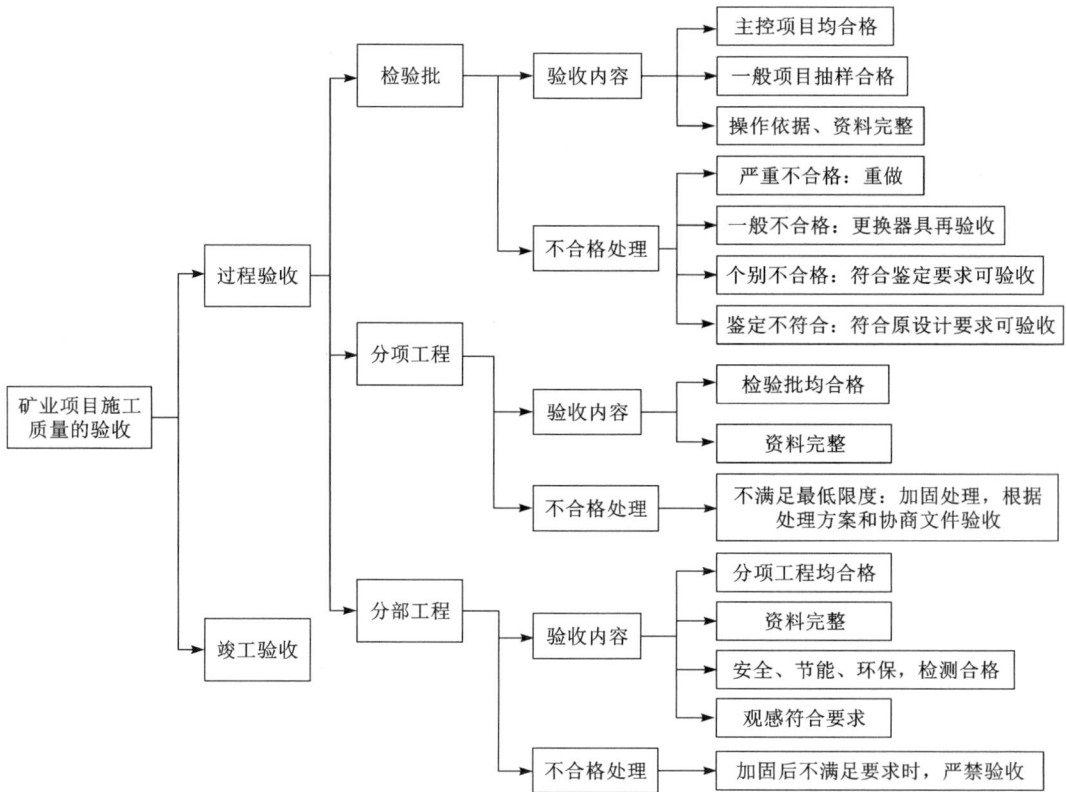

图 4-13　矿业工程项目验收流程

计、监理单位(项目)负责人等进行验收。

(5)单位工程竣工验收合格后,建设单位应在规定时间内向有关部门报告备案,并应向质量监督部门或工程质量监督机构申请质量认证,由质量监督部门或工程质量监督机构组织工程质量认证。井巷工程未经单位工程质量认证,不得进行工程竣工结(决)算及技术使用。

2.施工质量验收要求

(1)建筑工程施工质量应符合《建筑工程施工质量验收统一标准》GB 50300—2013 和相关专业验收规范的规定;施工应符合工程勘察、设计文件的要求。参加工程施工质量验收的各方人员应具备规定的资格。

(2)工程质量验收均应在施工单位自行检查评定的基础上进行。

(3)检验批(或井巷工程的分项工程)的质量应按主控项目和一般项目验收。

(4)隐蔽工程在隐蔽前应由施工单位通知有关单位进行验收,隐蔽工程质量检验评定,应以建设单位(含监理)和施工单位双方签字的工程质量检查记录为依据。

(5)涉及结构安全的试块、试件及有关材料,应按有关规定进行见证取样检测。对涉及结构安全和使用功能的重要分部工程应进行抽样检测。承担见证取样检测及有关结构安全检测的单位应具有相应资质。

(6)项目由分包单位施工时,总包单位应参加分包单位对承建项目的检验。检验合格时分包单位应将有关资料移交总包单位,并由总包单位负责人参加整个项目的验收工作。

(7)单位工程竣工验收进行质量评定时,抽查质量检验结果如与分部工程检验评定结果不一致,应分析原因,研究确定工程最终质量等级。

(8)当混凝土试件强度评定为不合格时,可采用非破损或根据规定采用局部破损的检测方法,按国家现行有关标准进行测算并作为处理的依据。

4.6 矿业工程项目质量管理体系

矿业工程项目质量管理体系是以保证和提高工程项目质量为目标,运用系统的概念和方法,把企业各部门、各环节的质量管理职能和活动合理地组织起来,形成一个有明确任务、职责、权限而互相协调、互相促进的有机整体,如图4-14所示。一般应做好下列工作:

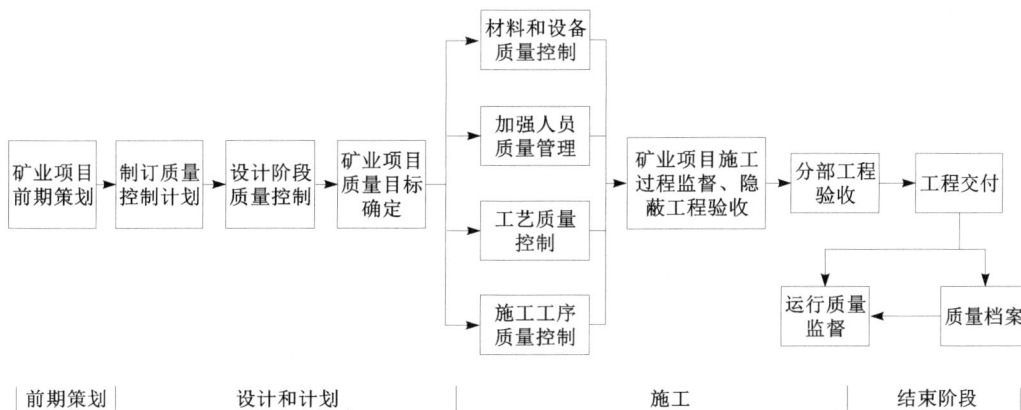

图4-14 矿业项目质量管理总过程

(1)建立和健全专职质量管理机构,明确各级各部门的职责分工。

矿山企业设置质量管理部门,分公司(工程处)和项目部建立质量管理小组或配备专职检查人员,班组要有不脱产的质量管理员。同时,各级各部门都按各自分工明确相应的质量职责,形成一个横向到边、纵向到底的完整的质量管理组织系统。

(2)建立灵敏的质量信息反馈系统。

矿山企业内有来自对材料及构配件的检测、工序控制、质量检查、施工工艺、技术革新和合理化建议等方面的信息,企业外有来自材料及构件和设备供应单位、用户、协作单位、上级主管部门以及国内外同行业情况等信息。为此,要抓好信息流转环节,注意和掌握对数据的检测、收集、处理、传递和储存。

(3)实现管理业务标准化、管理流程程序化。

矿业工程项目质量管理的许多活动都是重复发生的(如巷道掘进的凿岩、爆破、通风和废石转运等),且具有一定规律性。应当按照客观要求分类归纳,并将处理办法定成规章制度,使管理业务标准化。把管理业务处理过程所经过的各个环节、各管理岗位、先后工作步骤等,经过分析研究加以改进,制订标准化管理流程。

4.6.1 矿业工程项目质量管理的基本原则

(1)项目的质量管理是全面的综合性工作,涉及所有的项目工作、项目组织成员、管理职能(范围管理、工期管理、成本管理、组织管理、沟通管理、人力资源管理、风险管理、采购管理等)和过程(包括项目前期策划、设计和计划、施工和供应等)。

(2)矿业工程项目管理不是追求最高的质量和最完美的工程,而是追求符合预定目标的,符合合同要求的工程。工程质量是按照工程使用功能的要求设计的,它是经过工期、费用优化后确定的,符合项目的整体的效益目标。如果片面追求高质量就会损害成本和工期目标,而最终会损害工程的整体效益。同时,在符合项目功能、工期和费用要求的情况下,又必须追求尽可能高的质量,通过质量管理避免或减少损失和错误,不发生质量安全事故,保证一次性成功。

(3)矿业工程项目质量控制的目标不是发现质量问题,而是应提前避免质量问题的发生,防患于未然,以降低质量成本。所以,项目质量管理应注重事前控制和事中控制,如在各项工作之前应有明确的质量要求,通过良好的规划、设计、施工做出高质量的工程。

(4)通过完善矿业工程项目质量管理体系和信用体系建设,严格的质量管理制度实现质量目标,加强主动控制,尽可能减少现场监督工作和重复性的质量管理工作。项目的质量目标应该通过任务承担企业质量管理体系实现,在各个阶段建立严格的质量控制程序,通过实施者主动地对材料、设备、人员、工艺、环境进行全面的控制确保工程质量。

(5)在矿山的基建工程中,大部分属于多层次承(分)包的项目,质量管理的重复性工作普遍存在。分部工程的施工(工作包的任务)由承(分)包商负责完成,承(分)包企业应配备专门从事生产和技术管理的人员,有完备的质量管理体系。项目管理者不必具体地重复这些工作(除了发现重大问题),应着眼于监督各参加单位的质量管理体系的有效运作,在他们各自负责的范围内采用适当的措施、工具和方法保证工程质量。

(6)虽然项目是一次性的,但按照PDCA循环原理,项目质量管理应是一个持续改进的过程,如图4-15所示。可以通过如下途径,形成循环往复的过程,以持续地改进质量管理。建立项目信息系统,收集项目实施过程中测量检查所得到的数据,运用适宜的方法进行统计、分析,识别质量缺陷,提出和实施纠正缺陷措施以不断提高工程质量。通过收集、分析过去同类矿山项目的经验和反面教训,如同类矿山采场结构参数能保证开采作业的安全等,寻求项目质量管理改进和不断完善的措施并形成大循环。同时,项目结束时应对项目的质量管理体系的运作状况和效果进行全面评价,为今后其他矿山项目提供宝贵的经验。

4.6.2 质量管理体系的运行模式

对于矿山项目而言,其质量管理体系运转的基本形式是PDCA管理循环,通过四个阶段把基建过程的质量管理活动有机地联系起来。

1)计划阶段(P),这个阶段可分为四个工作步骤,即:

(1)分析现状,找出存在的质量问题。

(2)分析产生质量问题的原因和各种影响因素,找出影响质量的主要原因。

(3)制订改善质量的措施。

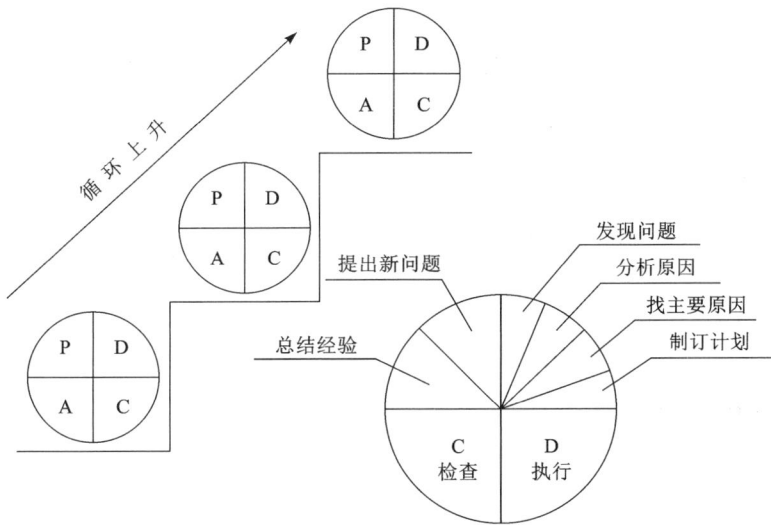

图 4-15 矿业项目 PDCA 循环及步骤

(4)提出行动计划和预计效果。

2)实施阶段(D)，主要是根据措施和计划，组织各方面的力量分别去贯彻执行。

3)检查阶段(C)，主要是检查实施效果和发现问题。

4)处理阶段(A)，主要是对检查结果进行总结和处理。通过经验总结，纳入标准制度或规定，防止问题再发生。同时，将本次循环遗留的问题提出来，以便转入下一循环去解决。

质量管理活动的全部过程就是反复按照 PDCA 循环不停地、周而复始地运转，每完成一次循环，解决一定质量问题，质量水平就提高一步，管理循环不停地运转，质量水平也就随之不断提高。

4.6.3 矿业工程项目质量控制三阶段原理

矿业工程项目的质量控制可划分为两个部分，从立项开始到竣工验收属于工程项目建设阶段的质量控制，项目投产后到项目生命周期结束属于项目生产(或经营)阶段的质量控制。两者在质量控制内容上有较大不同，但不管是建设阶段的质量控制，还是经营阶段的质量控制，从控制工作的开展与控制对象实施的时间关系来看，可分为事前控制、事中控制和事后控制 3 种。

1. 事前控制

矿业工程项目事前控制强调质量目标的计划预控，并按质量计划进行质量活动前的准备工作状态的控制。事前控制重点在于关注施工准备工作且贯穿施工全过程，其包括两个方面：注重质量目标的计划预控；按质量计划进行质量活动前的准备工作状态控制。首先，要熟悉工程项目施工图样，充分了解矿山基建所在区域的水文地质条件并进行相关技术经济分析，完成项目施工预算的组织设计等技术准备工作；其次，做好掘进、通风、运输等设备准备工作；再次，明确项目组织机构，加强管理人员和现场施工人员的技术培训，组织现场施工方案等。

2. 事中控制

矿业工程项目事中控制是指对矿山基建活动的行为进行约束、监控，实际上属于一种实时控制。事中控制是对质量活动主体、质量活动过程和结果所进行的自我约束和检查两方面的控制。关键在于增强质量意识，发挥行为主体的自我约束控制。例如，矿山项目建设的施工过程中，事中控制的重点在工序质量监控上。其他如施工作业的质量监管、设计变更、隐蔽工程验收和材料检验等都属于事中控制。

3. 事后控制

矿业工程项目事后控制是指在项目产出阶段的质量控制，又称合格控制，包括对质量活动结果的评价认定和对质量偏差的纠正。例如矿山基建阶段浇筑的混凝土质量检验。

4.6.4 矿业工程项目质量的三全控制原理

全控制原理来自全面质量管理（total quality management，TQM）的思想，是指企业组织的质量管理应该做到全面、全过程和全员参与。在矿业工程项目中运用这些原理，对项目的质量控制同样具有重要的理论和实践指导意义。

1. 全面质量控制

矿业工程项目质量的全面控制可以从纵、横两个方面来理解。从纵向的组织管理角度来看，质量总目标的实现有赖于项目组织的决策层、管理层、基层一线员工的通力协作。从矿山项目各部门职能间的横向配合来看，要保证和提高工程项目质量必须使项目组织的所有质量控制活动构成一个有效的整体。广义地说，横向的协调配合包括矿山企业、设计单位、施工单位、材料设备供应、监理等相关方，全面质量控制就是要求项目各相关方都有明确的质量控制活动内容。当然，从纵向看，各层次活动的侧重点不同。上层管理侧重于质量决策，制订出项目整体的质量方针、质量目标、质量政策和质量计划，并统一组织、协调各部门、各环节、各类人员的质量控制活动；中层管理则要贯彻落实领导层的质量决策，运用一定的方法找到各部门的关键、薄弱环节或必须解决的重要事项，确定出本部门的目标和对策，更好地执行各自的质量控制职能；基层管理要求每个员工都要严格地按标准、规范进行施工和生产，相互间进行分工合作，互相支持协助，开展群众合理化建议和质量管理小组活动，建立和健全项目的全面质量控制体系。

2. 全过程质量控制

任何一个矿业工程项目的质量，都有一个产生、形成和实现的过程。从全过程的角度来看，质量产生、形成和实现的整个过程是由多个相互联系、相互影响的环节组成的，每个环节都或轻或重地影响着最终的质量状况。为了保证和提高质量就必须把影响质量的所有环节和因素都控制起来。工程项目的全过程质量控制主要有项目策划与决策过程、勘察设计过程、施工组织与准备过程、施工生产的检验试验过程、工程质量的评定过程、工程竣工验收与交付过程以及工程回访维修过程等。

3.全员参与质量控制

矿业工程项目全员参与质量控制是工程项目各方面、各部门、各环节工作质量的综合反映。其中任何一个环节、任何一个人的工作质量都会不同程度地直接或间接地影响着工程项目的质量。因此，全员参与质量控制，才能实现工程项目的质量控制目标。主要的工作包括以下几方面：

1）必须抓好项目参与人员的质量教育和培训。

2）要制定矿业项目中各部门、各级、各类人员的质量责任制，明确任务和职权，各司其职，密切配合，以形成一个高效、协调、严密的质量管理工作系统。

3）要开展多种形式的质量管理活动，充分发挥广大建设者的聪明才智，采取多种形式激发全员参与的积极性。

4.7　小结及学习指导

本章主要介绍了矿业工程项目质量管理的相关概念、基本原则和管理体系。首先，介绍了矿业工程项目质量管理的概述，强调了矿业工程项目质量管理的重要性和必要性。其次，阐述了矿山基建项目的质量和工期关系，指出了在矿业工程项目中，质量和工期是密不可分的，需要通过有效的质量管理措施来保证工程进度。接着，介绍了矿业工程项目质量控制的基本原则，包括质量目标的制订、质量责任的分配、质量计划的编制、质量检查的实施和质量记录的管理等方面。然后，详细介绍了矿业工程项目施工质量管理，包括质量控制的各个阶段和方法，以及在施工过程中需要注意的问题和应对措施。最后，介绍了矿业工程项目质量管理体系，以及在矿业工程项目中实施质量管理体系的重要性和效果。

课后习题

1. 矿业工程项目质量管理的概念是什么？它的主要目标是什么？

2. 矿山基建项目的质量与工期之间存在怎样的关系？如何才能实现质量与工期的平衡？

3. 矿业工程项目质量控制的基本原则是什么？请详细描述每个原则的含义和作用。

4. 矿业工程项目的设计阶段对于质量控制有哪些影响？请举例说明。

5. 矿业工程项目的施工质量管理包括哪些方面？请详细描述每个方面的内容和作用。

6. 矿业工程项目中最常见的质量问题是什么？如何解决这些问题？

7. 矿业工程项目质量管理体系的基本要素是什么？请描述每个要素的作用和关系。

8. 在矿业工程项目质量管理中，最重要的一个方面是什么？为什么？

第5章 矿业工程项目费用管理

5.1 矿业工程项目建设费用概述

5.1.1 工程项目建设费用的概念

1. 工程项目建设费用的含义

工程项目建设费用是指与工程项目建设相关支出的总称。对工程项目建设的各个参与单位而言，工程项目建设费用计算的目的是各不相同的，见表5-1。对于投资方或业主，进行工程项目建设费用计算的目的是估计和测算工程项目的投资数额，并为项目的投资效益评价、投资决策、融资方案的制订、建设资金的安排和工程发包等工作提供基础数据；而承包商和专业管理单位进行工程项目建设费用计算的目的则是为了控制工程项目的成本。

表 5-1 工程项目建设费用计算的目的

参与单位	工程项目建设费用计算的目的
投资方或业主	估计和测算工程项目的投资数额，并为项目的投资效益评价、投资决策、融资方案的制订、建设资金的安排和工程发包等工作提供基础数据
承包商	控制工程项目的成本
专业管理单位	

2. 工程项目建设费用管理的含义

工程项目建设费用管理是指对与工程项目相关支出的管理。对工程项目建设的各个参与单位而言，在进行工程项目建设费用管理的过程中的任务是各不相同的。工程项目建设主要参与单位在工程项目费用管理过程中的主要任务见表5-2。对于业主，在进行工程项目建设费用管理的过程中的主要任务是控制好工程项目的投资数额和节奏。对于施工单位，在进行工程项目建设费用管理的过程中的主要任务是控制好施工成本。对于设计单位，在进行工程项目建设费用管理的过程中的主要任务除了要控制好设计成本外，还要控制好设计方案对投资数额的需求。对于专业管理单位，在进行工程项目建设费用管理的过程中的主要任务除了要控制好本单位的管理成本外，还要为业主提供优质的工程项目投资管理服务。

表 5-2 工程项目建设主要参与单位费用管理的主要职务

参与单位	工程项目建设费用管理的主要任务
投资方或业主	控制好工程项目的投资数额和节奏
施工单位	控制好施工成本
设计单位	控制好设计成本
	控制好设计方案对投资数额的需求
专业管理单位	控制好本单位的管理成本
	为业主提供优质的工程项目投资管理服务

5.1.2 矿业工程项目的费用构成

矿业工程项目的费用由建筑安装工程费，设备及施工器具购置费，工程建设其他费用、预备费、建设期利息等组成，而矿业工程施工成本则主要指建筑安装工程费。

按照中华人民共和国住房和城乡建设部和中华人民共和国财政部联合发布的《建筑安装工程费用项目组成》(建标[2013]44号)的规定，建筑安装工程费用项目组成可按费用构成要素来划分，也可按造价形成划分。

具体组成内容如下。

1. 建筑安装工程费(按费用构成要素划分)

建筑安装费按照费用构成要素划分由人工费、材料(包含工程设备，下同)费、施工机具使用费、企业管理费、利润、规费组成。其中人工费、材料费、施工机具使用费、企业管理费和利润包含在分部分项工程费、措施项目费、其他项目费中。

1)人工费：指按工资总额构成规定，支付给从事建筑安装工程施工的生产工人和附属生产单位工人的各项费用。内容包括：

(1)计时工资或计件工资：是指按计时工资标准和工作时间或对已做工作按计件单价支付给个人的劳动报酬。

(2)奖金：指对超额劳动和增收节支支付给个人的劳动报酬。如节约奖、劳动竞赛奖等。

(3)津贴补贴：指为了补偿职工特殊或额外的劳动消耗和因其他特殊原因支付给个人的津贴，以及为了保证职工工资水平不受物价影响支付给个人的物价补贴。如流动施工津贴、特殊地区施工津贴、高温(寒)作业临时津贴、高空作业津贴等。

(4)加班加点工资：指按规定支付的在法定节假日工作的加班工资和在法定日工作时间外延时工作的加点工资。

(5)特殊情况下支付的工资：指根据国家法律、法规和政策规定，因病、工伤、产假、计划生育假、婚丧假、事假、探亲假、定期休假、停工学习、执行国家或社会义务等原因按计时工资标准或计时工资标准的一定比例支付的工资。

2)材料费：指施工过程中耗费的原材料、辅助材料、构配件、零件、半成品或成品、工程设备的费用。内容包括：材料原价、运杂费、运输损耗费、采购及保管费(含采购费、仓储费、工地保管费、仓储损耗)。工程设备是指构成或计划构成永久工程一部分的机电设备、金属结构设备、仪器装置及其他类似的设备和装置。

3)施工机具使用费：指施工作业所发生的施工机械、仪器仪表使用费或其租赁费。

(1)施工机械使用费：以施工机械台班耗用量乘以施工机械台班单价表示，施工机械台班单价应由折旧费、大修理费、经常修理费、安拆费及场外运费、人工费、燃料动力费、税费(指施工机械按照国家规定应缴纳的车船使用费、保险费及年检费等)七项费用组成。

(2)仪器仪表使用费：指工程施工所需使用的仪器仪表的摊销及维修费用。

4)企业管理费：指建筑安装企业组织施工生产和经营管理所需的费用。内容包括：

(1)管理人员工资；办公费；差旅交通费(包括有工地转移费以及管理部门使用的交通工具的油料、燃料费用等内容)。

(2)固定资产使用费：是指管理和试验部门及附属生产单位使用的属于固定资产的房屋、设备、仪器等的折旧、大修、维修或租赁费。

(3)工具用具使用费：是指企业施工生产和管理使用的不属于固定资产的工具、器具、家具、交通工具和检验、试验、测绘、消防用具等的购置、维修和摊销费。

(4)劳动保险和职工福利费；劳动保护费。

(5)检验试验费：是指施工企业按照有关标准规定，对建筑以及材料、构件和建筑安装物进行一般鉴定、检查所发生的费用，包括自设试验室进行试验所耗用的材料等费用。不包括新结构、新材料的试验费，对构件做破坏性试验及其他特殊要求检验试验的费用和建设单位委托检测机构进行检测的费用，对此类检测发生的费用，由建设单位在工程建设其他费用中列支。但对施工企业提供的具有合格证明的材料进行检测不合格的，该检测费用由施工企业支付。

(6)工会经费；职工教育经费；财产保险费。

(7)财务费：是指企业为施工生产筹集资金或提供预付款担保、履约担保、职工工资支付担保等所发生的各种费用。

(8)税金和其他：包括城市维护建设税、教育费附加以及地方教育附加等税金部分(但营业税已不在此列)；还包括技术转让费、投标费、法律顾问费、保险费等等。

5)利润：指施工企业完成所承包工程获得的盈利。

6)规费：指按国家法律、法规规定，由省级政府和省级有关权力部门规定必须缴纳或计取的费用，包括社会保险费(养老保险费、失业保险、医疗保险、生育保险、工伤保险)，住房公积金，工程排污费。

2.建筑安装工程费(按照工程造价形成划分)

建筑安装工程费按照工程造价形成顺序划分为分部分项工程费、措施项目费、其他项目费、规费、税金。分部分项工程费、措施项目费、其他项目费包含人工费、材料费、施工机具使用费、企业管理费和利润。

1)分部分项工程费：是指各专业工程的分部分项工程应予列支的各项费用。

(1)专业工程：是指按现行国家计量规范划分的房屋建筑与装饰工程、仿古建筑工程、通用安装工程、市政工程、园林绿化工程、矿山工程、构筑物工程、城市轨道交通工程、爆破工程等各类工程。

（2）分部分项工程：指按现行国家计量规范对各专业工程划分的项目。如房屋建筑与装饰工程划分的土石方工程、地基处理与桩基工程、砌筑工程、钢筋及钢筋混凝土工程等。

各类专业工程的分部分项工程划分见现行国家或行业计量规范。

2）措施项目费：是指为完成建设工程施工，发生于该工程施工前和施工过程中的技术、生活、安全、环境保护等方面的费用。内容包括：

（1）安全文明施工费

①环境保护费：是指施工现场为达到环保部门要求所需要的各项费用。

②文明施工费：是指施工现场文明施工所需要的各项费用。

③安全施工费：是指施工现场安全施工所需要的各项费用。

④临时设施费：是指施工企业为进行建设工程施工所必须搭设的生活和生产用的临时建筑物、构筑物和其他临时设施费用。包括临时设施的搭设、维修、拆除、清理费或摊销费等。

（2）夜间施工增加费：是指因夜间施工所发生的夜班补助费、夜间施工降效、夜间施工照明设备摊销及照明用电等费用。

（3）二次搬运费：是指因施工场地条件限制而发生的材料、构配件、半成品等一次运输不能到达堆放地点，必须进行二次或多次搬运所发生的费用。

（4）冬雨期施工增加费：是指在冬季或雨期施工需增加的临时设施、防滑、排除雨雪，人工及施工机械效率降低等费用。

（5）已完工程及设备保护费：是指竣工验收前，对已完工程及设备采取的必要保护措施所发生的费用。

（6）工程定位复测费：是指工程施工过程中进行全部施工测量放线和复测工作的费用。

（7）特殊地区施工增加费：是指工程在沙漠或其边缘地区、高海拔、高寒、原始森林等特殊地区施工增加的费用。

（8）大型机械设备进出场及安拆费：是指机械整体或分体自停放场地运至施工现场或由一个施工地点运至另一个施工地点，所发生的机械进出场运输、转移费用及机械在施工现场进行安装、拆卸所需的人工费、材料费、机械费、试运转费和安装所需的辅助设施的费用。

（9）脚手架工程费：是指施工需要的各种脚手架搭、拆、运输费用以及脚手架购置费的摊销（或租赁）费用。

措施项目及其包含的内容详见各类专业工程的现行国家或行业计量规范。

3）其他项目费

含暂列金额、计日工、总承包服务费等。

4）规费

含社会保险费、住房公积金、工程排污费等。

5）税金

营业税改征增值税后，建筑安装工程费已不再出现税金项目。建筑安装工程费用的税金是指国家税法规定应计入建筑安装工程造价内的增值税销项税额；城市维护建设税、教育费附加以及地方教育附加则计入企业管理费。

5.2 矿业工程项目投资

5.2.1 工程项目投资的影响因素

工程项目投资的多少主要受项目的产品方案、生产技术方案、生产规模、建设标准、工程项目选址、工程项目施工的管理水平等因素影响。

1. 项目的产品方案

产品方案(又称产品大纲)主要是指建设项目生产的主要产品的品种、规格、技术性能、生产能力以及同类产品不同规格、性能、生产能力的组合方案。对某些工业项目来说,产品方案还应包括辅助产品或副产品。

项目的产品方案对工程项目建设费用的影响最为巨大。因为项目的产品方案一旦确定,产品生产所需要的厂房和设备的类型就已经基本确定。如生产航天飞机的费用和生产纽扣的投入就不可相提并论。所以,工程项目费用管理的第一步应该是做好对项目产品方案的管理。进行项目产品方案的管理时应重点考虑以下四个因素。

1)产业政策

项目的产品方案应符合国家制定的产业发展政策和行业准入标准,优先选择国家鼓励发展的产品。因为国家鼓励发展的产品常常会获得国家在土地使用、税收、融资等方面的优惠,甚至可以直接获得国家的财政补贴。

2)市场需求情况

有市场的产品才有生命力。在金融危机中,大量工厂的倒闭就是对这一问题的最好说明。在进行产品的市场调查时要兼顾现实市场和潜在市场、国内市场和国外市场。

3)产品定位

产品定位主要指产品水平、档次、技术含量和主要服务对象。应优先考虑同类主流产品和主流技术。产品方案中确定的产品,应以该产品所处于导入期、上升期、成熟期为宜。应关注产品的寿命期和产品的后续发展。对于某些技术进步快、技术含量高、市场变化大、产品寿命期短的高新技术项目,还应考虑后续第二代、第三代产品发展的可能性,以保持企业的生命力和产品竞争力。

4)产品的优化组合情况

产品的优化组合是指主导产品与同类产品不同品种、规格、性能的优化配置,产品产量的合理组合。通过产品的优化组合往往可以提高项目投资的效益。

2. 生产技术方案

同样的产品,生产技术方案不同,对项目投资的需求也是不一样的,如裁缝店和现代化的服装厂同样可以生产服装,但二者的投资额度却有天壤之别。

在进行建设项目的生产技术方案选用时主要应该从技术方案的先进适用性、安全可靠性和经济合理性三个方面来考虑。

1）技术方案的先进适用性

建设项目的生产技术方案既要立足于高技术起点，又要防止盲目追求尚不成熟或仍处在试验阶段的新技术。衡量先进性的主要内容有：产品的水平和档次，属于哪个年代、哪一代产品；产品的性能和质量、产品的单位物耗和能耗指标；劳动生产率和成品率；装备水平和自动化程度等。衡量适用性的主要内容有：符合产品方案、产品技术性能、质量标准要求；能解决原料、燃料和关键配套件的协作供应；与技术、管理、操作人员团队的素质和能力相适应，对于技术改造项目，应与现有需继续使用的设备在性能上相互协调等。

2）技术方案的安全可靠性

安全可靠性是人的生命的保障、生产的保障，也是企业的保障，是"以人为本"思想在选择技术方案时的具体体现。安全可靠性是技术方案选择的重要原则。在产品技术进步和现代化大生产的条件下，在生产过程中任何技术环节的不协调，甚至存在缺陷和隐患，都将带来危及效益甚至人的生命的严重后果。

安全可靠性主要包括生产工艺过程的安全可靠、设备运行和操作的安全可靠、技术来源的安全可靠以及其对周围生态环境带来的危害影响是否能够控制和进行有效治理。主要工艺设备的选择和配置应在能够满足生产能力、生产工艺和产品技术标准要求的前提条件下，优先选用具有柔性性能和兼容性、适应同类产品的多品种生产的需要、节能降耗、符合环境保护规定和循环经济要求的国产或国内合资企业生产的产品。这样既可以保证技术来源的可靠，又为产品的更新换代留有余地，还可以使环境保护措施能够顺利实施，可以大大增强企业的市场应变能力。

3）技术方案的经济合理性

在注重所采用的技术先进适用、安全可靠的同时，应着重分析其是否经济合理，是否有利于降低项目投资和产品成本，提高综合效益。技术的采用不应为追求先进而先进，要综合考虑技术系统的整体效益，对于影响产品性能质量的关键部分、技术指标和工艺过程必须严格要求。如果专业设备和控制系统目前国内不能生产或不能保证产品应有的质量，那么成套引进先进技术和关键设备就是必要的。在考虑引进技术时，要受到财力、国力的限制，应顾及国家和企业的经济承受能力，视具体情况量力而行。

3. 生产规模

工程项目的生产规模是指项目建成投产后的产量，即产品生产的数量多少。同样的产品，采用同样的生产技术方案工程项目的投资会随着生产规模的增大而增加。

每一个建设项目都存在着一个合理的生产规模。生产规模合理，项目就可以取得较好的投资效益。相反，若一个项目即使选对了产品和生产技术方案，生产规模不合理，那么也无法实现预期的投资效益。因此，项目的生产规模的合理性不仅影响到项目的投资多少，而且关系着项目的成败。项目的生产规模的合理性主要受以下因素影响。

1）市场因素

市场因素是项目规模确定中需考虑的首要因素。产品生产的目的是销售，如果产品没有市场，那么产品生产就没有意义。因此，市场需求状况是确定项目生产规模的前提。

2）技术因素

先进的生产技术装备是项目规模效益赖以存在的基础，而技术管理水平也是规模效益能否发挥的重要影响因素。

3）环境因素

项目的建设、生产和经营离不开一定的社会经济环境。影响项目生产规模的主要环境因素有：政策因素、土地资源及协作条件、燃料动力供应情况及运输条件等。

4. 建设标准

建设标准主要指生产设备和工程建筑等方面的标准要求。建设标准的高低直接影响投资规模。一般来讲建设标准要求越高，所需要的投资规模越大。工程项目的建设标准定得过高，会增加投资，甚至会脱离财力和物力的承受能力；标准水平定得过低，则会达不到生产使用功能的要求，无法实现项目投资的目的。因此，建设标准水平应从我国目前的经济发展水平出发，区别不同地区、不同规模、不同等级、不同功能，合理确定，应该在满足生产使用功能要求的前提下，以"该高则高、能低则低、因地制宜、区别对待"为原则，重点解决好如何满足生产工艺及维护管理对生产条件、生产环境的要求问题。

5. 工程项目选址

工程项目选址包括对建设地区及建设地区内的建设地点选择。

1）建设地区的选择

建设地区选择得合理与否，在很大程度上决定着拟建项目的命运，影响着工程项目投资的高低。建设工期的长短、建设质量的好坏，还影响到项目建成后的经营状况。因此，建设地区的选择要充分考虑各种因素的制约，具体要考虑以下因素：

（1）要符合国民经济发展的战略规划、国家工业布局总体规划和地区经济发展规划的要求。

（2）要根据项目的特点和需要，充分考虑原材料供应、能源条件、水源条件、各地区对项目产品的需求及运输条件等。

（3）要综合考虑气象、地质、水文等建厂的自然条件。

（4）要充分考虑劳动力来源、生活环境、协作、施工力量、风俗文化等社会环境因素的影响。

在综合考虑上述因素的基础上，建设地区的选择要遵循以下基本原则：

（1）尽可能靠近原料、燃料提供地和产品消费地。

（2）工业项目适当聚集。

（3）劳动力成本尽量低。

2）建设地点（厂址）的选择

建设地点的选择是一项极为复杂的技术经济综合性很强的系统工程，它不仅涉及项目建设条件、产品生产要素、生态环境和未来产品销售等重要问题，受社会、政治、经济、国防等多因素的制约；而且还直接影响到项目建设投资、建设速度和施工条件，以及未来企业的经营管理及所在地点的城乡建设规划与发展。因此，必须从国民经济和社会发展的全局出发，运用系统观点和方法分析决策。

（1）选择建设地点的要求。

①节约土地。

②应尽量选在工程地质、水文地质条件较好的地段。

③厂区土地面积与外形能满足厂房与各种构筑物的需要，并适合于按科学的工艺流程布置厂房与构筑物。

④厂区地形力求平坦而略有坡度(一般 5%～10%为宜)，以减少平整土地的土方工程量，节约投资，又便于地面排水。

⑤应靠近铁路、公路、水路，以缩短运输距离，减少建设投资。

⑥应便于供电、供热和其他协作条件的取得。

⑦应尽量减少对环境的污染。

(2)厂址选择时的费用分析。

除上述的厂址选择的定性条件比较外，还应该进行厂址的多方案技术经济分析，对项目的建设地点进行优化。在进行厂址的多方案技术经济分析时要做到：

①项目投资费用比较。

②项目投产后的生产经营费用比较。

6. 工程项目施工的管理水平

工程项目的施工过程是项目投资数量最大的阶段，如果加强对工程项目施工的管理，可以节约部分投资。例如，采用招标选择承包商，就可以通过承包商之间的竞争来降低工程造价。

5.2.1　矿业工程项目投资构成及特点

1. 矿业工程项目投资构成特点

1)矿业工程基本建设投资数额巨大

矿业工程基本建设由矿建工程、土建工程、安装工程等单项工程组成。因此，相比一般的建设工程项目，其建设工程投资数额巨大，动辄上千万，数十亿。建设工程投资数额巨大的特点使它关系到国家、行业或地区的重大经济利益，对国计民生也会产生重大的影响。

2)矿业工程基本建设项目间差异大

矿业工程基本建设投资项目之间、项目的内容间差异明显，每个建设工程都有其特定的用途、功能、规模，每项工程的结构、空间分割、设备配置和内外装饰都有不同的要求，工程内容实物形态都有其差异性。

矿业工程每个建设工程都有专门的用途，如地面工程、矿山井巷工程、井上下的机电设备安装工程等，所以其结构、面积、造型和装饰也不尽相同。因此，建设工程只能通过不同的程序，就每项工程单独计算其投资。

3)矿业工程基本建设投资确定依据复杂

矿业工程在不同的建设内容和不同的建设阶段有不同的确定依据，且互为基础和指导，互相影响，包括预算定额、概算定额(指标)、估算指标间的关系等；还有矿建工程的定额及投资估算指标与土建安装工程的定额及投资估算指标等。

4)矿业工程基本建设投资确定层次繁多

矿业工程基本建设由矿建工程、土建工程、安装工程等单项工程组成。各单项工程又可分解为各个能独立施工的单位工程，如矿建工程又可分为井筒工程、井下巷道工程、井下硐室工程等。以下又分解为分部工程。然后还可按照不同的施工方法、构造及规格，把分部工程更细致地分解为分项工程。可见基本建设投资的确定层次繁多。

5)矿业工程基本建设投资风险大、调整状况较多

矿业项目经过的环节多，从勘察开始，到建设投产，涉及资源、地质、政策、环境等方面的风险。项目建设从立项到竣工的较长期间，都会出现一些不可预料的变化因素和对项目投资产生的影响。仅以地质风险而言，目前不能掌握项目所需要地质资料和不能控制或解决的地下施工困难的状况相对比较多。由此造成的工程设计变更，设备、材料、人工价格变化，国家利率、汇率调整，以及因不可抗力或因人为原因造成的索赔事件等，必然要引起建设工程投资的变动。所以，矿山建设项目投资在整个建设期内都有较多变动。

2. 矿业工程项目投资构成

矿业工程的项目费用，由建筑安装工程费、设备及工器具购置费、工程建设其他费用和预备费构成。矿业工程项目投资一般包括的内容如图 5-1 所示。

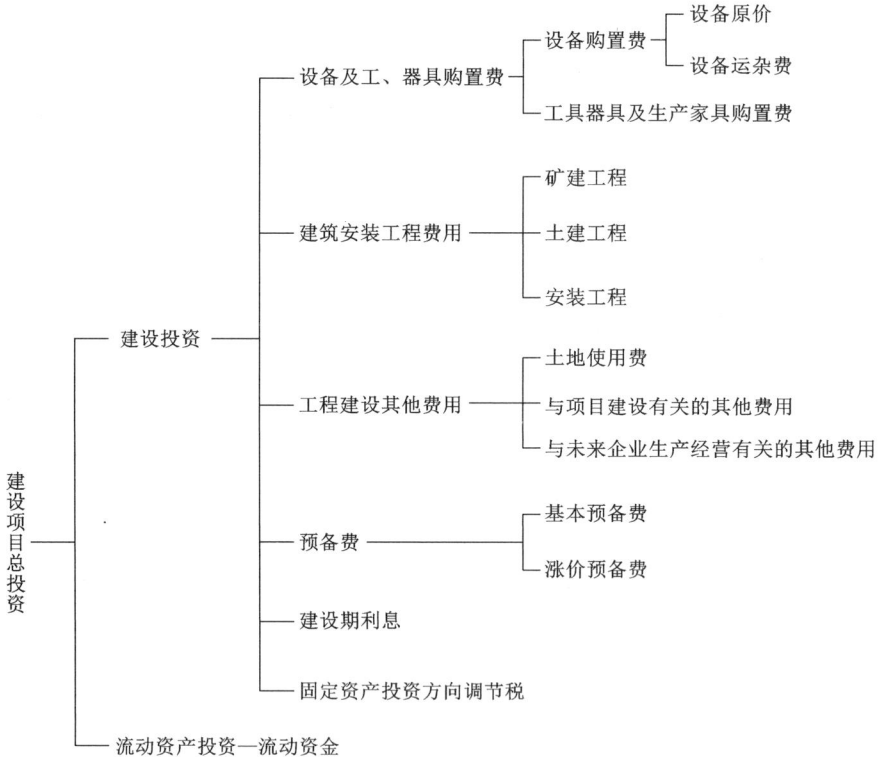

图 5-1 矿业建设工程项目投资构成图

3. 工程建设其他费用

在矿业工程项目建设中，列入其他费用的除通常内容外，还应特别注意的有以下几项：
1)通用性项目
环境影响评价费、安全生产评价费等。

2)专业性项目

(1)采矿权转让费：系指获得采矿权所支付的采矿使用费、采矿权价款、矿产资源补偿费和资源税等费用。

(2)地质灾害防治费：指对矿山地质环境恢复治理、地质灾害防治所发生的费用。

(3)井筒地质检查钻探费：是指建设工程在井筒开工前，为了解井筒所在位置的地质及水文情况所需的钻探费用。

(4)探矿权转让费：指建设单位支付精查、详查(最终)、普查(最终)、扩大延深、补充勘探、矿区水源勘探及补充地震勘探阶段全部技术资料的费用。

(5)维修费：指井下锚喷支护巷道、木支架巷道和工业广场永久建筑工程及外部公路建成后至移交生产前，由施工单位使用和代管期间的维修费。

(6)矿井井位确定费：指测量、标桩灌注等费用。

5.2.2　矿业工程项目投资的影响因素

1.项目决策阶段影响工程投资的因素

1)项目合理规模的确定

制约项目规模合理化的因素有矿产资源和资源条件因素、市场因素、技术因素、环境因素等。

(1)矿产资源和资源条件因素

矿产作为国家资源首先要根据国家政策的要求，包括整体经济政策、资源开发与资源保护政策等，并按照相应的开发计划确定项目的合理规模；矿山项目规模的确定还要考虑井田地质构造、可采的矿产资源储量、矿层的稳定性及开发技术的可行性等资源条件因素。

(2)市场因素

项目产品的市场需求状况是确定项目生产规模的前提。一般情况下项目的生产规模应以市场预测的需求量为限，并根据项目产品市场的长期发展趋势做相应调整。矿产市场和整个国家经济状况及国家政策有很大关系。

(3)技术因素

先进的生产技术及技术装备是项目规模效益赖以生存的基础，而相应的管理技术水平则是实现规模效益的保证。当然，先进技术和高水平管理需要有较高的投入，因此技术水平的投入总是和规模效益联系在一起的。

(4)环境因素

环境因素主要有政策因素，燃料动力供应，协作及土地条件，运输及通信条件等，其中政策因素，包括产业政策、投资政策、金融政策、地区及行业经济发展规划等对投资矿山建设有较大影响。

2)建设标准水平的确定

建设标准的主要内容有：建设规模、占地面积、工艺装备、建筑标准、配套工程、劳动定员等方面的标准或指标。建设标准是编制、评估、审批项目可行性研究的重要依据，是衡量工程造价是否合理及监督检查项目建设的客观尺度。

建设标准水平应从我国目前的经济发展水平出发，区别不同地区、不同规模、不同等级、不同功能，合理确定。

3）建设地点的选择

矿山建设的项目地点首先是受资源条件所决定；项目建设的地点选择还受建设条件、产品销售等社会、政治、经济、国防等多因素的制约。同时，建设的地点选择还直接影响到项目的建设条件，矿山项目的建设地点甚至还关系到开发地的城乡建设规划与发展。

4）工程技术方案的确定

工程技术方案的确定主要包括生产工艺方案的确定和主要设备的选择两部分内容。

生产工艺方案的确定主要有两项标准：先进适用和经济合理。

主要设备的选用应注意先进性外，还应特别考虑配套问题，注意进口设备之间以及与国内原材料、设备、维修配件、维修能力等方面的配套问题。

2.项目设计阶段影响工程投资的因素

1）总平面设计

总平面设计是否合理对于整个设计方案的经济合理性有重大影响。正确合理的总平面设计不仅可以减少建筑工程量，节约用地，加快建设进度，降低造价和项目运行后的使用成本，还可以为企业创造良好的生产条件和工作环境。

2）工艺设计

工艺设计包括建设规模、标准和产品方案，工艺流程和主要设备的选型，主要原材料、燃料供应；"三废"治理及环保措施；此外还包括生产组织及劳动定员情况等。它是确定企业技术水平的主要因素。

3）建筑设计

建筑设计要在合理考虑生产组织和施工条件的基础上，决定项目的平面、立体设计和结构方案的工艺要求。建筑设计不仅要满足各建(构)筑物的功能要求，还应使项目建筑形成良好的风格。

5.3　矿业工程项目费用的计算

5.3.1　矿业工程项目费用计算方法

1.矿业工程项目建筑安装费用构成特点

由于矿业工程项目工作内容的一些特殊性，因此其在构成上有一些独特的特点。

(1)一个完整的矿业工程项目，往往包括有矿井建设工程、地面建筑工程、机电安装工程，这些不同工程的构成内容、计费方法，都会有一定差异。

(2)实现一个矿山井巷工程项目，通常需要有较大量的、只是辅助于工程实体形成的费用消耗，这一部分费用同样也包括人工费、材料费、施工机具使用费等的基本内容。按以往习惯，这部分费用被称为井巷工程辅助费。

（3）所谓井巷工程辅助费，指井巷工程施工所发生的提升、给排水、通风、运输、照明供电、供热、其他等辅助系统的工程费用。也就是井巷施工所发生的提升等辅助系统工程的费用同样应分别列入建筑安装费中的人工费、材料费、施工机具使用费等费用。

（4）与井巷工程辅助费具有同样性质的，还有特殊凿井工程费用。特殊凿井工程费用指井筒工程采用冻结、大钻机钻井和地面预注浆等特殊凿井施工方法施工所发生的费用。

（5）矿山井巷工程项目过程中，还涉及一些通常项目没有的费用内容，如矿山救护、通风防尘等费用，以前都有其专门的费用项和专门的归类，仍可以参考或者沿用。

2.费用标准的适用范围

1）列入井巷工程费用标准范畴的工程内容（下同）

（1）立井井筒及硐室工程：适用于立井井筒，立井井筒与井底车场连接处，箕斗装载硐室及位于井筒中的硐室。

（2）一般支护井巷工程：适用于一般支护的斜井、斜巷、平硐、平巷及硐室工程。

（3）金属支架支护井巷工程：适用于施工企业自行制作（包括刷油）的金属支架支护的斜井、斜巷、平硐、平巷及硐室工程。

2）井下其他工程

井下铺轨工程：适用于井下铺轨、道岔铺设工程。

3）其他矿山工程

（1）特殊凿井工程：适用于井筒冻结、地面预注浆等特殊措施工程和大钻机钻井工程。

（2）露天剥离工程：适用于露天矿基本建设剥离工程。

4）地面土建工程

地面土建工程包括一般工业与民用建筑工程、基础等各种土建构筑物，地面轻轨铺设工程，大型土石方工程等。

5）安装工程

安装工程包括地面安装工程与井下安装工程。井下安装工程包括井筒装备（含辅助工程）、井下机电设备设施安装和管线敷设等工程。

3.矿业工程费用计算的若干规定

以下是金属矿行业费用计算的若干规定。

1）井巷工程和井下铺轨工程

根据矿井施工特点，井巷工程和井下铺轨工程的临时设施费分为井筒期（一期）、巷道期（二、三期）和尾工期，并按地区类别不同而异，其划分原则与井巷工程辅助费定额的规定相同。

2）特殊凿井工程、地面土建工程和安装工程

特殊凿井工程、地面土建工程和安装工程的企业管理费、利润的计算均按人工费的费率计取。

5.3.2　矿业工程定额体系

1. 工程定额体系的构成

矿业工程定额体系可以按照不同的原则和方法对其进行分类，如图 5-2 所示。

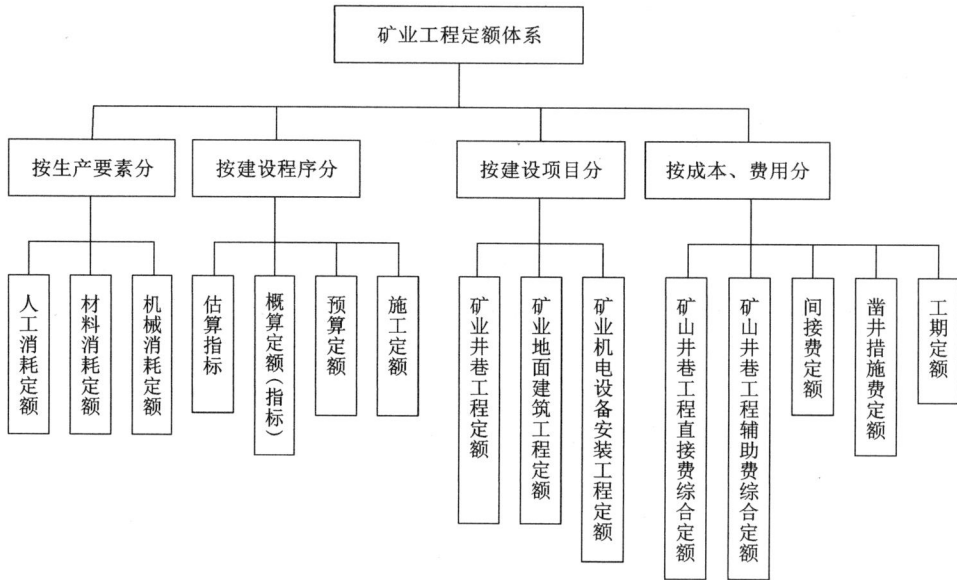

图 5-2　矿业工程定额体系

2. 矿业工程常用定额分类

1）按反映的物质消耗的内容分类

（1）人工消耗定额：完成一定合格产品所消耗的人工的数量标准。

（2）材料消耗定额：完成一定合格产品所消耗的材料的数量标准。

（3）机械消耗定额：完成一定合格产品所消耗的施工机械台班数量标准。

2）按建设程序分类

（1）施工定额

施工定额是在正常的施工技术和组织条件下，以工序或施工过程为对象，按平均先进水平制定的为完成单位合格产品所需消耗的人工、材料、机械台班的数量标准。施工定额是工程建设定额中分项最细、定额项目最多的一种定额。

（2）预算定额

预算定额是完成规定计量单位分项工程计价的人工、材料、施工机械台班消耗量的标准；是统一预算工程量计算规则、项目划分、计量单位的依据；是编制地区单位计价表、确定工程价格、编制施工图预算的依据；也是编制概算定额（指标）的基础；也可作为制订招标工程标底、企业定额和投标报价的基础。预算定额一般适用于新建、扩建、改建工程。

（3）概算定额

概算定额是在预算定额基础上以主要分项工程并综合相关分项的扩大定额，是编制初步设计概算的依据，还可作为编制施工图预算的依据，也可作为编制估算指标的基础。

（4）估算指标

估算指标是编制项目建议书、可行性研究报告投资估算的依据，是在现有工程价格资料的基础上，经分析整理得出的。估算指标为建设工程的投资估算提供依据，是合理确定项目投资的基础。

3）按建设工程内容分类

（1）矿业地面建筑工程定额

矿业地面建筑工程定额采用我国通用的土建定额、装饰定额等。

（2）矿业机电设备安装工程定额

矿业机电设备安装工程定额采用国家同类内容。矿业特殊凿井工程定额计算时的计价程序与安装工程的相同。

（3）井巷工程定额

井巷工程定额是矿业专业定额。井巷（包括露天）工程的计价程序与土建工程的相同。

4）按定额的适用范围分类

可分为国家定额、行业定额、地区定额和企业定额。

（1）国家定额是指国家建设行政主管部门组织在全国范围内使用的定额。目前我国的国家定额有土建工程基础定额、安装工程预算定额等。

（2）行业定额是指由行业建设行政主管部门组织、在本行业范围内使用的定额。目前我国的各行业几乎都有自己的行业定额。

（3）地区定额是指由地区建设行政主管部门组织、在本地区范围内使用的定额。目前我国的地区定额一般都是在国家定额的基础上编制的地区单位计价表。

（4）企业定额是指由施工企业根据本企业的人员素质、机械装备程度和企业管理水平，参照国家、部门或地区定额进行编制，只在本企业投标报价时使用的定额。企业定额水平一般高于国家、行业或地区定额，才能适应投标报价，增强市场的竞争能力。

5）按构成工程的成本和费用分类

按构成工程的成本和费用分类，可将定额分为人工定额、材料定额、施工机械定额和企业管理费、财务费用和其他费用定额以及构成工程建设其他费用的定额（土地征用费、拆迁安置费、建设单位管理费定额等）。

5.4　矿业工程项目建设费用计划管理

5.4.1　矿业工程项目建设费用计划的概念

矿业工程项目建设费用计划是指矿业工程项目费用在工程实施的各个工作单元或工作时间段上的分配计划。如果没有矿业工程项目建设资金的使用计划，项目业主将无法制订工程项目建设的资金筹措和供应计划及费用控制计划，如果没有合理的矿业工程项目建设资金供应计划就有可能造成矿业工程项目建设过程中的资金供应跟不上，从而导致矿业工程项目建设无法继续进行。因此，矿业工程项目建设费用计划是矿业工程项目建设过程中进行资金安排和费用控制的基础资料，是直接关系到矿业工程项目建设能否顺利进行、费用控制工作能否有效开展、工程费用控制目标能否实现的重要工程文件。矿业工程项目管理人员必须认真做好工程项目建设费用计划的编制工作。

计划是管理的基础。费用计划管理的工作内容可以分为费用计划策划和费用计划编制两个部分。费用计划策划主要是根据工程项目管理任务的需要对工程项目管理过程中涉及的费用类型、需要编制哪些费用计划等工作进行总体策划。

5.4.2 矿业工程项目建设费用计划的分类

矿业工程项目建设费用计划按照不同的分类方法可以得出不同的结果。

1）按照矿业工程项目建设费用计划编制的目的分类

按照矿业工程项目建设费用计划编制的目的可以将矿业工程项目建设费用计划分成矿业工程项目建设资金使用计划、资金筹措计划、资金供应计划和费用控制计划等多种类型。

2）按照工程项目建设费用管理的主体分类

按照矿业工程项目建设费用管理主体的类型可以将矿业工程项目建设费用计划分成项目投资者的投资计划，项目业主的资金筹措计划，资金供应计划和费用控制计划，承包商的成本控制计划，监理单位的费用控制计划等多种类型。

5.4.3 矿业工程项目建设费用计划编制的依据

矿业工程项目建设费用计划一般根据以下资料进行编制：

（1）拟建工程的工程造价文件。

（2）拟建工程的工作单元分解结果。

（3）拟建工程建设的实施进度计划。

5.4.4 矿业工程项目建设费用计划的编制方法

矿业工程项目建设费用计划的编制方法要根据矿业工程项目建设费用计划的类型来确定，不同类型的矿业工程项目建设费用计划的编制方法也不同。

1）项目的资金需求计划

项目的资金需求计划可以分为子项目资金需求计划和在时间上的资金需求计划。工程项目的子项目资金需求计划可以根据项目的估算、设计概算、施工图预算等工程造价文件分类汇总进行编制。工程项目在时间上的资金需求计划可以根据工程项目的子项目资金需求计划和各子项目的建设进度计划综合编制。

2）项目的投资计划

工程项目的投资计划可以由项目的估算、设计概算、施工图预算等工程造价文件分类汇总得出。

3）项目的资金使用计划

工程项目的资金使用计划一般根据项目的估算、设计概算、施工图预算等工程造价文件和工程项目的建设进度计划进行编制，先根据项目的估算、设计概算、施工图预算等工程造价文件分类汇总得出各子项目的资金需求计划，再根据各子项目的资金需求计划及工程项目的建设进度计划编制出项目的资金使用计划。

4）项目的资金供应计划

工程项目的资金供应计划一般根据项目的资金需求计划编制，以保证工程项目的建设需要为前提，同时应该有一定的提前量，以便为资金筹措留有余地。

5）项目的费用控制计划

工程项目的费用控制计划一般根据项目的资金使用计划编制，应该包括目标控制计划和费用控制措施计划两个部分。目标控制计划应该将工程项目的费用目标控制在资金使用计划的范围之内，费用控制措施计划应该以保证费用目标控制计划的实现为前提，同时应该留有余地，以防由于控制措施的考虑不周造成项目的目标控制计划无法实现。

6）项目的其他费用计划

工程项目建设费用计划的类型非常繁多，除了上述的费用计划类型之外，还有许多其他类型的费用计划。这些类型的费用计划编制的总体原则是以满足工程需要和保证费用计划编制目的的实现为前提。

5.5　矿业工程施工成本及计价方法

5.5.1　工程量变更及其计算的规定

1.工程项目合同价款调整的事项及程序

工程量变更是引起合同原价款调整的重要原因，但是，造成合同价款调整的因素还有许多，包括发承包双方的约定内容。

1）当下列事项发生，发承包双方应当按照合同约定调整合同价款：

（1）法律法规变化。

（2）工程变更。

（3）项目特征不符。

（4）工程量清单缺项。

（5）工程量偏差。

（6）计日工。

（7）物价变化。

（8）暂估价。

（9）不可抗力。

（10）提前竣工（赶工补偿）。

（11）误期赔偿。

（12）索赔。

（13）现场签证。

（14）暂列金额。

（15）发承包双方约定的其他调整事项。

2）合同价款调整的程序

（1）出现合同价款调增事项（不含工程量偏差、计日工、现场签证、索赔）后的14天内，承包人应向发包人提交合同价款调增报告并附上相关资料。

（2）出现合同价款调减事项（不含工程量偏差、施工索赔）后的14天内，发包人应向承包人提交合同价款调减报告并附相关资料。

（3）发包人与承包人对合同价款调整的不同意见不能达成一致，只要对承发包双方履约不产生实质影响，双方应继续履行合同义务，直到其按照合同约定的争议解决方式得到处理。

（4）经发承包双方确认调整的合同价款，作为追加（减）合同价款，与工程进度款或结算款同期支付。

2. 矿山工程项目合同价款调整

工程变更费用计算的有关规定和相关合同价款调整原则的内容包括：

（1）施工中出现施工图纸（含设计变更）与招标工程量清单项目的特征描述不符，应按照实际施工的项目特征，重新确定相应工程量清单项目的综合单价，并调整合同价款。

（2）因工程变更引起已标价工程量清单项目或其工程数量发生变化时，应按下列规定调整：

①已标价工程量清单中有适用于变更工程项目的，应采用项目的单价，按合同中已有的综合单价确定。

②已标价工程量清单中没有适用但有类似于变更工程项目的，可在合理范围内参照类似项目的单价。

③已标价工程量清单中没有适用也没有类似于变更工程项目的，由承包人根据变更工程资料、计量规则和计价办法、工程造价管理机构发布的信息价格和承包人报价浮动率提出变更工程项目的单价，报发包人确认后调整。

承包人报价浮动率可分别按招标工程和非招标工程的不同计算公式计算。

④已标价工程量清单中没有适用也没有类似于变更工程项目，且工程造价管理机构发布的信息价格缺价的，由承包人根据变更工程资料、计量规则、计价办法和通过市场调查等取得有合法依据的市场价格提出变更工程项目的单价，报发包人确认后调整。

（3）工程变更引起施工方案改变并使措施项目发生变化时，承包人提出调整措施项目费的，应事先将拟实施的方案提交发包人确认，并应详细说明与原方案措施项目相比的变化情况。拟实施的方案经发承包双方确认后执行，并按照规范规定调整措施项目费。

（4）对于招标工程量清单项目，当应予计算的实际工程量与招标工程量清单出现的偏差和工程变更等原因导致的工程量偏差超过15%时，可进行调整。当工程量增加15%以上时，增加部分的工程量的综合单价应予调低；当工程量减少15%时，减少后剩余部分的工程量的综合单价应予调高。

（5）合同履行期间，因人工、材料、工程设备、机械台班价格波动影响合同价款时，应根据合同约定，按规范规定的方法调整合同价款。

5.5.2　矿业工程工程量清单的构成特点

1.关于增值税改革及其对工程量清单构成的影响

1）关于增值税改革

财政部、国家税务总局发文《关于全面推开营业税改征增值税试点的通知》（财税〔2016〕36号）规定，建筑业等全部营业税纳税人，从2016年5月1日起由缴纳营业税改为缴纳增值税（以下简称"营改增"）；其中，对建筑业等的一般纳税人征收11%（增值税税率）的增值税；小规模纳税人可选择简易计税方法征收3%（增值税征收率）的增值税。"营改增"的目的是为规范税制，合理负担。"营改增"对工程造价的影响，简单而言就是实施"价税分离"的原则。

2）建筑业"营改增"后的工程计价方法

建筑业"营改增"后的工程计价方法可以有两种，即一般计税方法计税的工程造价和简易计税方法计税的工程造价。

（1）适用一般计税方法计税的工程造价

该方法以"价税分离"计价规则进行。工程造价的计算公式是：

$$工程造价 = 税前工程造价 \times (1 + 11\%)$$

其中：11%为建筑业适用增值税税率，税前工程造价为人工费、材料费、施工机具使用费、企业管理费、利润和规费之和，各费用项目均以不包含增值税可抵扣进项税额的价格计算，相应计价依据按上述方法调整。企业管理费包括预算定额的原组成内容，城市维护建设税、教育费附加以及地方教育费附加，"营改增"增加的管理费用等。建筑安装工程费用的税金是指国家税法规定应计入建筑安装工程造价内的增值税销项税额。

（2）适用简易计税方法计税的工程造价

适用简易计税方法计税的工程，采用3%的增值税征收率。简易计税方法的应纳税额是指按照销售额和增值税征收率计算的增值税额，不得抵扣进项税额。应纳税额的计算公式为：应纳税额=销售额×征收率。试点纳税人提供建筑服务适用简易计税方法的，以取得的全部价款和价外费用扣除支付的分包款后的余额为销售额。

适用简易计税方法计税的情况为：小规模纳税人发生应税行为、一般纳税人以清包工方式提供的建筑服务、一般纳税人为甲供工程提供的建筑服务、一般纳税人为建筑工程老项目（开工日期在2016年4月30前的建筑工程项目）提供的建筑服务。

2.适用于一般计税方法的工程量清单构成

建筑业实现"增值税"后，必然要求原先按税前造价计算的方法改变为采用包含税金的全费用单价才适应"营改增"后的计价需要。相关部门已根据住房与城乡建设部《关于进一步推进工程造价管理改革的指导意见》中"推行工程量清单全费用综合单价"的要求，对《建设工程工程量清单计价规范》GB50500—2013中关于工程量清单的组成等的个别条文进行了修改。

工程量清单是指载明建设工程的分部分项工程项目、措施项目、其他项目的名称和相应数量等内容的明细清单（已无规费、税金项目）。在建设工程发承包及实施过程的不同阶段，可分别称为招标工程量清单、已标价工程量清单等。招标工程量清单应由具有编制能力的招标人或受其委托的具有相应资质的工程造价咨询人编制。

（1）分部分项工程项目清单必须载明项目编码、项目名称、项目特征、计量单位和工程数量。

（2）措施项目清单必须根据相关工程现行国家计量规范的规定编制。

（3）其他项目清单应按照下列内容列项：

①暂列金额是指招标人在工程量清单中暂定的、并包括在合同价款中的一笔款项。用于工程合同签订时尚未确定或不可预见的所需材料、工程设备、服务的采购，施工中可能发生的工程变更、合同约定调整因素出现时的工程价款调整以及发生索赔、现场签证确认等的费用。

②暂估价是指招标人在工程量清单中提供的用于支付必然发生但暂时不能确定价格的材料、工程设备的单价以及专业工程的金额。

③计日工是指在施工过程中，承包人完成发包人提出的工程合同范围以外的零星项目或工作，按合同中约定的单价计价的一种方式。

④总承包服务费是指总承包人为配合协调发包人进行的专业工程发包，对发包人自行采购的材料、工程设备等进行保管以及施工现场管理、竣工资料汇总整理等服务所需的费用。

5.5.3 矿业工程工程量清单的计价方法

1. 工程量清单计价的基本过程

工程量清单计价的基本过程可以描述为在统一的工程量计算规则的基础上，制订工程量清单项目设置规则，根据具体工程的施工图纸计算出各个清单项目的工程量，再根据各种渠道所获得的工程造价信息和经验数据按工料单价法或综合单价法计算得到工程造价。

2. 工程量清单计价的方法

1）工料单价计价法

工料单价计价法是定额计价模式采用的方法。

2）综合单价计价法

工程量清单计价模式应采用综合单价计价。建筑业营业税改征增值税后，综合单价是指完成一个规定清单项目所需的人工费、材料和工程设备费、施工机具使用费、企业管理费、利润、规费、税金及一定范围内的风险费用。建设工程发承包及实施阶段的工程造价由分部分项工程费、措施项目费、其他项目费、规费和税金五部分组成。

3. 招标控制价与投标价的概念

招标控制价是招标人根据国家或省级、行业建设主管部门颁发的计价依据和办法，以及相关的招标文件和招标工程量清单，结合工程具体情况编制的招标工程最高投标限价。投标价则指投标人投标时响应招标文件要求所报出的对已标价工程量清单汇总后标明的总价，投标人必须按招标工程量清单填报价格。已标价工程量清单则是指构成合同文件组成部分的投标文件中已标明价格，且承包人已确认的工程量清单。

4. 综合单价确定及相关规定

1）分部分项工程和措施项目中的单价项目，应根据招标文件和招标工程量清单项目中的特征描述及要求确定综合单价。

2）措施项目中的总价项目计价应根据招标文件及拟建工程的施工组织设计或施工方案确定。措施项目中的安全文明施工费必须按国家或省级、行业建设主管部门的规定计算，不得作为竞争性费用。

3）其他项目计价：暂列金额和专业工程暂估价应按招标工程量清单中列出的金额填写；材料、工程设备暂估价应按招标工程量清单中列出的单价计入综合单价；计日工和总承包服务费按招标工程量清单中列出的内容和要求计算。材料（设备）暂估价、确认价均应为除税单价，结算价格差额只计取税金。专业工程暂估价应为"营改增"后的工程造价。

4）建设工程发承包，必须在招标文件、合同中明确计价中的风险内容及其范围，不得采用无限风险、所有风险或类似语句规定风险内容及范围。风险幅度确定原则：风险幅度均以材料（设备）、施工机具台班等对应除税单价为依据计算。

5）对于"营改增"后适用一般计税方法计税的建筑工程，在发承包及实施阶段的各项计价活动，包括招标控制价的编制、投标报价、竣工结算等，除税务部门另有规定外，必须按照"价税分离"计价规则进行计价，具体要素价格适用增值税税率执行财税部门的相关规定。规定在建筑业"营改增"后选择适用简易计税方法计税的建筑工程，在发承包及实施阶段的各项计价活动，可参照原合同价或"营改增"前的计价依据执行，并执行财税部门的规定。

5.6 矿业工程成本控制

5.6.1 矿业工程施工成本控制的环节

1. 矿业工程施工中的成本管理

1）成本管理的基础工作

（1）预算管理。

施工图预算是安排施工计划、统计工作量、办理工程结算和考核工程成本的依据。施工前要认真编制出施工图预算，做到每项工程有预算。施工中，施工条件或设计有较大变化时，应及时调整预算。

（2）定额管理。

对主要材料消耗、劳动工日耗用、工具使用及费用支出，制定合理的定额和开支标准。

（3）计量工作。

为企业组织生产和经济核算提供可靠数据，是进行经济活动的必要条件。应做到出、入库计量准确，定期盘点，保证账、物、卡相符。

（4）原始记录。

原始记录反映企业经济活动的原始动态。原始记录有用工情况、主要材料消耗、机械设备运转、单位工程预算及班组核算等记录。应做到准确齐全、充分利用。

2）成本预测和成本计划

成本预测内容有总成本预测、成本项目预测和管理费预测。成本预测可为成本计划的编制提供依据。

3）成本控制与核算

成本控制是在成本形成过程中，对各项施工生产经营活动进行指导、限制和监督，发现偏差，并采取措施纠正，使各项施工生产耗费控制在原来规定的范围之内。

组织成本核算时，要求按经济用途（即成本项目）对生产费用进行划分。

2. 矿业工程施工中的成本控制

1）成本控制原则

成本控制要实行开源和节流相结合的原则；责、权、利相结合的原则和职能控制的原则。

2）工程项目的成本控制

项目施工中对成本的控制最终都要落实到施工现场上来，加强施工现场成本的有效控制，其关键在于建立项目部及全体人员参与的施工项目成本综合管理与控制的网络系统。工程项目的成本控制的具体措施包括组织措施、技术措施、合同措施以及经济措施。

5.6.2　永久建筑物利用与已竣工工程的实物管理方法

1. 永久建筑物利用的一般概念

1）利用永久设施建井的条件

（1）利用永久设施的意义。

矿山工程建设的辅助生产系统与采矿生产有许多相似的内容，利用这些辅助设施，既为矿山建设工程的施工提供了便利，也为这些设施早日发挥作用提供了条件。矿山工程建设是需要一定建设周期的，建设工程投资是一个渐进的过程，对于已经建成的竣工工程，在建该项目建成移交前也存在着维护看管的问题。因此利用已竣工工程和永久设备服务于基建工程，有利于减少建设成本的重复投入，同时也赢得施工准备的时间，使建设、施工双方共赢。

（2）利用永久设施的依据。

为了明确建设和承包施工方在利用永久建筑物、永久设备所连带的经济利益关系，国家有关主管部门的文件指出，建设工程概算指标的"凿井措施工程费指标"项目的编制，应考虑利用部分永久工程的情况。

2）永久设施利用的要求

（1）加强已竣工的单位工程实物管理。

一般来说，竣工验收后的实物应由建设单位负责管理，必要时也可委托施工单位代为管理。施工单位需要暂时使用的已竣工单位工程，应与建设单位订立协议，明确管理责任和经济责任，并在移交前重新全面整修，所有维修费用应由使用单位列入施工成本。如果施工单位作为营利性用途，那么应实行有偿使用的办法，补偿经费移交时一并纳入建设单位。

（2）做好停建、缓建项目和工程报废的处理。

对于矿山井巷工程因地质、自然条件变化造成部分设施失去使用价值时，应按规定做好技术鉴定工作,附相关技术文件(资料、图纸、价值计算以及报废原因等),报经主管部门批准,不得擅自处理。报废工程损失属无效投资支出,计入单项工程成本。

2. 实施的基本办法

矿井施工与矿井生产过程有许多类似的内容,因此矿井施工项目可以利用生产设施、设备、动力,甚至场地、生活条件等方面的内容。施工过程利用即将形成的生产条件,这不仅有利于施工,也有利于企业建设。

依据矿山工程造价费用定额的现行规定,施工方利用永久建筑工程和设备的费用来源包括:

(1)属于施工准备工程的工作是指项目施工准备阶段的"四通一平"工程。"四通一平"工程和设备准备属于发包人的工作,也可以委托给承包人办理,但其费用应由发包人承担负责。承包方在利用这部分永久工程和设备时是可以无偿使用的。到移交生产前,由施工单位使用和代管期间的维护费用,可以列入建设工程其他费用指标,该项费用由建设单位安排使用。

(2)承包方使用属于凿井措施工程费范围内的永久工程和设备,原则上是无偿使用的,在工程项目实施过程中建设单位应统筹安排,尽量提供给施工单位使用。如绞车房、提升机、井上下变电所及其相关设施、井架等。

(3)属于临时设施费范围内的工程,一般其费用来源是措施项目费项下的现场经费。中标工程报价或工程量清单报价中已包含了此项费用,承包方在使用这部分永久工程时,其费用由承包方承担,具体支付数额和方式,双方在合同中约定。如压风设备、排水设施等。

(4)利用永久压风管路供热、矿灯、充电机车运输和永久轨道等永久工程和设备时,属于辅助车间服务费项下的内容,应由承包方负责支出。

(5)利用永久压风机房设备,列入机械费,由承包方负责支出。

(6)利用永久建筑工程维修补助费,按工业广场内永久建筑工程造价的 0.5%计算,由建设单位安排和使用。

5.6.3 永久设备的利用和施工器具购置及管理方法

1. 永久设备、器具的购置和管理

1)设备购置管理

矿山工程项目的设备投入占有较大比例。因此设备购置和管理对项目的成本控制具有重要意义。除设备管理的一般工作外,矿山工程项目应特别注意以下问题:

(1)设备购储的原则。

设备购储应在保证适时供应建设需要的基础上,以尽量降低购置费用为原则,并做到账物清楚,避免损失浪费。矿山工程项目的大型设备安装一般都安排在项目的最后阶段,因此购置项目的大型设备应按工程计划和工程进度情况合理安排,避免因过早的设备费用投入而占挤工程费用,影响施工进度或增加仓库保管费用和增加贷款利息费用。一般要求做到"专用设备优先于通用设备""成套设备优先于单体设备""大型设备优先于小型设备"。

(2)控制设备价格。

设备价格包括买价、运杂费、采购保管费、储备设备的储备借款利息、设备修配改费用、委托加工和自行加工费。

（3）施工器具的采购与管理。

施工器具（包括材料）的采购，一般均应根据施工进度的年度计划和依据初步设计与所附设备编制清册的年度财务计划办理；购置后的器具与材料应有规范的仓库管理和供应管理，并与会计核算一致，做到账、卡、物相符。

2）实物管理

（1）设备实物的正常管理包括库房管理、交付安装管理、竣工动用管理等内容。

（2）设计变更、缓停建工程、报废设备管理。因以上原因出现设备变更，应及时调整设备订购与购置，以及退货工作；对已列为投资完成的设备，应对账、卡进行及时处理，归入库存设备；对此类未动用的在库设备应列入设计变更积压设备，并积极设法利用或出售，其净损失列为待摊投资，计入本项目成本；对以后可用于其他项目的设备，应转为以后的年度储备设备。

2. 竣工工程和永久设备的使用管理方法

1）一般要求

（1）永久单位工程竣工后，要组织验收，并填制单位工程验收单，承包方利用已竣工单位工程应签订使用合同，明确维护、维修责任以及费用承担责任。待建设项目竣工移交时进行复验和交接，对已完工未利用的单位工程要指定单位维护看管确保完好无损。

（2）对于已利用的单位工程和永久设备，按"谁使用、谁保管、谁维护"的原则，在移交生产前由使用单位根据使用维护合同，负责维护和更新磨损的零部件，刷油喷漆达到完好条件，永久房屋要粉刷清理完好如初，移交给发包方或建设单位。

2）入库与退库管理

（1）对不需要安装的设备、工器具由承包单位保管的，当设备和工器具到货后，承包方应负责验收入库，编制清册，填制代为保管账单妥善保管，建设单位和承包单位应事先签订保管合同，并支付设备工器具原价的一定比例的保管费用。

（2）对由于设计变更造成的不符合实际需要设备和施工器具，应及时办理退库手续，交还发包方或建设单位。如需承包方保管的按上述办法处理。

3）承包单位自行购置器具管理的主要内容

对承包单位自行购置的施工器具管理工作，主要有以下几个环节：

（1）把好采购关：主要管理工作是严格清查库存情况，根据库存情况和项目之间的平衡、调剂，做出采购计划；严格执行"能自行加工的不采购、有代用型号不采购、能改制利用不采购、有超储积压的不采购"的规则。

（2）把好设备器具验收关：对进货设备和器具要严格进行验收，着重注意按设备器具清单和说明书严格检查验收质量、附件、备品、配件、附属工具。按订货合同检查到货时间是否符合合同要求，并办理入账登记手续，坚持验收和复查同时进行，保证入库设备数量准确，质量符合合同约定，备品、附件不少。

（3）把好设备器具的发放关。对工具仪表等按使用年限实行交旧领新制度。

（4）加强仓库管理，严格执行验收、发放、盘点程序，确保账、卡、物和资金统一。

5.7　小结及学习指导

本章主要介绍了矿业工程项目的费用管理，包括矿业工程项目建设费用的概念和构成，投资的种类及其特点，以及矿业工程项目费用的计算方法。在此基础上，还介绍了矿业工程项目建设费用计划的编制方法和施工成本的计算与计价方法，并详细阐述了矿业工程项目成本控制的各种方法和技巧，使读者能够更好地掌握矿业工程项目费用管理的核心内容。

通过本章的学习，读者应该能够了解矿业工程项目建设费用的概念和构成，掌握投资的种类和计算方法，了解矿业工程项目费用计划的编制方法，熟悉施工成本的计算与计价方法，并能够运用各种方法和技巧进行矿业工程项目成本控制。同时，读者还能够了解矿业工程项目费用管理的重要性和作用，以及如何在实际工作中应用相关知识和技能进行项目管理。

课后习题

1. 矿业工程项目建设费用包括哪些方面？请详细描述每个方面的内容和作用。

2. 工程项目的投资管理包括哪些方面？请详细描述每个方面的内容和作用。

3. 矿业工程项目费用的计算有哪些方法？请描述每种方法的优缺点及适用范围。

4. 矿业工程项目建设费用计划管理的基本原则是什么？请详细描述每个原则的含义和作用。

5. 矿业工程项目施工成本是指哪些方面的费用？请列举出具体的项目，并描述其计价方法。

6. 矿业工程项目成本控制的目标是什么？请列举出控制成本的方法，并描述其优缺点。

7. 矿业工程项目费用管理中，如何进行费用核算和成本分析？请描述具体的方法和步骤。

8. 矿业工程项目中如何进行成本效益分析？请描述具体的分析步骤及其应用场景。

第6章 矿业工程项目资源管理

6.1 矿业工程项目资源管理概述

矿业工程项目资源管理是综合科目的延伸，是综合管理知识在矿业工程中的应用。工程项目资源管理即各生产要素的管理，生产要素是指构成施工项目生产过程的劳动力、材料、机械设备、技术和资金等要素，其构成了施工生产的基本活化劳动和物化劳动的基础。要加强对施工项目的资源管理就必须对工程项目的各生产要素进行认真地分析和研究，其管理的全过程应包括生产要素的计划、供应、使用、检查、分析和改进。

矿业企业应建立和完善项目生产要素配置机制，通过对项目的资源管理，使矿业企业在施工项目管理中尽量做到合理组织、配置、优化各项资源并力求使项目资源供需达到动态平衡，最终达到节约资源、动态控制项目成本的目的。

6.1.1 矿业工程项目资源管理的意义

1. 资源管理的重要性

项目资源管理的目的是对资源进行优化配置、优化组合、动态管理，使得投入项目的各种资源能够搭配适当，合理流动，充分发挥作用，形成更有效的生产力。以便工期计划能够顺利实行，并降低工程项目的成本。

资源计划是项目整个实施计划的保证，是项目顺利实施的前提条件。若项目资源得不到保障，工期计划考虑得再周密也不能实行。在整个工程项目中，如果资源计划失误，如供应不及时，将导致工程活动无法正常进行，甚至造成整个工程停工或不能及时开工。然而，矿业工程项目往往具有投资大、周期长、组织关系复杂的特点。一个大型矿业工程项目建设可能影响一个地区的经济建设和地方发展；矿山工程项目的一个局部延误，会涉及整个项目的方方面面，不仅可以造成建设企业、施工单位的损失，甚至影响国家或者局部的国民经济计划部署。

资源费用占项目总成本的80%以上，资源消耗的节约是工程成本节约的主要途径。通过市场调查，资源采购过程中，在保证资源质量的前提下获取更为廉价的资源可以大大地降低项目成本。资源的质量、技术标准直接决定工程的质量，因此，严格把控资源采购的质量与数量也可有效避免材料或工程报废，或采购超量、采购过早造成浪费、造成仓库费用增加等。

资源供应和使用过程中,进行资源优化,均衡使用资源,优化供应渠道,充分利用现有的企业资源,有利于提高工程项目的总体经济效益。因此,重视矿业工程项目资源管理,加强对矿业工程项目资源的优化配置、动态管理具有显著的现实意义。

2. 工程项目资源管理的复杂性

与其他工业生产过程相比,工程项目的资源管理是极其复杂的。主要原因如下:

(1)资源的种类多,供应量大。材料的品种,机械设备的种类,劳动力的数量、工种及各个工种的级别等都很多,管理起来很不方便。

(2)资源的需求和供应不均衡。工程项目生产过程并不均衡,对各种资源的需求和使用会随着施工的时间、地点以及施工工艺的改变而变化,且变化幅度很大。这种资源使用的不均衡性不仅体现在整个项目上,甚至体现在一个小小的工作包上。

(3)资源的供应过程复杂,受外界影响大。资源的供应需要有合理的供应方案、采购方案和运输方案,并对全过程进行监督和控制。且项目资源的供应是一个动态的过程,它随着项目的范围、技术要求以及总体的实施计划和环境的变化而变化。除此之外,市场价格、政治、自然以及社会等因素也会对资源的供应过程产生影响。

(4)施工方案的设计与资源的投入和使用有复杂的交互作用。资源计划与施工方案相互影响。

(5)资源的计划和优化经常不是一个项目的问题,必须在多项目中协调平衡。

6.1.2 矿业工程项目资源管理的种类及内容

项目资源管理的内容包括项目人力资源管理、物资管理、机械设备管理等。

1. 人力资源管理

人力资源是指在一定时间空间条件下,劳动力数量和质量的总和。广义的人力资源包括管理层和操作层,即不同层次和职能的管理人员以及各专业、各级别的劳动力,操作工人、修理工。人是生产力要素中的决定因素,因此,人力资源管理在整个资源管理中占有很重要的地位。

人力资源管理的目的,就是对人力资源进行充分利用,提高劳动生产效率,降低项目成本,并保证工程按照计划目标实现。人力资源管理具有具体性、细致性和全面性的特点。

其管理的主要内容包括以下几个方面:

(1)人力资源的招收、培训、录用和调配(对于劳务单位);劳务单位和专业单位的选择和招标(对于总承办单位)。

(2)科学合理组织劳动力,节约使用劳动力。

(3)制订、实施、完善、稳定劳动定额和定员。

(4)改善劳动条件,保证职工在生产中的安全与健康。

(5)加强劳动纪律,开展劳动竞赛,提高劳动生产效率。

(6)对劳动者进行考核,以便对其进行奖惩。

2. 物资管理

项目物资管理就是对项目施工过程中所需要的各种材料、半成品、构配件的采购、加工、包装、运输、储存、发放、验收和使用所进行的一系列组织与管理工作,以保证工程项目施工活动正常有序地进行。项目材料可以分为原材料、设备和周转材料。也可以按在生产中的作用将材料分为主要材料、辅助材料和其他材料。

物资管理的目的在于合理使用和节约材料,加速企业资金周转,降低工程成本,增加企业的盈利以及保证工程项目的质量。材料的供应管理具有多样性和多变性,材料的消耗具有不均衡性。

物资管理的具体管理内容如下:

(1)负责材料供应管理工作,依据施工图预算和施工进度计划,编制材料采购计划。

(2)负责材料、构件提货、进场验收、保管、发货和现场二次搬运工作,办理材料出、入库手续。

(3)负责材料市场询价调查,参与材料招标采购活动,组织材料进场,回收和处理剩余材料。

(4)负责现场工程材料的产品标志和应复检材料的复检委托及其检试状态标志。

(5)负责协调现场周转材料租赁及管理。

(6)负责现场工程材料、设备、半成品月度盘点,负责月度材料核算,分析物料消耗和材料成本。

3. 机械设备管理

工程项目的机械设备包括施工设备和临时设施。施工设备,如采矿设备、选矿设备、运输设备等。临时设施,如施工用仓库、宿舍、办公室、工棚、厕所、现场施工用供排系统(水电管网、道路等)。

项目机械设备管理的目的在于对机械设备进行合理的组织和优化,提高设备的生产效率,节约资源。项目机械设备管理的任务是根据项目施工方案的需要,合理采购、租赁相应的机械设备,并对相应的机械设备进行优化配置、日常维护保养,尽量提高其完好率、利用率与生产效率。

6.2 矿业工程项目人力资源管理

6.2.1 人力资源管理计划的编制要求

为使工程项目施工期限得以顺利实现,人力资源管理计划的编制需要注意以下要求:

(1)要保持劳动力均衡使用。如果劳动力使用不均衡,不仅给劳动力调配带来困难,还会出现过多、过大的需求高峰,同时也增加了劳动力的成本,还带来了住宿、交通、饮食、工具等方面的问题。

(2)要根据工程的实物量和定额标准分析劳动需用总工日;确定生产工人、工程技术人员、徒工的数量和比例，以便对现有人员进行调整、组织、培训，以保证现场施工的人力资源。

（3）要准确计算工程量和施工期限。劳动力管理计划的编制质量，不仅与计算的工程量的准确程度有关，而且与工程工期计划得合理与否有着直接的关系。工程量越准确，工期越合理，劳动力使用计划才能越合理。

6.2.2　人力资源需求和配置计划

1. 人力资源的需求计划

人力资源需求计划，反映了工程项目计划期限内应调入、补充、调出的各种人员变化情况。该计划需要在施工项目总进度计划的基础上进行编制，因为总进度计划决定了各个单项工程的施工顺序及延续时间和人数。

确定各类劳动力需求量、投入量（劳动组合或投入强度），是劳动力计划最重要的部分，它不仅决定劳动力招聘、培训计划，而且还影响其他资源计划（如临时设施计划、后勤供应计划）。同时，劳动力综合需要量计划是确定暂设工程规模和组织劳动力进场的依据。

1）人力资源需求计划编制的步骤

（1）确定各活动劳动力投入量

劳动力需求量是指完成一个项目、子项目、项目单元所需要的劳动力单位个数，通常以人时、人日、人周或人月为单位进行计算。劳动力投入量也称劳动组合或投入强度，在工程劳动力投入总工时一定的情况下，假设在持续的时间内，劳动力投入强度相等，而且劳动效率也相等，在确定每日班次及每班次的劳动时间时，可依下式计算某活动劳动力投入量：

$$
\begin{aligned}
劳动力投入量 &= \frac{劳动力投入总工时}{班次/日 \times 工时/班时 \times 活动持续时间} \\
&= \frac{工程量 \times 工时消耗量 \times 单位工程量}{班次/日 \times 工时/班时 \times 活动持续时间}
\end{aligned}
\tag{6-1}
$$

由上式可知，某活动劳动力投入量的确定，需要首先确定活动工程量以及劳动效率。

在一个项目中，分项工程量一般是确定的，它可以通过图纸和规范计算得到，而劳动效率的确定十分复杂。劳动效率通常可用"产量/单位时间"或"工时消耗量/单位工程"表示。在建筑工程中劳动效率可以在《劳动定额》中查到，它代表社会平均先进的劳动效率。在实际应用时，必须考虑到具体情况，如环境、气候、地形、地质、工程特点、实施方案、现场平面布置、劳动组合等，进行适当调整。

2）确定整个项目劳动力投入曲线

各活动劳动力平均投入量见图6-1的横道图上，将某一时间上项目在本时间段的所有活动劳动力投入量相加，就可以得到如图6-1所示的劳动力投入曲线。

2）人力资源计划编制的注意事项

（1）在实际的项目过程中，劳动效率并不是一个衡定的值，它在持续时间内不断变化。值得注意的是，当安排混合班组承担分部工程时，需要进行班组工作的协调，还要考虑设备能力和材料供应能力的制约，此时的劳动效率为整体劳动效率。然而，混合班组在承担工作包（或分部工程）时劳动力投入并非均值。

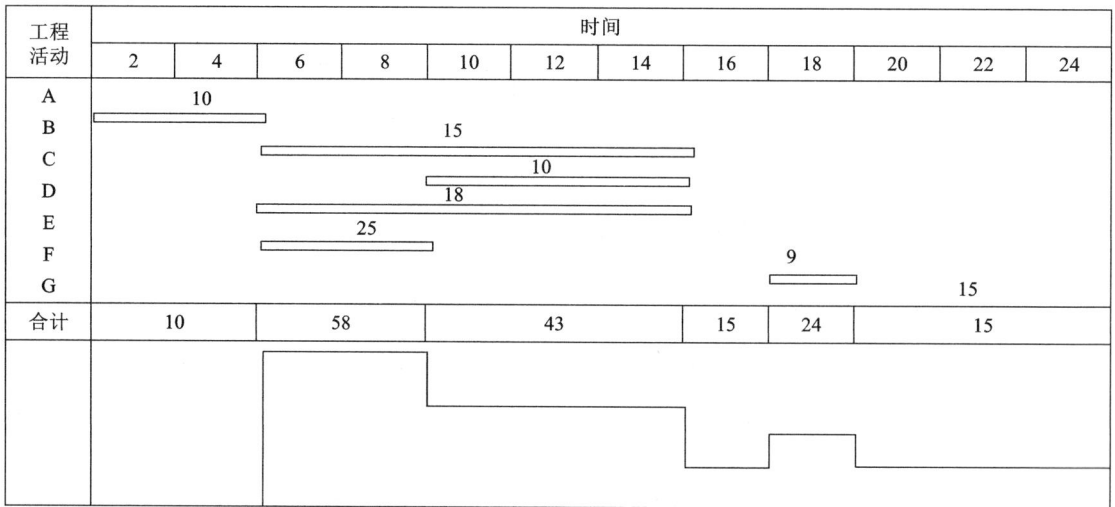

图 6-1　某项目劳动力投入曲线

（2）在计算某活动劳动力投入量时需要注意，工程量、劳动力投入量、持续时间、班次、劳动效率、每班工作时间之间存在一定的变量关系，在计划中它们常常可以互相调节。

（3）制订现场其他人员的使用计划，包括为工人服务的人员（如医生、厨师等），工地警卫、勤杂人员、工地管理人员等，可根据劳动力投入量计划按比例计算，或根据现场的实际需要进行安排。

（4）做好劳动力队伍的组织工作。建立劳动组织并根据施工准备期和正式开工后各工程进展的需要情况组织人员进场。开工前做好调配和基本培训工作。要在基本完成施工准备工作后再上主要施工队伍，避免一哄而上，造成窝工。

（5）做好技术交底工作。施工组织设计和技术交底的时间在单位工程或分部（项）工程开工前及时进行，以保证施工人员明白组织设计的意图和要求，并按施工组织设计要求施工和作业。

（6）建立健全的现场施工以及劳动组织的各项管理制度。

2.人力资源的配置计划

人力资源配置计划阐述了单位每个职位的人员数量、人员的职务变动、职务空缺数量的补充方法。

人力资源配置计划的编制需要考虑人力资源配备计划、资源库说明以及制约因素。人力资源配备计划阐述了人力资源在何时、以何种方式加入和离开项目小组；可供项目使用的人力资源情况则可以从资源库说明中获取；制约因素主要指外部获取时的招聘惯例、招聘原则和程序。

人力资源配置计划编制的内容

（1）研究制订合理的工作制度与运营班次，根据类型和生产过程特点提出工作时间、工作制度和工作班次方案。

（2）研究员工配置数量，根据精简、高效的原则和劳动定额提出配备各岗位所需人员的数量，优化人员配置。

（3）研究确定各类人员应具备的劳动技能和文化素质。

（4）研究测算职工工资和福利费用。

（5）研究测算劳动生产率。

（6）研究提出员工选聘方案，特别是高层次管理人员以及技术人员的来源和选聘方案。

6.2.3　劳动力的招雇、调遣、培训和解聘计划

为了保证劳动力的使用，在此之前必须进行招雇、调遣和培训工作，工程完工或暂时停工必须解聘调到其他工地工作。这必须按照实际需要和环境等因素确定培训和调遣时间的长短，尽早安排招聘，并签订劳务合同或工程的劳务分包合同。这些计划可以根据具体情况以及招聘、调遣和培训方案，由劳动力使用计划向前倒排，做出相应的计划安排。

6.2.4　人力资源的其他管理

人是管理中最活跃的因素，也是最难保证的环节，因此，在企业现场管理中，人员的管理显得尤为重要。企业管理者应增强领导艺术，在人事管理中应注意的工作方面有：

（1）人事档案和考核管理。企业应根据聘用人员类别，如管理人员、技术干部、技师、工人等，分别建立人事档案。人事档案是人事（劳动）部门正确使用人才、合理解决工资等问题的一个重要依据。企业应根据聘用人员类别，分别制定考核管理办法，考核标准、过程和结果应公开透明。

（2）人员安全管理。安全包括人身安全和设备安全两方面。安全意识的提高是人员管理的基础。岗位工人有义务定时接受三级安全教育和安全技术操作规程的培训。三级安全教育的第一级指的是矿级安全教育，第二级指的是厂级安全教育，第三级指的是班组安全教育。只有循环往复地培训，才能减少和杜绝安全事故的发生。

（3）人员综合素质培训管理。企业人员的文化、思想、技能等素质的提高是提高整个企业管理和生产水平的前提。

（4）规章制度管理。企业应在各工作岗位制定各项规章制度，要求上岗员工做到"应知应会"，并设立相应的检查考核措施和奖惩制度。

（5）团队协作管理。企业应有意识地做好员工团队协作精神教育，设计团队协作交流的制度性安排和管理措施，提高员工彼此沟通交流的水平。

6.3　矿业工程项目物资管理

6.3.1　物资管理的意义与任务

工程项目物资管理是对项目所需各种物资的计划、采购、验收、保管、发放以及有关的统计分析等一系列的组织管理工作。项目所需的物资种类繁多。按物资的作用，可归类分为原材料、辅助材料、燃料、动力、工具等。矿业工程项目的物资准备要求以施工组织设计和施工图预算为依据编制材料、设备供应计划。施工准备阶段的具体物资准备内容主要是各种

工程建设初期一定阶段内的材料与设备，以及施工用的机具，包括井筒开工需要的设备和施工准备及矿井开工需要的钢材、木材、水泥、土产材料，二、三类物资等的供应。项目施工过程中，应该做到在保证顺利的持续施工的前提下，拥有最小量的各种物资储备（一般应有3个月需用量的储备，要求做到既保证施工的需要，又避免挤压浪费），以减少企业流动资金的占有量。

工程项目物资管理的任务可概括为：

（1）编制和实施物资供应计划，按质、按量、按时、成批地申请订购、采购、验收和供应项目所需的各种物资，确保工程项目顺利推进。

（2）正确制定和执行物资消耗定额，严格遵守物资收发和利用制度，以节约物资，降低物耗。

（3）建立和执行各种物资的管理制度、防火和防变质等安全条例。

（4）加强对物资供应市场的调查研究，以便掌握和选择各种物资的最佳货源。

（5）加强科学研究，寻找某些物资库存量最优决策，减少流动资金占有量和加速流动资金的周转。

（6）建立物资管理系统，实行信息化管理。

6.3.2 矿业工程项目物资的分类管理

企业要进行生产，必然要有一定的物质基础，包括可供长期使用的固定资产、原材料、燃料、动力等。对矿山企业来说，在生产阶段并不消耗主要材料，只消耗辅助材料，它们在生产过程中形成产品的一部分或被消耗掉，其价值一次性转入成本，对这些生产要素的管理称为物资管理。另外还有些物质虽然不直接参与生产，却是生产过程所必须具备的，如车间房屋、运输工具等，这些物质在生产过程中，慢慢磨损，其价值逐渐以折旧的形式计入成本，对这些生产要素的管理称为设备管理。

实际工作中，把使用年限在一年以上，一次性购入成本在一定金额以上的划为固定资产，不具备上述条件的划为低值易耗品，如小风扇、电池、小电机等，这些低值易耗品归在流动资金的一个项目来管理。

1. 矿山企业固定资产的分类

矿山企业的固定物资是多种多样的，除了主要的采掘工作以外，还有机电、运输、通风、排水、通信、土建等一系列活动环节，消耗的物资也各不相同，同一物资在生产中的地位、作用和使用年限都各不相同。为了管理固定资产，确定固定资产扩大再生产的规模和方向，必须加以分类。

按照固定资产在生产过程中的情况分类，一般可以分为以下五类：

（1）生产用固定资产，指那些直接参加生产过程或直接服务于生产过程的固定资产。这些是保证生产经营所必需的物资，如厂房及其附属设备、矿井、仓库、尾矿坝、运输公路、运输工具、动力设备、选矿机械等。

（2）非生产用固定资产，不直接参加生产的固定资产，如职工住宅、文化生活设施、卫生保健设施等。

（3）未使用固定资产，指没有投入使用的各种固定资产，如新增或停用的设备、新建的厂房、备用机器设备等。

（4）不需要用的固定资产，指已不适合企业需要的固定资产，如报废的设备。

（5）土地。

2.项目材料分类管理方法

项目材料实行分类管理，施工项目所需的主要材料和大宗材料应由单位物资部门同意招标采购，按计划供给项目经理部。企业物资部门应制订采购计划，审定供应人，建立合格供应人目录，对供应方进行考核，签订供货合同，确保供应工作质量和材料质量。

项目管理中常用 ABC 分类法又称帕累托分析法，也称主次因素分析法。它是根据事物在技术或经济方面的主要特征进行分类排队，分清重点和一般，从而有区别地确定管理方式的一种分析方法。这种方法有利于找出主次矛盾，有针对性地采取对策，因此 ABC 分析法逐渐成为企业提高效益而普遍应用的管理方法。

ABC 分析法大致可以分为 5 个步骤：收集数据、统计汇总、编制 ABC 分析表、绘制 ABC 分析图、确定重点管理方式。

需要注意的是 ABC 分析法，一般是将分析对象分为 A、B、C 三类。但也可以根据分析对象重要性分布的特性和对象数量的大小分成两类或三类以上。

一般情况下，施工项目所需的特殊材料和零星材料（B 类材料和 C 类材料）应经承包人授权，由项目经理部采购。项目经理部应编制采购计划，报企业物资部门并获批准，按计划采购。

工程项目所需的 A、B 类材料，必须通过招投标的方式进行采购。

6.3.3　物资需要量计划与供应过程

项目参与询价、定价和采购合同的签订，提供价格信息和合格供方，随时了解市场情况，以便分公司物资部门及时确定材料、品种和供应单位。

分公司物资部门根据项目经理部定期编制的项目材料月度计划，保质、保量、按时将材料供应到现场。

建设单位（业主）供应的材料，由分公司物资部门与建设单位（业主）签订材料供应办法，并与建设单位（业主）落实材料的选样工作。

1.材料需要量计划

需要量计划是按照工程范围、工程技术要求和工期计划等确定的材料使用计划。主要为组织备料，确定仓库、堆场面积、组织运输之用，以满足施工组织计划中各施工过程所需的材料供应量。

项目经理部在开工 3 天前，应向分公司物资部门提供"项目材料需用总体计划"。材料计划应明确材料名称、规格、型号、质量（技术要求）、数量及进场时间等，需要加工定做的料具应附图样并注明要求。

1）各种材料需要量的确定

要组织好企业的物资供应工作，就要弄清物资的需要量。物资的需要量是由项目的工程量和物资消耗定额所决定的。各种材料需要量的确定可以参照以下步骤来完成：

（1）对每个工作包（如某分项工程的施工），按照设计文件（图纸、设计规范）和实施方案确定它的工程量以及具体材料的品种、规格和质量要求。

（2）按照材料消耗定额、历史工程资料或以往工程的经验，确定该工作包的单位工程量的材料消耗量，作为材料消耗标准（也叫物资消耗定额）。

某工作包某种材料消耗总量＝该工作包工程量×（材料消耗量/单位工程量）

在确定实际采购量时，还必须考虑运输、仓储以及材料使用中的各种损耗。图6-2显示了材料消耗和材料消耗定额的构成。

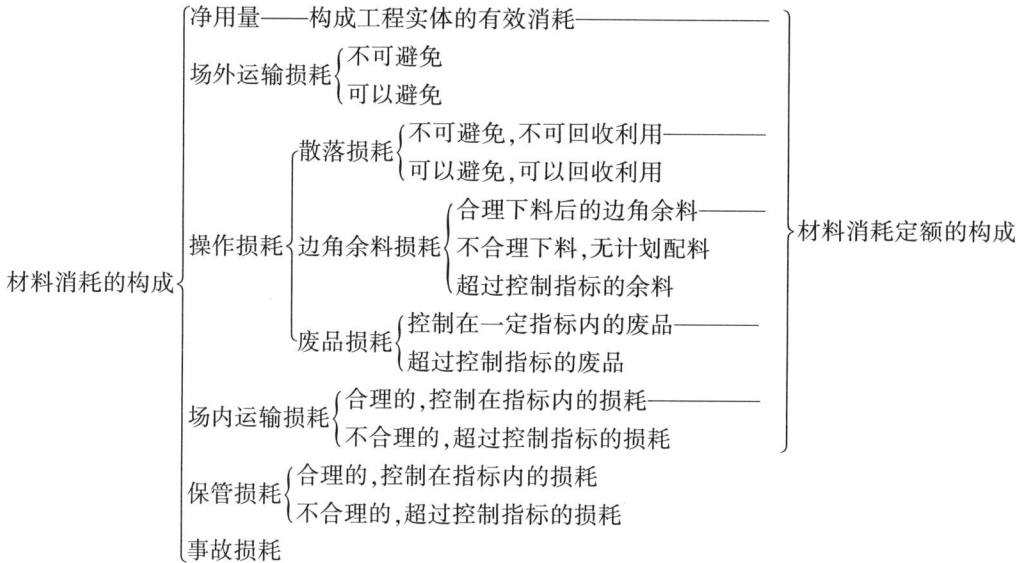

图6-2 材料消耗和材料消耗定额的构成

其中，物资消耗定额是在一定的生产技术条件下，生产单位产品或完成单位劳务所必须消耗的物资数量的标准。物资消耗定额的制定和管理是企业的一项基础工作，它不仅是决定物资需要量的依据，而且是计算产品成本的依据。单位产品物资消耗的高低是反映企业生产技术和管理水平的重要标志。矿业企业生产过程中的物资消耗主要是生产工艺性物耗，如吨矿炸药消耗量、吨矿磨矿钢球消耗量、吨矿浮选药剂消耗量等。

制定物资消耗定额的基本方法有以下几种：

（1）技术核算法。对于机械加工企业，由设计人员设计机械产品，选择金属毛坯料，由技术员按金属加工工艺计算工艺损耗部分，得出工艺金属消耗定额。这种方法比较准确，但工作量大，适用于产品较高或材料贵重的产品。

（2）统计分析法。按以往同类产品物资消耗的统计资料，考虑到当前产品的特点和技术条件的变化，经过类比来制定物资消耗定额。

（3）经验估算法。根据技术人员和工人的经验来确定物资消耗定额。

不同行业产品对象和工艺方法差别很大，制定物资消耗定额的方法也就不同。不仅如此，主要材料和辅助材料消耗定额制定的方法也不同。

科学合理的消耗定额需要管理人员深入实际，调查研究、制定、执行并不断修订。在保证产品质量的前提下，大多数职工经过努力可以达到的消耗定额才是先进合理的消耗定额。

（4）编制材料清单。按照上述计算结果，将该工程项目中不同分项工程的同种材料量进行汇集求和，可得该工程项目的材料用量表。同时，将材料消耗量作为消耗指标随任务下达作为材料控制标准。工程设备需求量的确定，一般由设计单位负责编制设备清单，并作为采购工作的依据。

2）物资需求时间曲线

将各分项工程的各种材料消耗总量平均分配到各个分项工程的持续时间段上，然后将各工程活动的材料耗用量按项目的工期求和，得到每一种材料在各时间段上的使用量计划表，最后可做出材料供应量与时间的关系曲线。需要注意的是，将各分项工程的各种材料消耗总量分配到各个分项工程的持续时间段上时，通常情况下是平均分配，但有时要考虑到在时间上的不平衡性，如基础工程施工，前期工作为挖土、支模、扎钢筋，混凝土的浇捣却在最后几天，所以钢筋、水泥和砂石的用量是不均衡的。

2.物资供应过程

企业物资供应计划是对计划期内（年度）所需申请采购的物资品种、规格、数量、用途、货源以及所需金额的计划。

物资供应计划的基本目标是将适用的材料，按照正确的数量在正确的时间内供应到正确的地点，以保证项目顺利实施。从物资的使用计划到实际使用之间，有一个复杂的采购和供应过程如图6-3所示，必须在整个过程的各个环节进行准确的计划和有效的控制。

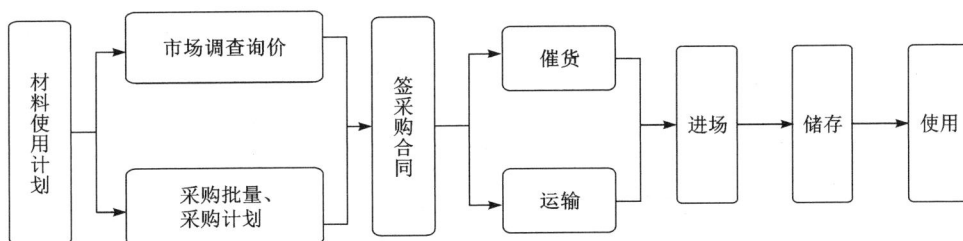

图6-3　材料供应子网络

1）市场调查

了解市场供应能力，供应条件、供应渠道、价格等，了解供应商名称、地址、联系人，有时也可直接向供应商询价。

采购要预先明确费用目标。对材料设备表所列的物资进行市场调查和询价，确定资源的供应渠道和可供选择的供应商。由于现代大型工程项目都采用国际采购，所以常常必须观察整个国际市场，在项目中进行国际性生产要素的优化组合。

项目管理者必须对国内外市场一目了然，进行广泛调查、从各方面获取信息，建立产品供应商名录，对大型工程项目和大型工程承包企业应建立全球化采购的信息库。应考虑资源的约束条件，如可用性，安全性，环境和文化因素。同时，应尽可能地利用当地市场和自然资源，以提高资源供应的效率和经济性。

在市场调查时要考虑到对资源采购有影响的风险，例如，海运的拖延、关税的变化、汇率的变化、国际关系、政府政策和法规的变化都将带来影响。

对承包商负责采购的资源，由于在主合同工程报价时尚不能签订采购合同，只能向供应商询价。询价不是合同价，没有法律约束力，只有待承包合同签订后才能签订采购合同，应防止供应商寻找借口提高供应价格。为了保障供应和稳定价格，最好选择有长期合作关系的供应商。国际上许多大的承包商都在当地结识一些供应商或生产者，在自己的周围有一些长期的较为稳定的合作伙伴，形成稳定的供应网络。这对投标报价和保障供应是极为有利的，甚至有的承包商(供应商)为了保持稳定的供应渠道，直接投资参与材料生产。

2)制订采购供应计划，筹划主要的供应活动

在施工进度计划编制的基础上，建立供应活动网络，确定各供应活动时间安排，形成工期网络和供应子网络的互相联系、互相制约。还可以横向联系实现物资调剂，与周围地区和企业互通有无、调剂余缺、串换品种、相互满足需求，以避免积压浪费，加速资金周转。

采购应有计划，以便进行有效的采购控制，并随着项目的实际工作进度修改采购计划，或根据采购情况调整施工进度。采购计划是在工期计划和资源计划的基础上对属于自己负责采购的材料、设备的采购工作进行总体的全面的安排。通常包括以下内容：

(1)确定各种资源的供应方案，分解采购活动，编制采购供应网络，并进行相应的时间安排。

(2)确定采购批量和采购时间

①采购批量

供应时间和批量存在重要的关系，在采购计划以及合同中必须明确材料供应的时间和数量。按照库存原理，供应的时间和数量之间存在如下关系：供应间隔时间长，则一次供应量大，采购次数少，可以节约采购人员的费用以及各种联系、洽商和合同签订费用。但是，大批量采购使仓库储存量增大，保管期延长，保管费用提高，资金占用时间拉长。

对每一个具体项目，理论上存在经济采购批量，它可以由图6-4确定。采购批量受通货膨胀、项目本身资金供应状况、现场仓储条件以及材料性质等因素的影响，且工程项目的生产过程具有不均衡性。因此，经济采购批量模型在实际的项目生产过程中的可用性较差。

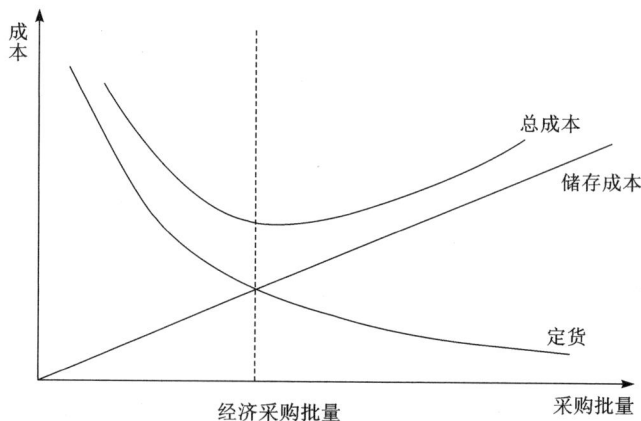

图6-4 经济采购批量的确定

②采购时间

A.对具有稳定货源、市场上可以随时采购、随时供应的材料，采购周期一般为1~7天。

B.间断性批量供应的材料,两次订货期间可能会脱销的,周期为 7~180 天。

C.订货供应的材料,如进口材料和生产周期长的材料,必须先订货再供应、供应周期为 1~3 个月。常常要先集中提前订货,再按需分批到达。

对需要特殊制造的设备,或专门研制或开发的成套设备(包括相关的软件),其时间要求与采购过程要专门计划。

(3)选择采购方式。

广义的采购,是指采购人通过购买、租赁、委托或雇佣等方式获取工程、货物或服务的行为。采购采取的项目采购方式,可以根据项目采购的对象、项目的特点和要求等选择确定。因此,采购的方式可分为以下几种:

①直接购买。即到市场上直接向供应商(如材料商店)购买,不签订书面合同。这适用于临时性的、小批量的、零星的材料采购。

②供求双方直接洽商,签订合同,并按合同供应。通常需方提出供应条件和要求,供方报价,双方签订合同。适用于较大批量的常规材料的供应。

③招标采购。通过招标,需方能够获得更为合理的价格,取得条件更为优惠的供应。2000 年 1 月 1 日起施行的《招标投标法》规定,大型基础设施、公用事业等关系社会公共利益、公众安全的项目;全部或者部分使用国有资金投资或者国家融资的项目;使用国际组织或者外国政府贷款、援助资金的项目必须进行招标采购。但招标采购,供应时间通常较长,需要对招标投标过程进行详细的安排。

施工单位应成立工程材料采购领导小组,以物资部门为主成立工程材料招投标采购中心,负责工程材料招投标采购全过程的管理。若招标人不具备自行招标能力,应当委托具备相应资质的招标代理机构代为办理招标事宜。工程施工招标的基本程序如图 6-5 所示:

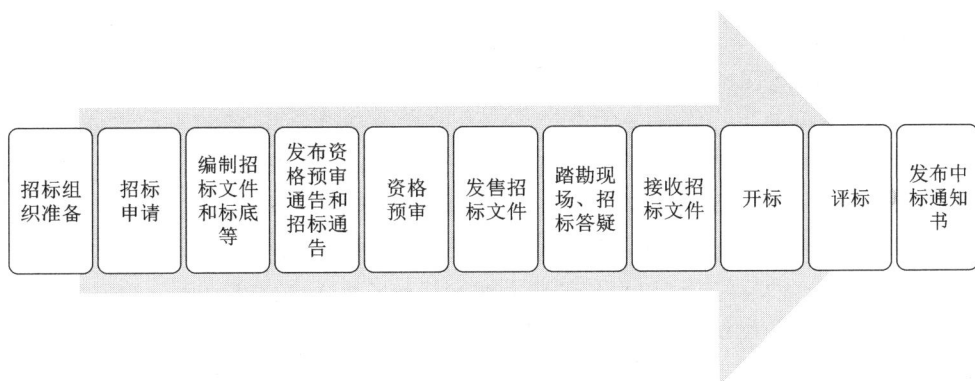

招标组织准备 → 招标申请 → 编制招标文件和标底等 → 发布资格预审通告和招标通告 → 资格预审 → 发售招标文件 → 踏勘现场、招标答疑 → 接收招标文件 → 开标 → 评标 → 发布中标通知书

图 6-5 工程施工招标采购程序

3)材料招标

施工单位的物资部门应根据由项目经理部编制工程项目所需材料的总体计划制订工程材料招投标采购计划,报请企业工程材料采购领导小组审批同意后实施。

招标分为公开招标和邀请招标,根据目前建筑企业的特点,一般施工单位的物资采购招标采用邀请招标的方式。招标人应根据工程的特点和工程对物资的需用情况确定招标物资的名称、规格型号、数量、质量要求等内容,结合对市场的调查情况和项目的资金情况,制作标底，标底内容应包含物资的质量等级、合适的价格、可能的付款情况等内容。

邀请参与投标的分供方应为招标人的合格分供方名册中已建立档案的合格分供方，对新近联系的分供方，在经过招标人考察后，认定合格的可邀请参与投标。从符合条件的分供方中选择4~6家确定为邀请投标的分供方（《招标投标法》第十七条第一款规定："招标人采用邀请招标方式，应当向三个以上具备承担招标项目的能力、资信良好的特定的法人或者其他组织发出投标邀请书"），对其发出"投标邀请书"。在发出"投标邀请书"的同时发出"招标文件"。

4）材料开标、评标和中标

招标人应组建物资采购招标评审小组并报公司物资部门备案。该小组为常设机构，负责对物资采购招标工作进行领导、监督和合同评审。评审小组由单位主要领导或主管领导担任组长，成员有书记、经营、财务、物资和监察部门的负责人，可邀请物资使用项目的项目经理参加（与分供方有利益关系的人不得参加评标）。物资采购招标工作的具体实施由物资部门负责。开标应当在招投标文件确定的提交投标文件截止时间的同一时间进行，由招标评审小组组长主持，内部开标。评标由招标人组建的物资采购招标评审小组根据评标标准负责进行。

参与评标的材料应符合以下基本标准：

（1）"三证"应齐全，即营业执照、生产许可证或经营许可证，产品检测报告，施工项目所在地建筑主管部门要求有产品准用证的应有产品准用证。

（2）所提供的产品样品经鉴定应符合要求。

（3）产品应由正规的质量检测机关检测，由省级以上（含省级）质量检测机关定点检测的优先考虑。

（4）产品报价为合理低价，价格最低者优先考虑。

（5）有一定的资金实力，垫资能力大者优先考虑。

（6）供货方式、质量保证措施切实可行，售后服务承诺合理。

（7）为那些有影响的工程供应过同类产品，近期给招标人有影响的工程供应过同类产品且信誉良好的优先考虑。

（8）业主推荐的供应商也应参与投标，同等条件可予优先考虑。

物资采购招标评审小组成员应当客观、公正地履行职务，遵守职业道德，对所提出的评审意见承担个人责任。评审小组成员不得私下接触投标人，不得收受投标人的财物或者其他好处，违反规定，影响投标结果者，将给予严肃处理。

评审小组经过综合评审，确定中标人后，会签"物资采购招标评审会签表"，确认中标结果。中标人确定后，招标人应当向中标人发出"中标通知书"，同时将中标结果通知其他未中标的投标人。

签订合同与考核物资部门根据评审小组会签后的"物资采购招标评审会签表"与中标人签订"物资采购合同"。在合同签字生效前，应由财务、生产、经营、法律等部门负责人审核，经主管领导签字后，才能在合同上签字盖章。

5）进口材料和设备的采购

进口材料必须符合工程所在国政府对进口管理的规定，不能计划使用不许进口的物品。由于进口材料和设备的供应过程十分繁杂，一般包括出口国国内运输、出关、海运、入关和进口国国内运输等，有一整套非常复杂的手续和工作程序，风险更大，所以应有更为严密的计划性，同时又应留有较大的余地。进口的材料和设备应具备进口许可证和运输保险并按国家规定和国际惯例办理报关和商检等手续。在合同的签订、生产制造和运输过程中应有一套更为严密的跟踪控制措施。

（1）订货，签订采购合同

作为需方，在合同签订前应提出完备的采购条件，让供方获得尽可能多的信息，以使其及时地、详细地报价。采购条件通常包括以下技术要求和商务条件：

①技术方面要求，包括采购范围、使用规范、质量标准、品种、技术特征。

②交付产品的日期和批量的安排。

③包装方式和要求。设备材料的包装应符合合同规定或国家标准规定，满足多次装卸和搬运的要求及运输安全、防护的要求。

④交接方式。通常有在厂接货，或供货到港，或到工地，或其他指定地点。

⑤运输方式。

⑥相应的质量管理要求、检验方式、手段及责任人。

⑦合同价款及其包含的内容、税收的支付、付款期及支付条件。

⑧保险责任。

⑨双方的权利和违约责任。不同的合同条件，供方的责任不同，则其报价也有所不同。

⑩特殊物品，如危险品的专门规定。

⑪对设备的采购还应包括生产厂家的售后服务和维修，配件供应网络等。

（2）运输安排

运输是指供应商提供的设备材料经验收后，从采购合同（或订单）规定的发货地点及时、安全运抵施工现场或指定仓库的过程。其工作内容一般包括选择运输方式和运输公司、签订运输合同、包装、办理运输保险、运输、报关、清关、转运，以及现场交接手续等。

在运输前应准确了解运输包装图、装载图和运输要求等资料；对沿线情况进行全面调查，必要时进行实地考察；编制严格的"运输实施计划"，对运输工具、线路、程序做出精确安排；编制运输工作子网络，有时需要以小时或分钟作为时间计划单位。

运输方式要符合工期要求，还要考虑到价格、气候条件、风险因素，货物的包装、形状、尺寸、供应方式等。为确保工期顺利施行，还需要将运输时间纳入总工期计划中，确定好仓位及交货时间，及时催货，并在运输过程中不断地跟踪货物。

进口材料和设备，要及时准备进口审批文件及免税或补贴文件等。避免因为文件有错、不完全，而延误进出口手续的办理，造成货物在港口积压。

特殊材料的运输，例如：危险品、超限（如超长、超重、体积特大）的构件和设备、特殊的装卸机械等。需要专门的运输组织，制订特殊的运输方案，选择经济安全的运输路线，有时需要加固沿途的桥涵、道路和进行交通管制。

（3）进场、安排仓储及各种检验工作

由于工程施工过程的不均衡性，材料不可能供应到现场就投入使用，即现场零库存。一般都要在工地上自觉地或不自觉地储存。现场仓储是必需的，但工地上的仓库通常很小（特别对场地紧张的工程、市区工程），费用高（由于仓库是临时建造的，费用摊销量大），而且可能导致现场的二次搬运。

①必须将材料使用计划、订货计划、运输计划和仓储量一起纳入工期计划体系中，用计算机进行全方位管理。

②应注意工程进度的调整和工程变更的影响，如由于设计变更、业主调整进度计划、承包商造工拖延时，则整个材料供应计划都要调整，否则会造成仓储空间不够，或大量材料涌入现场。同时，应注意及时发现采购订货、运输、分包商供应中的问题，及时调整施工过程，以减少或避免损失。

③仓储面积的确定及其布置。仓储面积按照计划仓储量和该类材料单位面积的仓储量计算。

④设备、材料进场应按合同规定对包装、数量及材质做检查和检验。检验工作是质量控制的关键环节。进场的材料设备必须做到质量合格，资料齐全、准确。如果进场时发现损坏、数量不足、质量不符，应及时按责任情况通知承运部门、供应单位或保险公司调换、补缺、退还或索赔，同时对由于设计变更、工程量增（减）等问题造成进货损失的，也应及时提出索赔。

⑤选择合适的存放场地和库房，合理存放，确保储存安全。材料应堆放整齐，账卡齐全。应有材料发放和领用制度，明确领发责任，履行领发手续。

⑥保证有一定量的库存，既要符合施工要求，又要防止风险，而且项目结束时剩余量较少。

⑦现场应设仓储管理人员，进行全面库存管理。在实际工作中，尽管精心计划，但干扰因素太多，涉及单位较多，材料（设备）常常不能准时到货，或早或迟，所以要建立一整套材料使用、供应、运输、库存情况的信息反馈和报警系统。它能及时反映库存量、计划量，每日结算，每月（旬）提出报表，以发现材料的使用规律。

（4）资源供应中的几个实际问题

①由于供应对整个工程工期、质量和成本产生影响，所以应将其作为整个项目甚至整个企业的工作，而不能仅由部门或个人垄断。例如，采购合同和采购条件的起草、商谈和签订要有几个部门共同参与，技术部门在质量上把关；财务部门对付款提出要求，安排资金计划；供应时间应保证工期的要求；供应质量要有保证。

②在国内外工程中采购容易产生违法乱纪行为，所以国家对工程项目的采购制定了专门的法律和法规，必须严格执行。同时，在企业内部和项目内部必须设置严密的管理组织和管理程序，对采购过程进行严格控制。作为项目经理、业主以及上层领导应加强采购的管理，特别要使采购过程透明，定标条件明确，决策公开。采购过程中，项目各职能部门之间应有制衡和监督，如提出采购计划和要求、采购决策、具体采购业务、验收、使用等应由不同的人员负责，以避免违纪现象。采购中还价和折扣应公开，防止因关系户、计划失误等干扰因素而盲目采购、一次采购量过大或价格过高。

6.3.4　物资的验收和使用保管

1. 物资的验收入库

物资验收入库一般要经过提货、验收、办理入库手续等过程。采购物资到货后，可以到供货单位或车站、码头去提货，也可以通过专用线直接将物资运到企业的仓库。提货工作应该做到准确及时、手续清楚、责任分明。

进场的材料应进行验收，验收包括数量验收和质量验收，并做好相应的验收记录。数量验收和质量检验，应符合国家的计量方法和企业的有关规定。质量检查可以通过直观检查、量衡、化验或试用的方式进行，进入现场的材料应有生产厂家的材质证明（包括厂名、品种、出厂日期、出厂编号和试验检验单）和出厂合格证。需要质量管理部门检查的，应该由该部门的有关人员负责。数量点收可以是全部点收，也可以抽点。验收不合格的不得入库，应将货物妥善保管，并按公司程序文件规定，挂上"不合格物资"标牌，及时通知公司物资部门与供货单位进行交涉解决，要求复检的材料要有取样送检证明报告。只有当数量、质量和单据都验收无误之后，才能办理入库、登账、立卡等手续，并将入库通知单连同发票、运单一起送交财务部门。

验收过程中需要注意的是，材料的计量设备必须经具有资格的机构定期检验，确保计量所需要的精确度。检验不合格的设备不允许使用。

2. 物资的保管

物资保管的基本要求是摆放科学、数量准确、质量不变、消灭差错。凡进入项目现场的材料，应根据现场平面布置规划的位置，做到"四定位、五五化、四对口"。"四定位"是指按库号、架号、层号、位号4个号决定某项物资的位置，这样做的优点是查找方便、收发迅速、盘点容易、库容整洁。"五五化"是指根据器材的不同品种、规格、形状和出厂要求，以五为基数，分别摆成五的倍数，高的成行、大的成方、短的成堆、带腿的成串、小的成包、长的成跺等定量装箱，过目成数。现场大宗材料须堆放整齐，砂、石成堆、成方，砖成跺，长大件一头齐，要求场地平整，排水良好，道路畅通，进出方便。"四对口"则是指账、卡、物、资金相符。

仓库物资种类规格繁多，数量大，流动性大，要及时掌握物资的变动情况，做到"四对口"，则需要进行盘点。检查物资账面数与实存数是否相符，检查有无超储积压，物资有无损坏、锈蚀或变质等情况。发现超储积压或缺货，要及时报告业务主管部门。盘点有经常盘点和定期盘点两种，分别由仓库管理人员与供应部门、财务部门组织进行。

物资保管过程中，最好按物资性能，分门别类进行维护保养，做好防锈、防尘、防潮、防震、防腐、防磨、防水、防爆、防变质、防漏电等十防工作。露天货场的物资必要时要遮盖。

3. 物资的发放

把工程项目所需的物资及时、迅速、准确地发放出去，是仓库为生产服务的一项重要工作。限额发料制是一种科学的发放制度。这种发料制能及时掌握物资的库存情况和车间的用料情况，加强了计划性，既有利于生产，又降低了消耗，节约了物资。物资的发放可以有送料和领料两种形式。送料是由仓库按用料单位的计划送料上门，领料是由用料单位到仓库自行提货。送料方式比较好，可以简化手续，减少领料时间，便于供应人员掌握生产情况，加强物资管理。物资发放时应立即在电脑台账中记录。还应建立材料使用台账，记录使用和节超状况。材料管理人员应对材料使用情况进行监督；做到工完、料净、场清；建立监督记录；每月按时对材料使用情况进行盘点和料具租赁费的结算，对存在的问题应及时分析和处理。

4.材料使用限额领料制度

(1)由负责施工的工长或施工员,根据施工预算和材料消耗定额或技术部门提供的配合比、翻样单,签发施工任务书和限额领料单。两单工程量要一致,并于开始用料24小时前将两单送项目材料组。项目材料组收到后,立即根据单位工程分部分项用料预算进行审核。审核工程量有无重复或超过预算,审核材料消耗定额有无套错,审核计算有无差错。审核无误后,送工长或施工员所承担的施工生产班组凭单领料。

(2)无限额领料单,材料员有权停止发料,由此影响施工生产应由负责施工的工长或施工员负责。

(3)班组用料超过限额数时,材料员有权停止发料,并通知负责施工的工长或施工员查核原因。属工程量增加的,增补工程量及限额领料数量;属操作浪费的,按有关奖罚规定办理,赔偿手续办好后再补发材料。

(4)限额领料单随同施工任务单当月同时结算,已领未用材料要办理假退料手续。在结算的同时应与班组办理余料退库手续。

(5)班组使用材料实行节约有奖、浪费赔偿、奖赔对等的原则,其材料将按节约材料的20%发给班组,杜绝材料浪费。仍以浪费材料的20%扣罚班组。奖罚节约或浪费的材料单价按工程当地的定额材料单价计算或按项目与班组的合同单价计算。

(6)钢筋按放样料单数量加1.5%~3%的损耗一次承包给钢筋加工车间(班组),达到指标应给予奖励,节约部分五五分成。

6.4 矿业项目机械设备管理

设备管理是指应用一系列的理论、方法,通过一系列的技术、经济、组织措施,对设备的物质运动形态和价值运动形态进行全过程综合管理的科学体系,旨在追求设备综合效益和寿命周期费用的经济性。矿山项目机械设备管理的目的在于提供优质的技术装备,确保矿山的生产经营活动正常运行。

设备和设施是企业用以生产产品和提供服务的物质基础,对设备和设施的维护和管理的好坏将直接影响企业竞争能力和经济效益。多数矿业企业生产是24小时连续工作制,设备多有大型化重负荷设备,各个设备之间相互关联,设备管理工作涉及整个生产线,牵一发则动全身,足见其重要性。

设备管理的任务和主要内容如下表所示:

表6-1 设备管理的任务和主要内容

设备管理的任务	设备管理的主要内容
①编制物资供应计划,确定需要品种与数量,保证企业生产经营的顺利进行	①依据企业经营目标及生产需要制订设备规划,选择、购置、安装调试所需设备

续表6-1

设备管理的任务	设备管理的主要内容
②注意物资信息,选择物美价廉的货源。掌握国内外技术发展现状和动向,根据技术先进经济合理的原则合理选购设备	②制定《设备管理实施细则》,建立设备档案
③合理决定各类物资的储备数量,减少仓库储量,减少流动资金的运转周期	③制定《设备安全操作规程》,对投入运行的设备正确、合理地使用
④合理保存、维护各类物资设备,延长设备的使用寿命,减少损失。采取组织和技术措施,保证设备使用和维修相结合的原则,对于设备的损耗及时进行修理	④制定《设备维护维修技术规范》和《设备点检、巡检制度》,精心维护保养和及时检查设备,保证设备正常运行
⑤节约物资,降低消耗、严格发放物资,建立相关的物资制度	⑤适时改造和更新设备。在现有技术装备基础上,开展技术革新、改造,最大限度地发挥现有设备的生产率。对新设备应尽快掌握使用、维修、保养方法,使其尽快投入正常生产

设备的综合管理就是对设备的选购、安装、使用、维修、改造更新的全过程进行管理,其主要内容就是要求设备相关的部门和人员都参与设备管理,使设备投资、运行费用尽可能低而使用寿命尽可能长。

项目机械设备管理是项目生产要素和施工过程管理的重要组成部分,必须做好工程项目机械设备的优化配置与动态管理,强化机械设备综合管理,加强基础管理,合理使用机械,做好维修保养,确保安全运行。充分发挥机械设备的效能,使工程项目取得较好的经济效益。

6.4.1　矿业设备管理制度

矿业设备由于工作强度高、工作环境差,往往容易出现各种问题,影响生产。因此,需要制定严格的设备管理制度,内容涉及设备的技术状况、设备的检修、设备的使用安全以及设备事故处理等。具体包括:

(1)设备管理制度。对每台设备从开箱到报废规定应履行的手续,以及对所有设备的使用到维护规定的职责。

(2)设备维护保养制度。对各种设备规定维护和保养的部位和周期。

(3)设备检修制度。规定各种设备的大修、中修、小修项目及周期,计划下达的时间及实施和验收的规程。

(4)设备检修标准。规定各检修部位检修完成后达到的标准。

(5)设备完好标准。规定单台设备在运行中应达到的标准,在停车时应达到的可立即重新启用的程度要求。

(6)设备预检修制度。以预防为主、计划性较强的一种比较先进的检修制度,适用于企业中对生产有直接影响的甲、乙类设备和连续生产的装置。矿山机电设备的计划预防修理制度,是按照计划规定的时间,有计划有准备地进行修理工作。

（7）设备事故责任追究制度。规定设备事故分析程序，成立事故分析小组，得出分析结论。

（8）设备事故的划分标准。给设备事故划分种类，规定申报程序。

（9）设备事故责任惩罚制度。按发生事故的种类，结合分析结果，遵循"四不放过"的原则，对事故责任人进行处罚和教育。

（10）"四不放过"原则。事故原因未查清不放过、责任人员未处理不放过、整改措施未落实不放过、有关人员未受到教育不放过。

6.4.2　设备的选择与获取

施工开始前一段时间，项目应根据批准的施工组织设计及方案向公司（分公司）机械部门申报机械设备需用总体计划（包括机械名称、规格、型号、数量、计划进退场时间等），由公司（分公司）机械部门审定后组织落实机械设备的选择、来源及租赁等事项。

1. 设备的选择

1）矿业设备的种类

对矿业生产企业而言，矿业设备主要有露天采矿设备、井下采矿设备、选矿设备、供电供水设备和其他辅助设备等。具体的矿业设备介绍如下所示：

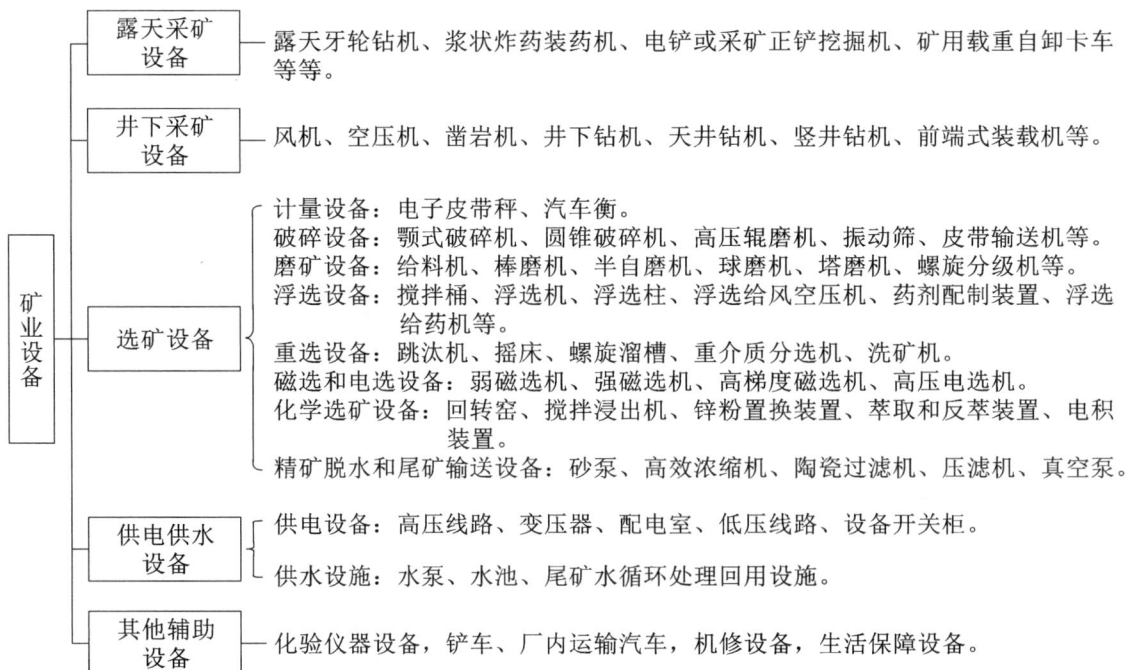

图 6-6　矿业设备

2）影响设备选择的因素

机械设备的选用，应着重从机械设备的选型和机械设备的主要性能参数上进行考虑。要求技术先进，经济合理，结合生产实际，并参考以下因素综合考虑：

（1）设备的生产效率。生产效率直接与成本有关，但是并不是选用生产效率越高的设备就越好，特别是矿山企业，因为其特殊的生产方式，如地下采矿，场地空间受很大限制，而且矿山企业的工作场所经常移动、生产环境恶劣、振动大等，这样一些大型设备或精密仪器就很难发挥作用。所以选择还应该考虑工具材料的适应性。

（2）应本着因地制宜、因工程制宜，按照技术上先进、经济上合理、生产上适用、性能上可靠、使用上安全、操作方便和维修方便的原则，贯彻执行机械化、半机械化与改良工具相结合的方针，突出施工与机械相结合的特色，使其具有工程的适用性，具有保证工程质量的可靠性，具有使用操作的方便性和安全性。

（3）设备的能源消耗、安全性能、运转稳定性能、操作性能。这些都会对成本带来直接影响。机械设备的主要性能参数是选择机械设备的依据，既要满足经济需要也要保证质量要求。

（4）设备的投资效果，即考虑新设备带来的生产率的提高，能源的节约、质量的提高等方面的经济效果与设备投资的关系，一般用投资回收期来计算投资效果，投资回收期越短越好。

（5）设备的维修难易程度，矿山的生产场所一般条件较差，振动大，灰尘多，因此选用的设备应考虑其对环境的适应性。

（6）设备对环境的影响，如排放的气体、产生的噪声、振动等。特别在矿井下如果排放的气体量大，就会对矿井的通风和工人的健康产生不利的影响。

2. 设备的获取

项目所需机械设备可以从企业自有机械设备调配，或租赁，或购买，提供给项目经理部使用。远离公司本部的项目经理部，可由企业法定代表人授权，就地解决机械设备来源。

1）设备的来源

（1）从本企业设备租赁公司（站）租用的施工机械设备。

（2）从社会上的设备租赁市场租用的施工机械设备。

（3）分包工程的施工队伍自带的施工机械设备。

（4）企业新购的施工机械设备。

2）设备的租赁

（1）设备租赁原则

①按已批准的施工组织设计及施工方案，选择所需机械设备的型号和数量。施工项目不得购置机械设备，所需机械设备一律实行租赁使用，实行统一管理、人随机走和独立核算。

②租赁机械设备租赁应本着先内后外的原则，充分利用企业现有设备，内部调剂余缺，在本企业内部无法解决时可考虑从社会租用。

③外部租用的设备应实行招租，全面考评供方情况、设备状况、服务能力和价格等择优确定供方，招租时应由公司（分公司）机械部门组织进行。

④租用的设备应选择整机性能好、安全可靠、效率高、故障率低、维修方便和互换性强的设备，避免使用淘汰产品。

⑤设备租赁单位必须具备相应资质要求。对大型起重设备和特种设备，租赁单位应提供营业执照、租赁资质、设备安装资质、安全使用许可证、设备安全技术定期检验证明、机型机

种在本地区注册备案资料、机械操作人员作业证明及地区注册资料，符合要求方可租用。

⑥租金一般应根据具体情况由公司按地区编制《机械设备租赁台班费用定额》来确定。如果项目从本企业设备租赁公司(站)租赁机械设备，需要签订需用设备租赁合同，合同条款应包括机械设备名称、规格型号、起止日期、月工作台班、台班单价、费用结算、双方责任和其他有关内容，并经双方单位盖章和负责人签字后生效。按机械设备租赁合同对进场、出场设备做好交接和验收工作。

(2)租赁合同

①内部提供的机械设备由机械设备租赁公司(站)与项目经理部签订租赁合同；外部租用的机械设备由机械设备租赁单位与分公司机械部门签订租赁合同，再按公司内部租赁办法租给项目。

②合同条款应包括机械编号、机械名称、规格型号、起止日期、月工作台班、台班单价、费用结算、双方责任和其他有关内容。

③合同生效后，租用双方应严格遵守合同条款。若任何一方违反条款，所造成的经济损失由违约方负责。

④合同期满后，若项目需继续使用时，应提前通知机械设备租赁公司(站)，续签合同；若提前终止合同，应协商终止合同。

3)设备进退场

租赁合同签订后，公司(分公司)机械部门应根据项目申请的设备进场计划，协助组织实施，监督租赁方按期将机械设备运至现场；大型机械设备的进出场费、安拆费和辅助设施费等由双方协商，并在合同中签订；租赁的设备进退场，项目应保证道路畅通和作业现场安全；租赁的设备在进退场时，租用双方共同交接清点并办理交接验收签字手续，公司(分公司)机械部门监督执行。

6.4.3 设备的使用与安全管理

1.设备卡片台账的建立

对所有设备均需建卡建账，做到账、物、卡对应齐全。

1)设备卡是张贴在单个设备或同组同类设备上的卡片，相当于资产卡。内容包括设备名称、编号、保存部门、责任人(保管人)、建立日期等。

2)设备台账包括序号、类别、名称、规格、编号、保存部门、保管人、数量、价格、购买日期等。

3)设备档案由机电设备科保存，包括单台设备图纸、单台设备备品备件图纸、设备台账、备品备件的计划和实际的维修周期、计划和实际的使用周期、报废设备台账，等等。

2.设备使用说明

设备的使用一方面是指设备的配置和合理的储备，防止设备的积压、闲置和不配套。另一方面是指设备在运转过程中正确地操作和使用。设备的合理使用能保证其正常运转，发挥其应有效率和减轻磨损，设备合理使用应注意以下几点：

1)设备的配置和合理的储备。根据工艺设计选择设备的型号、规格、数量、空间布置，以及配置和安装，要求各类型设备的配备经济合理，避免大机小用和设备运转闲置等问题。

2）设备管理。有分管机械设备的领导、专职（小型工程项目也可设兼职）机械管理员，负责施工项目的机械管理工作，履行岗位职责。

3）设备的操作和使用。为设备配以合适的操作人员。矿山企业生产是多种机械设备的联合作业，包括采掘设备、运输设备、提升设备、通风设备、排水设备、压气设备、供电设备等，这些设备越来越趋向大型化、精密化和结构复杂化。对于操作使用者，要求有一定的机电知识和保养常识，因此，选择合适的人员，进行培训才可以上机操作。特别是贵重精密的仪器，必须指定具有专门知识与技能、经验的技工或技术人员掌握使用。主体设备均须列有操作规程和注意事项，配备有考核合格的专职操作人员，制定有定时巡查制度，关键设备必须设有自动保护装置。对于重要和事关安全的设备，如煤矿井下的主副井提升、排水、通风设备，按国家颁布的煤矿安全规程的规定，必须设立"双回路、双电源"供电，保证电力供应不中断。矿业企业所有设备的开停车都遵循着一定的顺序和规律，必须明确规定每台设备开车前的注意事项，以及其在生产线中的开停车顺序。

4）为设备创造良好的工作环境。设备进场应按施工平面布置图规定的位置停放和安装。机械设备安放场地应平整、清洁、无障碍物、排水良好，操作棚搭设以及临时施工用电架设和配电装置应符合现场文明施工的要求；需要固定的设备要把螺丝固定好；对精密的机电设备，应当有专设的工作室；凡是运转的部位又应该有防护栏杆或防护罩；矿山企业还需要有防爆装置。

5）制定设备使用、保养、维修规章制度，建立健全设备使用的责任制度。设备的点检要求按照一定的标准、一定周期、对设备规定的部位进行检查，以便早期发现设备故障隐患，及时加以修理调整，使设备保持其规定功能。坚持"三定"（定人、定机、定岗位责任）制度、交接班制度和每周检查制度，填写机械设备周检记录。作业人员严格遵守操作规程，机械操作人员负责机械设备的日常保养，做好"十字"（清洁、润滑、调整、紧固、防腐）作业，填写机械设备运转和交接班记录；维修人员负责机械设备的维护和修理；填写机械设备维修、保养记录，确保机械设备良好正常运转，不得失修、失保、带病作业。随时以"五好"标准予以检查控制，即完成任务好、技术状况好、使用好、保养好、安全好。建立健全设备运行台账，完整记录全部时间段设备的运行状态，方便工作人员及时判断设备是否正常运行，协助机电工作人员判断设备是否出现异常和对设备异常原因进行分析。

6）机械设备的安全管理。施工组织设计或施工方案的安全措施中有切实可行的机械设备使用安全技术措施。

7）教育职工爱护设备，并对职工进行设备操作、保养知识的培训。

6.4.4　设备的维护、保养与检修

1.设备的维护与保养

对设备进行维护与保养是一项经常的工作，是设备自身运行的客观要求。进行设备维护与保养可以解决设备在运转过程中，由于外部和设备本身的摩擦、侵蚀，导致设备的零件磨损、松动、脱落等，使得设备的性能和效率逐渐下降的问题。

做好设备的维护保养要有一套科学的维护保养制度。保养制度是按设备实际运转时间规

定各级保养周期和相应的保养业务范围。设备的保养类别分为：

1）日常保养，或叫例行保养。它的内容是进行清洁、润滑、紧固松动的螺丝，检查零件的完整情况。日常保养的部位较少，多数在设备的外部。

2）一级保养。普遍地进行扭紧、清洁、润滑，还要部分地进行调控。

3）二级保养。主要进行内部清洁、润滑、局部解体检查和调整。

4）三级保养。对设备主体部分进行解体检查和调整，对一些达到磨损限度的零件予以更换。

2.设备的检修

设备在使用过程中产生磨损，这是一种不可避免的自然现象。做好维护保养工作可减少磨损，但不能根除磨损。设备的修理，就是修复由于正常或不正常的原因，而造成的设备损坏。通过修理和更换已经磨损、腐蚀的零件和部件，使设备的效能得到恢复。

小修是一种经常性的修理，工作量小，要求停机时间不长，其目的是排除设备的某些不协调和微小的故障。

中修是设备连续工作一段时间之后，为预防招致事故的磨损而进行的主要部分的解体检修。

大修是对设备全部解体的一种恢复性修理，其目的是使设备完全恢复到正常状态，使其性能、效率和精度恢复到原来水平。

在实际工作中，除上述三种修理外，还有一些临时性修理，如设备在运转中发生临时故障，或由于其他生产事故而被迫进行的检修。

【案例6-1】某选矿厂圆锥破碎机小修、中修和大修的管理制度：

小修：圆锥破碎机每半个月到一个月为小修周期，其内容包括：检查碗形瓦；检查锥套和直套的磨损情况，并检查其间隙；检查圆锥齿轮啮合间隙；检查传动轴瓦间隙；检查液压装置、润滑装置及更换润滑油；主要零件清洗。

中修：每4~6个月为一次中修周期，其主要内容包括：更换衬板；修复或更换偏心轴套、锥套和直套；修复或更换圆锥齿轮、传动轴和轴瓦；修复或更换碗形瓦或防尘装置；修复调整环和支承套螺纹；对小修项目进行全部检查和处理；分解电机、吹尘除垢和检查各部轴瓦间隙；分解油开关，清洗和处理缺陷；各部电气调整和试验；检查和修复配电盘及其他电缆线等。

大修：每4年为一次大修周期或根据实际情况决定，其内容包括：修复或更换机架及有关出现问题的基础部分；对中修项目进行全部检查和处理，以及进行技术改造；更换电机定子线圈(根据预防性试验决定)；重新浸绝缘漆；根据实际情况决定是否要更换转子轴。

6.5 小结及学习指导

本章主要介绍了矿业工程项目资源管理的概念、流程以及资源管理的主要内容，其中包括人力资源管理、设备资源管理、物资资源管理等方面。在矿业工程项目资源管理中，人力资源管理是至关重要的一环。在项目启动阶段，需要确定项目所需人力资源的数量和类型，建立人力资源管理计划，招聘和培训适合的人员，并对其进行管理和控制。设备资源管理也是矿业工程项目资源管理的重要组成部分。需要进行设备选型、采购、安装、调试、维护和更新等方面的管理，确保设备的稳定运行，同时也需要对设备进行监控和控制，以便及时解决问题。物资资源管理则是指项目所需的原材料、零部件、辅助设备等的管理，包括采购、库存管理、使用、维护和更新等方面。在矿业工程项目资源管理中，需要注意资源的合理配置和使用，确保资源的充分利用和节约。同时也需要制订相应的资源管理计划和控制措施，以确保项目能够按时、按质量完成。

学习本章的重点是掌握矿业工程项目资源管理的基本概念和流程，了解各种资源管理的方法和技巧，并能够制订相应的资源管理计划和控制措施，以确保项目能够按时、按质量完成。

课后习题

1. 资源管理的任务与内容有哪些？
2. 简述资源供应的要求及其重要性。
3. 简述工程招标采购的基本程序。
4. 简述资源计划和工期计划以及成本计划的关系。
5. 工程项目的劳动力曲线由哪些因素决定的？
6. 某工程由下表所列的工程活动组成：

表 6-2　工程活动表

活动	A	B	C	D	E	F	G	H	I	J
持续时间/日	4	3	3	8	4	4	7	5	2	2
动力投入 /(人·日⁻¹)	5	9	6	8	4	6	5	7	4	4
紧后活动	B、C、D	E	E、G	F、H	I	G	J	J	J	

要求：
(1) 作劳动力曲线。
(2) 如果劳动力限制 20 人，请作新的工期安排。
7. 减少施工现场材料库存有什么意义、风险和条件？
8. 设备管理的内容包括哪些？
9. 设备的选择与使用应注意哪些问题？

第7章 矿业工程项目安全与环境管理

7.1 矿业工程项目安全管理概述

7.1.1 矿业工程项目安全管理的概念

矿业工程项目安全管理是指矿业工程项目在建设、使用或运营过程中，为保证安全生产而进行的全部管理活动，其目的是保证劳动者的身体健康和生命安全及国家、集体和个人的财产安全。

矿业工程项目的安全管理贯穿于工程项目的全生命周期，涉及和矿业工程项目相关的所有专业技术领域，关系到参加项目的全体人员的身体健康和生命安全。因此，矿业工程项目的安全管理是矿业工程项目管理中不可缺少的重要组成部分

7.1.2 矿业工程项目安全管理的内容

矿业工程项目安全管理包括安全生产保证体系的建立和安全生产的日常管理两个方面。

1.安全生产保证体系的建立

安全生产保证体系是保证生产安全的所有因素的总称。它包括安全生产的组织保证体系和技术保证体系两个部分。安全生产保证体系是保证生产安全的基础，因此，矿业工程项目安全管理的首要任务是建立施工项目的安全保证体系。

安全生产的组织保证体系一般包括安全生产管理组织和安全生产管理制度两个方面。因此，安全制度的建立分两个部分。

1)安全生产管理组织机构的建立

工程项目的安全生产管理组织机构一般包括企业层面和工程项目管理团队层面两个层次。从企业层面上讲，工程项目的相关单位应该建立起以企业负责人为首，包括安全生产管理部门及基层管理人员在内的完善的安全生产管理组织体系。从工程项目管理团队层面上讲，工程项目管理团队应该建立起以项目经理为总负责人，由施工员、安全员、班组长等共同组成的安全生产管理小组，并组成安全管理网络。

2)安全生产管理制度的建立

安全生产管理制度分为很多层次，一般包括国家的安全管理政策和法律法规，地方或行

业的条例、规范和标准，企业的安全生产管理制度，以及工程项目管理团队的安全生产管理制度等。地方或行业的条例、规范和标准应该符合国家的安全管理政策和法律法规的要求，企业的安全生产管理制度应该符合国家的安全管理政策和法律法规及地方或行业的条例、规范和标准的要求，工程项目管理团队的安全生产管理制度应该符合国家、地方、行业和企业的安全生产管理制度的要求。企业负责人和项目经理要严格遵守国家的安全管理政策和法律法规及地方或行业的条例、规范和标准，认真执行有关劳动保护标准和安全技术规程，并制定出相应的安全生产管理制度。

安全生产管理制度一般包括安全生产教育制度、安全管理人员的岗位职责、安全生产检查制度、安全评价制度和安全事故管理制度等。

2. 安全生产的日常管理

在项目实施过程中，所有的项目实施管理和作业人员要检查安全技术方案中的所有安全技术措施，项目负责人和安全技术人员要检查安全技术措施的落实情况，项目的技术管理人员要注意收集安全技术措施的执行情况，对项目实施过程中暴露出的一些安全技术问题，技术人员要参照有关的安全技术标准采取妥善的安全防护措施，弥补技术方案中安全措施的不足，确保项目实施和运行或使用过程中的安全，需要改变安全技术方案时，要报原技术方案审批部门负责人，经批准后方可变更。

7.2　矿业工程安全生产管理制度

如前所述，安全生产管理制度包括国家、地方或行业、企业和工程项目管理团队等多个层次，根据本课程的特点，这里仅对工程项目管理团队层面的安全生产管理制度进行介绍。从工程项目管理团队层面上讲，安全生产管理制度的范围非常广泛，常用的有安全生产岗位责任制、安全教育制度、安全技术交底制度、安全检查制度、安全事故管理制度和安全设施运行管理制度，以下主要介绍前两种。

7.2.1　安全生产岗位责任制

项目经理部应该根据安全生产责任制的要求，把安全责任目标分解到岗，落实到人。安全生产责任制必须经项目经理批准后实施。

1. 项目经理的安全职责

项目经理的安全职责应该包括认真贯彻安全生产方针、政策、法规和各项规章制度，制定和执行安全生产管理办法，严格执行安全考核指标和安全生产奖惩办法，严格执行安全技术措施审批和施工安全技术措施交底制度；定期组织安全生产检查和分析，针对可能产生的安全隐患制订相应的预防措施；当施工过程中发生安全事故时，项目经理必须按安全事故处理的有关规定和程序及时上报和处置，并制订防止同类事故再次发生的措施。

2. 安全员的安全职责

安全员的安全职责应包括：落实安全设施的设置，对施工全过程的安全进行监督，纠正违章作业，配合有关部门排除安全隐患，组织安全教育和全员安全活动，监督劳保用品质量并正确使用。

3. 作业队长的安全职责

作业队长的安全职责应包括：向作业人员进行安全技术措施交底，组织实施安全技术措施；对施工现场的安全防护装置和设施进行验收；对作业人员进行安全操作规程培训，提高作业人员的安全意识，避免产生安全隐患；当发生重大或恶性工伤事故时，应保护现场，立即上报并参与事故的调查处理。

4. 班组长的安全职责

班组长的安全职责包括：安排施工生产任务时，向本工种作业人员进行安全措施交底；严格执行本工种的安全操作规程，拒绝违章指挥；作业前应对本次作业所使用的机具、设备、防护用具及作业环境进行安全检查，消除安全隐患，检查安全标牌是否按规定设置，标志方法和内容是否正确完整；组织班组开展安全活动，召开上岗前的安全生产会；每周应该进行安全讲评。

5. 操作工人的安全职责

操作工人的安全职责包括：认真学习并严格执行安全技术操作规程，不违规作业，自觉遵守安全生产规章制度，执行安全技术交底和有关安全生产的规定；服从安全监督人员的指导，积极参加安全活动；爱护安全设施；正确使用防护用具；安全作业，拒绝违章指挥。

6. 承包人对分包人的安全生产责任

承包人对分包人的安全生产责任应包括：审查分包人的安全施工资格和安全生产保证体系，不应将工程分包给不具备安全生产条件的分包人；在分包合同中应明确分包人的安全生产责任和义务；对分包人提出安全要求，并认真监督、检查；对违反安全规定冒险蛮干的分包人，应令其停工整改；承包人应该统计分包人的伤亡事故，按规定上报，并按分包合同的约定协助处理分包人的伤亡事故。

7. 分包人的安全生产责任

分包人的安全生产责任应包括：分包人对本施工现场的安全工作负责，认真执行分包合同规定的安全生产责任；遵守承包人的有关安全生产制度，服从承包人的安全生产管理，及时向承包人报告伤亡事故并参与事故调查，处理善后事宜。

施工中发生安全事故时，项目经理必须按国务院安全行政主管部门的规定及时报告，并协助有关人员进行处理。

7.2.2　安全教育制度

安全生产教育是提高全员安全素质，实现安全生产的基础。通过安全生产教育可以提高各级生产管理人员和广大职工的安全责任感和自觉性，增强项目参加人员的安全意识，调动项目参加人员掌握安全生产知识的积极性，增强员工自我防护能力，从而达到不断地提高安全管理水平和安全操作技术水平的目的。

工程项目管理人员要认真学习国家、地方、行业和企业的安全生产、劳动保护规章制度，在组织生产时要树立"安全第一，预防为主"的指导思想，在计划、布置、检查生产作业时，要同时计划、布置、检查安全工作是否落实。项目经理要亲自组织全体管理人员的安全教育，消除只重进度、只抓生产、忽视安全的思想意识，从根本上杜绝违章指挥的发生。

参加项目的所有人员在进入岗位前，均要进行入场安全教育和岗位安全技术教育，特种作业人员(如电工、架子工、起重机操作工、电焊工等)还要经专业培训、考核，持证上岗，除了以上这些基础安全教育工作外，还要对全体场内施工人员进行上岗后的经常性安全教育，使职工的安全生产意识保持较高的平稳状态。

1. 安全生产教育的主要内容

1)安全生产思想教育

通常从方针政策和劳动纪律教育两个方面进行安全生产思想教育。目的是提高各级生产管理人员和广大职工的安全责任感和自觉性，增强项目参加人员的安全意识。

2)安全知识教育

主要是施工现场的情况介绍，内容一般包括施工工艺和方法，施工中的危险区域、危险部位、各类不安全因素等及其安全防护的基本知识和注意事项。

3)安全技能教育

安全技能教育是指针对操作工人的具体岗位的安全知识教育，专业性非常强，需要细致而深入地进行。它包括安全技术、劳动卫生和安全操作规程。通过安全技能教育应该使每一个职工都要熟悉本岗位的专业安全技术知识。

4)事故教育

施工现场的事故教育是指结合典型的事故教训进行安全教育，使每一个职工从以往的事故中吸取教训，防止类似事故的再一次发生。

5)法制教育

定期和不定期对个体职工进行遵纪守法的教育，可以提高广大职工的安全意识，尽可能地避免违章指挥和违章操作。

2. 安全教育方式

1)安全基础教育

安全基础教育是指新工人(包括新招收的合同工、临时工、学徒工、实习和代培人员)进入施工现场前必须进行企业、工地和班组的三级安全教育，这是企业必须坚持的安全生产基本教育制度之一。

三级安全教育一般由安全、教育和劳资等部门配合组织。经教育考试合格者才准许进入生产岗位，不合格者必须补课、补考。

对新工人的三级安全教育情况，要建立档案，如职工安全生产教育卡等，新工人工作一个阶段后，还应进行复杂性的再教育，以加深安全的感性和理性认识。

2）特殊工种安全技术教育

特殊工种是指对操作者本人或操作者可能对他人和周围设施的安全产生重大危害的工作岗位，如脚手架架设、电气、起重、机械操作等工作。

从事特殊工种的人员，必须经国家规定的有关部门进行安全教育和安全技术培训，并经考核合格，取得操作证后，方准独立作业。

3）经常性教育

安全生产教育工作，必须做到经常化、制度化，把经常性的普及教育贯彻于管理工作的全过程，并根据接受教育对象的不同特点，采取多层次、多渠道和多种方法进行，保证良好的效果。生产作业班组应每周安排一次安全活动日，可利用班前或班后进行。

实施安全教育应符合下列规定：

项目经理部的安全教育内容应包括学习安全生产法律和讲解安全事故案例。

作业队的安全教育内容应包括：了解所承担施工任务的特点，学习施工安全基本知识、安全生产制度及相关工种的安全技术操作规程；学习机械设备和电气使用、高处作业等安全基本知识；学习防火、防毒、防爆、防洪、防尘、防雷击、防触电、防高空坠落、防物体打击、防坍塌、防机械伤害等知识及紧急安全救护知识；了解安全防护用品发放标准，防护用具、用品使用基本知识。

班组的安全教育内容应包括：了解本班组作业特点，学习安全操作规程、安全生产制度及纪律；学习正确使用安全防护装置（设施）及个人劳动防护用品知识，了解本班组作业中的不安全因素及防范对策、作业环境及所使用的机具安全要求。

7.3 矿业工程施工现场的安全管理

7.3.1 施工安全管理基本要求

1）组织职工认真学习、贯彻执行国家安全生产方针和有关法规，树立遵章守纪、自觉反对"三违"（即违章指挥、违章操作、违反劳动纪律）的好风气。

2）建立健全以安全生产责任制为核心的各项安全生产规章制度，落实各部门、各岗位在安全生产中的责任和奖惩办法。

3）编制和督促实施安全技术措施计划，结合实际情况采用科学技术和安全装备，落实隐患整改措施，改善劳动条件，不断提高矿业的抗灾能力。

4）制订防尘措施，定期对井下作业环境进行检测，对接触粉尘人员进行健康检查，做好职工的健康管理工作。

5）有计划地组织职工进行技术培训和安全教育，提高职工的技术素质和安全意识。特殊工种要经过专门的技术培训、经主管部门考试合格发证后，持证上岗。

6）定期组织全矿安全生产检查，开展群众性的安全生产竞赛活动。

7）在实行任期目标责任制或签订经济承包合同中应有矿业安全生产的近期规划，以及实现目标、规划的措施和检查办法。

8）对本矿业企业发生的伤亡事故应按规定及时统计、上报，及时组织调查、分析和处理，坚持"四不放过"原则（即事故原因没查清不放过、责任人员没处理不放过、整改措施没落实不放过、有关人员没受到教育不放过）。

9）建立健全有关安全生产的记录和档案资料。

7.3.2　施工安全管理基本制度

矿业工程建设、施工单位为加强安全生产管理，落实安全责任，完善自我约束、自我激励机制，必须建立以安全生产责任制为核心的安全管理制度。安全生产管理规定应满足以下规定：符合相关的法律、法规、规章、规程和标准；内容具体，责任明确，有针对性和可操作性，能够对照执行和检查考核；明确适用范围和时间，便于相关部门和人员掌握；对违反制度的各种行为要有明确、具体的处罚措施和责任追究办法，并以正式文件发布。

1. 安全生产责任制度

安全生产责任制度是建筑生产中最基本的安全管理制度，是所有安全规章制度的核心。

2. 群防群治制度

群防群治制度是职工群众进行预防和治理安全的一种制度。这一制度也是"安全第一、预防为主、综合治理"的具体体现，是企业进行民主管理的重要内容。这一制度要求建筑企业职工在施工中应当遵守有关生产的法律、法规和建筑行业安全规章、规程，不得违章作业；对于危及生命安全和身体健康的行为有权提出批评、检举和控告。

3. 安全教育与培训制度

这是实现矿山安全生产的一项重要基础工作，其主要内容包括：安全思想教育、安全法制教育、劳动纪律教育、安全知识教育和技术培训、典型事故案例分析等。通常采取三级安全教育、特种作业人员培训、日常安全教育以及各级管理干部、专职安全员的教育和培训等方式。

4. 安全监督检查制度

安全监督检查制度是上级管理部门或企业自身对安全生产状况进行定期或不定期检查的制度。通过检查可以发现问题，查出隐患，从而采取有效措施，堵塞漏洞，把事故消灭在发生之前，做到防患于未然，是"预防为主"的具体表现。

5. 事故处理报告制度

施工中发生事故时，建筑企业应当采取紧急措施减少人员伤亡和事故损失，并按照国家有关规定及时向有关部门报告的制度。事故处理必须遵循一定的程序，坚持"四不放过"原则，举一反三，杜绝类似事故的发生。

此外，还有安全目标管理制度、安全投入保障制度、事故隐患排查与整改制度、安全技术措施审批制度、安全生产会议制度、安全质量标准化管理制度等。

6. 安全责任追究制度

建设单位、设计单位、施工单位、监理单位，由于没有履行职责造成人员伤亡和事故损失的，视情节给予相应处理；情节严重的，责令停业整顿，降低资质等级或吊销资质证书；构成犯罪的，依法追究刑事责任。

7.3.3　安全规程的相关条款

1. 矿山企业主要负责人

1）矿山企业主要负责人对本矿山的安全生产负责。

2）矿山企业主要负责人应具备矿山安全生产专业知识，具有领导矿山安全生产和处理矿山事故的能力。

3）矿山企业主要负责人应依法接受安全培训和考核，并取得合格证。

2. 专职安全生产管理人员

1）专职安全生产管理人员应从事矿山工作5年以上、具有相应的矿山安全生产专业知识和工作经验并熟悉本矿山生产系统。专职安全生产管理人员应依法接受培训，并取得合格证。

2）专职安全生产管理人员应按照岗位职责组织或者参与制定本矿山的安全生产规章制度、各岗位的安全操作规程和安全事故应急救援预案。

3）专职安全生产管理人员应按照岗位职责组织或者参与制定安全教育培训制度，组织矿山从业人员的安全生产教育和培训工作以及外来人员入矿前的安全教育工作。

4）专职安全生产管理人员应按照岗位职责组织本矿山应急救援演练。

5）专职安全生产管理人员应按照岗位职责和安全生产检查制度对安全生产状况进行检查；及时排查生产安全事故隐患，提出改进安全生产管理的建议；制止和纠正违章指挥、强令冒险作业、违反操作规程的行为；督促落实本单位安全生产整改措施。检查、处理情况和改进措施及整改情况应由检查人员记录，并由各级责任人员签字确认后存档。

3. 安全生产管理机构

1）安全生产管理机构应配备足够的专职安全生产管理人员。

2）安全生产管理机构负责本矿山安全生产的日常管理工作，组织或者参与制定安全生产规章制度、岗位操作规程、安全事故应急预案，组织安全生产教育和培训工作，组织本矿山应急救援演练。

4. 安全教育与培训

1）矿山企业应对矿山从业人员进行安全生产教育和培训，保证各岗位人员具备必要的安全生产知识，熟悉本矿山安全生产规章制度和本岗位安全操作规程，掌握本岗位的安全操作技能。未经安全生产教育和培训合格的，不准许上岗。

2）新进露天矿山的生产作业人员应接受不少于72小时的安全培训，经考试合格后上岗。

3）新进地下矿山的生产作业人员应接受不少于72小时的安全培训；经考试合格后，由从事地下矿山作业2年以上的老工人带领工作至少4个月，熟悉本工种操作技术并经考核合格方可独立工作。

4）调换工种的生产作业人员应接受新岗位的安全操作培训，考试合格方可进行新工种操作。

5）所有生产作业人员每年至少应接受20小时的职业安全培训，并应考试合格。

6）采用新工艺、新技术、新设备、新材料时，应对有关人员进行专门培训和考试。

7）入矿参观、考察、实习、学习、检查等的外来人员，应接受安全教育，并由熟悉本矿山安全生产系统的从业人员带领进入作业场所。

8）矿山从业人员的安全培训情况和考核结果，应记录存档。

5. 矿山建设

1）矿山企业的办公区、生活区、工业场地、地面建筑等，不应设在危崖、塌陷区、崩落区，不应设在受尘毒、污风影响的区域内，不应受洪水、泥石流、爆破威胁。

2）矿山企业的加油站、加气站应设置在安全地点。

3）矿山企业的新建、改建、扩建项目，应按照国家要求进行安全设施设计。安全设施应该与主体工程同时设计、同时施工、同时投入生产和使用。

4）矿山企业的新建、改建、扩建项目的安全设施，应按照国家有关规定进行设计、施工和验收。

5）矿山建设项目的安全设施应该在项目正式投产前进行验收。

6. 安全生产管理

1）任何人不应酒后进入矿山作业场所，不应将酒类饮料带入矿山作业场所（紧急医疗除外）。

2）矿山井下禁止吸烟。

3）矿山企业的要害岗位、重要设备和设施周围及危险区域，应设置醒目的安全警示标志，并在生产使用期间保持完好。

4）矿山企业应对安全设施进行定期检查、维护和保养，记录结果并存档，记录应由相关人员签字确认；安全设施在用期间，不得拆除或者破坏。

5）矿山使用的涉及人身安全的设备应由专业生产单位生产，并经具有专业资质的检测、检验机构检测，检验合格，方可投入使用；矿山生产期间，应定期由具有专业资质的检测、检验机构进行检测、检验，并出具检测、检验报告。

6）矿山采用涉及安全生产的新技术、新工艺、新设备、新材料之前，应制订可靠的安全措施，并将相关文件存档。

7）矿山设备不应在有明火或其他不安全因素的地点加油或加气。

8）地下矿山企业应建立健全下井人员出入矿井登记和检查制度。入井人员应随身携带符合安全要求的照明灯具和自救器。

9）矿山企业发生生产安全事故时，矿山企业主要负责人应立即组织抢救，迅速采取有效措施减小损失。

10）发生生产安全事故后，企业应按国家有关规定及时、如实报告事故情况；分析事故原因，总结经验教训，提出防止同类事故发生的措施。

11)发生特别重大生产安全事故，或地下矿山停产 6 个月以上，恢复生产前应进行全面安全检查、制订和采取可靠的安全措施。满足安全生产条件后方可恢复生产。

7.闭坑

1)露天矿山闭坑应对周围安全无不良影响；露天坑入口、露天坑周围易于发生危险的区域应设置围栏和警示标志，防止人员误入。

2)地下矿山闭坑时，应对进入矿山地下的入口进行封闭，并沿划定的崩落区范围设置围栏和警示标志，防止人员坠入。

7.4 矿业工程项目环境管理

7.4.1 矿业工程项目对环境的影响及环境影响评价

1.矿业工程项目的环境影响问题与相关施工要求

1)矿业工程项目的环境影响问题

(1)生态环境破坏影响

矿山建设过程中由于地下空间的开采和疏干排水，导致地下水失衡，引起区域性地下水位大幅度下降，造成地面水资源短缺，耕地荒漠，造成严重的生态环境破坏。

(2)地质结构破坏影响

矿山建设过程中由于部分地层挖空，地层压力和地质结构失衡，造成地层结构变形破坏，并且这种影响一直会延展到地面。局部地面沉降使耕地沉陷，不仅会危及地面原有建(构)筑物，以致村庄道路搬迁、房屋破坏，而且会导致山体开裂、崩塌、滑坡，大范围对地面自然环境的破坏，威胁着矿区地面建筑物和人员安全。

(3)废弃物排放污染影响

大量施工泥浆等废水、废渣和废气的排放，直接有害于施工人员。矿业工程施工人员在狭小的工作面直接面对岩尘(或煤尘)、粉尘、有毒有害气体、放射性毒害以及带有腐蚀性的地下水等，对施工人员身心健康的危害是非常严重的。开挖出来的矿山固体废弃物(矸石等矿山废渣和工业垃圾)的排放，不仅侵占场地和农田，还造成矿区周围的大气、水质、土壤的恶化，破坏植被和生态景观；有的废弃物还带有放射性，危害更是严重。因此矿山废渣和工业垃圾的处理也是矿业工程环境保护、避免生活水源污染和生存环境破坏的重要内容。

2)施工过程中的环境保护工作要求

(1)优化工程设计。新开发矿区(矿井)，应在充分做好环境影响评价的前提下，力求对一切与环境相关的工程进行优化设计，将对环境的影响降到最低且可控。

(2)矿井主体工程设计。应在矿井地面工业场地布置上进行改革，按照建立生产、生产服务和生活服务三条线的设想，将矿区生产组织按功能划分为若干系统。遵照专业化、集中化、企业化和系统化的原则进行全面规划。

(3)环境保护工程的设计。环境保护工程应在环境影响评价的基础上，满足环境保护要求，并应有环境保护部门审查同意。

（4）坚持环境工程项目的施工及其验收的正规程序，确保环保工程如期建成投产，严格执行"三同时"政策。凡是排放"三废"和污染环境的建设项目，必须严格保证环境保护工程与主体工程同时设计、同时施工、同时投入生产和使用。

2. 矿业工程项目的环境影响评价

1）环境影响评价形式

环境影响评价是指对规划和建设项目实施后可能造成的环境影响进行分析、预测和评估，提出预防或者减轻不良环境影响的对策和措施，进行跟踪监测的方法和制度，是法律规定在项目规划和建设前必须要完成的工作。环境影响评价有三种形式：

（1）可能造成重大环境影响的，应当编制环境影响报告书，对产生的环境影响应有全面评价。

（2）可能造成轻度环境影响的，应当编制环境影响报告表，对产生的环境影响应有分析或者专项评价。

（3）对环境影响很小的，应当填报环境影响登记表。建设项目的环境影响报告书应当包括建设项目概况、建设项目周围环境现状、建设项目对环境可能造成影响的分析及预测和评估；建设项目环境保护措施及其技术、经济论证；建设项目对环境影响的经济损益分析；对建设项目实施环境监测的建议；环境影响评价的结论等。

涉及水土保持的建设项目，还必须有经水土行政主管部门审查同意的水土保持方案。

2）建设项目环境影响评价管理要求

（1）评价机构及其要求

①进行环境影响评价的机构，应当经国务院环境保护行政主管部门考核审查合格，具有一定的资质证书。

②评价机构应按照其资质等级和评价范围，从事环境影响评价服务；评价机构应对其评价结论负责。

③为项目进行环境影响评价提供技术服务的机构，不得与负责审批建设项目环境影响评价文件的环境保护行政主管部门或者其他有关审批部门存在任何利益关系。

④项目的环境影响报告书或者环境影响报告表，应当由具有相应资质的机构编制，评价机构不得受人指定。

（2）建设环境影响评价文件的审批管理

①建设项目的环境影响评价文件，由建设单位报环境保护行政主管部门审批；建设项目有行业主管部门的，其环境影响报告文件应经行业主管部门预审后，报环境保护行政主管部门审批。

②建设项目的环境影响评价文件经批准后，建设项目的性质、规模、地点、采用的生产工艺或者防治污染、防止生态破坏的措施发生重大变动的，建设单位应当重新编制并报批建设项目的环境影响评价文件。

③建设项目的环境影响评价文件自批准之日起超过 5 年，方决定该项目开工建设的，其环境影响评价文件应当报原审批部门重新审核。

④建设项目的环境影响评价文件未经审查或者审查后未予批准的，该项目审批部门不得

批准其建设，建设单位不得开工建设。

（3）环境影响的后评价与管理要求

①在项目建设、运行过程中产生不符合经审批的环境影响评价文件的情形的，建设单位应当组织环境影响的后评价，采取改进措施，并报原环境影响评价文件审批部门和建设项目审批部门备案；原环境影响评价文件审批部门也可以责令建设单位进行环境影响的后评价，采取改进措施。

②环境保护行政主管部门应当对建设项目投入生产或者使用后所产生的环境影响进行跟踪检查，对造成严重环境污染或者生态破坏的，应当查清原因、查明责任。对属于为建设项目环境影响评价提供技术服务的机构编制不实的环境影响评价文件的，或者属于审批部门工作人员失职、渎职，对依法不应批准的建设项目环境影响评价文件予以批准的，依法追究其法律责任。

7.4.2 井下环境安全规程的相关条款

1. 井下空气

1）井下空气成分应符合下列要求：

（1）采掘工作面进风风流中的 O_2 体积浓度不低于20%，CO_2 体积浓度不高于0.5%。

（2）入风井巷和采掘工作面的风源含尘量不大于 0.5 mg/m³。

（3）作业场所空气中有害气体浓度不超过表7-1的规定。

（4）作业场所空气中粉尘（总粉尘、呼吸性粉尘）浓度不超过表7-2的规定。

表7-1 采矿工作面进风风流中有害气体浓度限值

有害气体名称	限值/%
一氧化碳（CO）	0.0024
氮氧化物（换算成 NO_2）	0.00025
二氧化硫（SO_2）	0.0005
硫化氢（H_2S）	0.00066
氨（NH_3）	0.004

表7-2 作业场所空气中粉尘浓度限值

游离 SiO_2 的质量分数/%	时间加权平均浓度限值/（mg·m⁻³）	
	总粉尘	呼吸性粉尘
<10	4	1.5
10~50	1	0.7
50~80	0.7	0.3
80	0.5	0.2

注：时间加权平均浓度限值是每天8小时工作时间内接触的平均浓度限值。

2）含铀、钍等放射性元素的矿山，井下空气中氡及其子体的浓度应符合 GB 18871 的有关规定。

3）矿井进风应满足下列要求：

（1）井下工作人员供风量不少于 4 m^3/（min·人）。

（2）排尘风速：硐室型采场不小于 0.15 m/s；饰面石材开采时不小于 0.06 m/s；巷道型采场和掘进巷道不小于 0.25 m/s；电耙道和二次破碎巷道不小于 0.5 m/s；箕斗硐室、装矿皮带道等作业地点的风速不小于 0.2 m/s。

（3）破碎机硐室：采用旋回破碎机的，风量不小于 12 m^3/s；采用其他破碎机的，风量不小于 8 m^3/s，采用 2 台破碎设备时，风量不小于 12 m^3/s。

（4）柴油设备运行时供风量不小于 4 m^3/（min·kW）。

（5）满足规程规定的风速要求。

4）有人员作业场所的井下气象条件应符合下列要求：

（1）人员连续作业场所的湿球温度不高于 27 ℃，通风降温不能满足要求时，应采取制冷降温或其他防护措施。

（2）湿球温度超过 30 ℃，应停止作业。

（3）湿球温度为 27~30 ℃时，人员连续作业时间不应超过 2 小时，且风速不小于 1.0 m/s。

（4）湿球温度为 25~27 ℃时，风速不小于 0.5 m/s。

（5）湿球温度为 20~25 ℃时，风速不小于 0.25 m/s。

（6）湿球温度低于 20 ℃时，风速不小于 0.15 m/s。

5）进风井巷空气温度应不低于 2 ℃；低于 2 ℃时，应有空气加热设施。不应采用明火直接加热进入矿井的空气。严寒地区的提升竖井和作为安全出口的竖井应有保温措施，防止井口及井筒结冰。如有结冰应及时处理，处理结冰前应撤离井口和井下各中段马头门附近的人员，并做好安全警戒。有放射性的矿山，不应用老巷预热或降温。

6）井巷内平均风速应不超过表 7-3 的规定。

表 7-3　井巷断面平均风速限值

井巷名称	平均风速限值/（m·s^{-1}）
专用风井、专用总进风道、专用总回风	20
用于回风的物料提升井	12
提升人员和物料的井筒、用于进风的物料提升井、中段的主要进风道和回风道、修理中的井筒、主斜坡道	8
运输巷道、输送机斜井、采区进风道	6
采场	4

2. 通风系统

1）地下矿山应采用机械通风。设有在线监测系统的矿山应根据监测结果及时调整通风系统；未设置在线监测系统的矿山每年应对通风系统进行 1 次检测，并根据检测结果及时调整通风系统。矿山应及时更新通风系统图。通风系统图应标明通风设备、风量、风流方向、通风构筑物与通风系统隔离的区域等。

2)矿井通风系统的有效风量率应不低于 60%。

3)矿山形成系统通风、采场形成贯穿风流之前不应进行回采作业。

4)进入矿井的空气不应受到有害物质的污染,主要进风风流不应直接通过采空区或塌陷区;需要通过时,应砌筑严密的通风巷引流。主要进风巷和回风巷应经常维护,不应堆放材料和设备,应保持清洁和风流畅通。放射性矿山回风井与进风井的间距应大于 300 m。矿井排出的污风不应对矿区环境造成危害。

5)箕斗井、混合井作进风井时,应采取有效的净化措施,保证空气质量。

6)井下硐室通风应符合下列要求:

(1)来自破碎硐室、主溜井等处的污风经净化处理达标后可以进入通风系统;未经净化处理达标的污风应引入回风道。

(2)爆破器材库应有独立的回风道。

(3)充电硐室空气中 H_2 的体积浓度不超过 0.5%。

(4)所有机电硐室都应供给新鲜风流。

7)采场、二次破碎巷道和电耙巷道应利用贯穿风流通风或机械通风。

8)采场回采结束后,应及时密闭采空区,并隔断影响正常通风的相关巷道。

9)风门、风桥、风窗、挡风墙等通风构筑物应由专人负责检查、维修,保持完好严密状态。主要运输巷道应设两道风门,其间距应大于一列车的长度。手动风门应与风流方向成 80°~85° 的夹角,并逆风开启。并应注意:

(1)不应使用木制风桥;

(2)风桥与巷道的连接处应做成弧形。

3.通风机

(1)正常生产情况下主通风机应连续运转,满足井下生产所需风量。当主通风机发生故障或需要停机检查时,应立即向调度室和矿山企业主要负责人报告,并采取必要措施。

(2)每台主通风机电机均应有备用,并能迅速更换。同一个硐室或风机房内使用多台同型号电机时,可以只备用 1 台。

(3)主通风设施应能使矿井风流在 10 min 内反向,反风量不小于正常运转时风量的 60%。采用多级机站通风的矿山,主通风系统的每台通风机都应满足反风要求,以保证整个系统可以反风。每年应至少进行 1 次反风试验,并测定主要风路的风量。

(4)主通风机房应设有测风压、风量、电流、电压和轴承温度等的仪表。每班都应对通风机运转情况进行检查,并有运转记录。采用自动控制的主通风机,每两周应进行 1 次自控系统的检查。

(5)掘进工作面和通风不良的工作场所,应设局部通风设施,并应有防止其被撞击破坏的措施。

(6)局部通风应采用阻燃风筒,风筒口与工作面的距离:压入式通风不应超过 10 m;抽出式通风不应超过 5 m;混合式通风,压入风筒的出口不应超过 10 m,抽出风筒入口应滞后压入风筒出口 5 m 以上。

(7)人员进入独头工作面之前,应启动局部通风机通风,确保空气质量满足作业要求,较长时间无人进入的工作面还应进行空气质量检测。独头工作面有人作业时,通风机应连续运转。

(8)停止作业且无贯穿风流的采场、独头巷道,应设栅栏和警示标志,防止人员进入。重新进入前,应进行通风并检测空气成分,确认安全后方准进入。

4. 矿井降温

(1)矿山应采取措施避免热环境损害员工健康。

(2)有可能产生热害的矿山,应监测和控制工作面的气象条件;对员工进行防止热害的培训;为员工配备热害防护装备。

(3)热害矿山应制定针对热害的工作制度和管理制度,编制主通风机、制冷系统等停止工作时的应急预案。

(4)通风和制冷系统应随开采方案的改变以及矿山开拓、生产的进展进行相应调整。

(5)有爆炸危险的矿山,井下制冷降温设备应采用防爆型。

(6)地表制冷站采用氨作为制冷剂时,机房距井口应大于 200 m。

(7)井下制冷站严禁采用氨作为制冷剂,并应有制冷剂泄漏监测设施和应急预案。

7.5　小结及学习指导

本章主要介绍了矿业工程项目安全与环境管理的相关知识。首先,介绍了矿业工程项目安全管理的概况,包括安全生产管理制度、施工现场的安全管理等方面。其次,阐述了矿业工程项目环境管理的重要性,介绍了环境管理的目标、内容、原则和管理体系。最后,强调了在矿业工程项目安全和环境管理中需要加强的问题和措施。

通过本章的学习,应该了解矿业工程项目安全和环境管理的相关知识,包括矿业工程项目安全管理的概况、安全生产管理制度、施工现场的安全管理等方面;以及矿业工程项目环境管理的目标、内容、原则和管理体系等方面。此外,还应该明确在矿业工程项目安全和环境管理中需要加强的问题和措施。

课后习题

1. 矿业工程项目安全管理的主要目标是什么?它的作用是什么?
2. 矿业工程项目安全生产管理制度包括哪些方面?请详细描述每个方面的内容和作用。
3. 矿业工程项目中,如何进行施工现场的安全管理?请描述具体的方法和步骤。
4. 矿业工程项目中的环境管理包括哪些方面?请详细描述每个方面的内容和作用。
4. 矿业工程项目中如何进行环境影响评价?请描述具体的方法和步骤。
5. 矿业工程项目中如何进行环境监测和污染治理?请描述具体的方法和步骤。

第8章　矿业工程项目合同管理

8.1　工程项目合同概述

8.1.1　工程项目合同的概念

《中华人民共和国合同法》(以下简称《合同法》)规定,工程项目合同是承包人进行工程建设,发包人支付相应价款的合同。建设工程合同包括勘察、设计、施工合同。

工程项目合同的双方当事人分别称为承包人和发包人。承包人是指在工程项目合同中负责工程的勘察、设计施工任务的一方当事人;发包人是指在工程项目合同中委托承包人进行工程的勘察、设计、施工任务的建设单位(业主、项目法人)。

在合同中,承包人最主要的义务是进行工程建设,即进行工程的勘察、设计、施工等工作。发包人最主要的义务是向承包人支付相应的价款。这里的价款除了包括发包人对承包人因进行工程建设而支付的报酬外,还包括对承包人提供的建筑材料、设备支付的相应价款。

8.1.2　工程项目合同的特点

工程项目合同是一种特殊的承揽合同。它与一般的承揽合同相同,均为诺成合同、双务合同和有偿合同,并都是承揽人(承包人)按照定作方(发包方)的要求完成一定工作,由定作方交付报酬或价款的合同。但工程项目合同也与一般承揽合同有明显区别。

1. 合同的标的仅限于基本建设工程

工程项目合同的标的主要是指土木工程、建筑工程、线路管道和设备安装工程及装修工程。正是因为工程项目合同规定的是基本建设工程,而基本建设工程对国家和社会有特殊的意义,其工程建设对合同双方当事人有特殊的要求,这才使建设工程合同成为与一般承揽合同不同的一类合同。

2. 工程项目合同具有较强的国家管理性

由于建设工程的标的物为不动产,工程建设对国家和社会生活的方方面面影响较大,在建设工程合同的订立和履行上,就具有强烈的国家干预色彩。

3. 工程项目合同的要式性

《合同法》规定，当事人订立合同，有书面形式、口头形式和其他形式。对一些比较重要的合同，为了保护交易安全，法律和行政法规一般都规定应当采用书面形式。建设工程合同即属于这种情形。由于工程项目合同通常的工程量较大，当事人的权利、义务关系复杂，因此，《合同法》明确规定，工程项目合同应当采用书面形式。

8.2 矿业工程合同文本的内容与要求

8.2.1 矿业工程合同文件的构成

矿业工程合同文件与普通建筑工程合同文件构成是一样的，一般包括合同协议书、中标通知书、投标函及投标函附录、专用合同条款、通用合同条款、技术标准和要求、图纸、已标价工程量清单以及其他合同文件等。合同协议书是承包人中标后按规定时间与发包人签订的合同协议书。招标人、中标人应按招标文件及投标文件订立合同协议。除法律另有规定或合同另有约定外，双方在合同协议书上签字并盖法人章后，合同即生效。中标通知书具有法律效力，招标人与投标人应按中标通知书内容落实执行。投标函和投标函附录是合同的重要组成部分，是合同内容的依据。技术标准和要求、图纸以及已标价工程量清单是实施合同的标准，是工程量确定和结算的依据；图纸还包括发包人按合同约定提供的任何补充和修改的图纸、配套的说明。其他合同文件是指经合同双方确认并同样具有法律效力的合同文件。

组成合同的各项文件应互相解释，互为说明。除专用合同条款另有约定外，合同文件解释权的优先顺序是：①合同协议书；②中标通知书；③投标函及投标函附录；④专用合同条款；⑤通用合同条款；⑥技术标准和要求；⑦图纸；⑧已标价工程量清单；⑨其他合同文件。

8.2.2 合同书的主要内容

1. 通用合同条款

通用合同条款是根据法律、法规及项目实施所要求的一般性规定，通用于建设工程施工的条款。通用条款一般是由国家相关部门或地方政府等制订的合同文件范本中的内容。

2. 专用条款

专用条款是发包人与承包人结合具体工程实际，经协商达成一致意见的条款，是对通用条款的具体化和补充。

专用条款是合同谈判的重点，合同双方应充分考虑工程具体情况和特殊要求，补充说明双方在责、权、利等方面的要求和关系界定。

8.2.3 合同谈判及签订的要点

1. 关于工程内容和范围及性质的确认

工程承包内容和范围就是合同的标的，合同会谈中如涉及有工程内容和范围在文本合同中未明确的，或者是相关的修改等内容，必须以"合同补遗"或"会议纪要"等方式作为合同附件并说明该合同附件是构成合同的一部分。

对于一般的单价合同，在谈判时双方应共同确定工程量的"增减量幅度"，以明确工程量变更部分的限度。否则，承包商有权要求进行单价调整。

2. 合同价款或酬金条款的确认和价格调整条款的确认

当合同价款形式尚未确定而尚可采用浮动价格、可调价格或成本加酬金等方式时，应根据项目条件，综合自身技术和能力及项目风险性等方面因素，考虑企业利益来确认。由于矿山工程建设工期相对较长、不稳定因素多，确定价格调整条款对于承包商而言更显得重要。

3. 付款方式的确定

付款方式往往和工程进度联系在一起。主要形式有工程预付款、工程进度款、竣工结算和退还保留金等，合同应明确支付期限和要求。

4. 合同变更

矿业工程由于其特殊性，特别是地质情况的不确定性，其内容变更也会更加频繁，因此矿业工程的合同变更会显得更加重要。

矿业工程合同通常都有约定的地质条件及相关环境。比如立井施工会有井筒最大涌水量的约定，如果超过一定的涌水量，除了增加施工难度和成本外，还有可能引起施工工艺的重大变化，比如增加工作面预注浆或是改成冻结法施工；或者是复杂的二三期工程施工过程中发现地质资料没有达到预期的目标而进行工作面探水、探瓦斯等额外工作，都是矿业工程合同变更的依据。

特殊情况下，比如立井施工合同，井筒深度增加超过原设计钢丝绳、提升吊挂系统所能施工的范围，施工单位就必须更换钢丝绳、提升吊挂系统等，从而增加大量的临时设施费用，此时就应进行价格和工程量的调整。

5. 工程质量与验收

工程质量应满足相应国家规范、标准及相关行业规范要求。矿业工程验收一般分为月度验收和中间验收、隐蔽工程验收和竣工验收等。

6. 隐蔽工程

由于矿业工程地质环境的复杂多变，经常出现额外的工程变化，比如冒顶、探水、注浆等。因为所有的地质变化引起的额外工程最终都会被覆盖，在工程完工后都很难再加确认，所以这些工程多数以隐蔽工程出现。这部分工程量有时会占合同比例较高，严格说，在合同约定的地质条件之外变化超过一定的比例都属于合同变更的范畴,因此,隐蔽工程的约定通常是合同谈判的一个重要部分。

由于矿业工程的隐蔽工程量大,且隐蔽工程直接牵涉到后续工序的进行,如果建设单位或者监理单位不能及时进行验收,将严重影响施工进度。因此,隐蔽工程验收的及时性是矿业工程合同的重要内容。隐蔽工程验收可以按一般规定的程序和限时要求执行,也可以双方专门约定。

7.关于工期和维修期的确认

确定工期,包括开工日期和竣工日期。确定工期时,应充分考虑工程的实际情况,除应考虑自身准备工作必要时间外,还要注意开工的季节影响。

承包商应充分表达因发包方原因产生的工程量增减、设计变更以及其他非承包商原因或不可抗力对工期产生的不利影响,承包商有合理要求追赔工期(及工程款)的权利。

8.安全施工

矿业工程施工属于高危行业,安全事故造成的损失和影响通常都是巨大的,因此,安全施工是矿业工程的重要指标,也应当成为合同内容的重要一部分。通常现场安全责任的主体是发包单位,施工单位承担自身现场管理的安全责任。承包人应遵守工程建设安全生产有关管理规定,严格按安全标准组织施工,并随时接受行业安全检查人员依法实施的监督检查,采取必要的安全防护措施,消除事故隐患。由于承包人安全措施不力造成事故的责任和因此发生的费用,由承包人承担;给发包人造成损失的应如实赔偿。因发包人原因导致的安全事故,由发包人承担相应责任及发生的费用。

9.关于违约责任的确定

违约责任是合同的关键条款之一,没有规定违约责任,则合同对于双方难以形成有效的法律约束,难以圆满地确保履行,发生争执也难以解决。

8.3 矿业工程合同的变更与索赔

8.3.1 矿业工程合同变更

1.合同变更的基本要求

(1)合同变更的期限为合同订立之后到合同没有完全履行之前。
(2)合同变更依据合同的存在而存在。
(3)合同变更是对原合同部分内容的变更或修改。
(4)合同变更一般需要有双方当事人的一致同意。
(5)合同变更属于合法行为。合同变更不得具有违法行为,违法协商变更的合同属于无效变更,不具有法律约束力。

（6）合同变更须遵守法定的程序和形式。《合同法》规定，经过当事人协商一致，可以变更合同。按照行政法规要求，变更合同还应依据法律、行政法规的规定办理手续。

（7）合同变更并没有完全取消原来的债权债务关系，合同变更涉及的未履行的义务没有消失，没有履行义务的一方仍须承担不履行义务的责任。

2. 矿业工程施工合同变更的范围

1）一般概念

矿业工程施工合同变更是指矿业工程施工合同的当事人就变更权利义务关系的协议。

2）变更的范围

（1）对合同中任何工作工程量的改变。

（2）任何工作质量或其他特性的变更。

（3）工程任何部分标高、位置和尺寸的改变。

（4）删减任何合同约定的工作内容。

（5）进行永久工程所必需的任何附加工作、永久设备、材料供应或其他服务的变更。

（6）改变原定的施工顺序或时间安排。

（7）承包人在施工中提出的合理化建议。

（8）其他变更。

3. 矿业工程合同变更的程序

1）业主（监理工程师）申请的变更

在矿业工程颁发工程接受证书前的任何时间，业主（监理工程师）可以发布变更指示或以要求承包商递交建议书的任何一种方式提出变更。

（1）业主指示变更，业主在确属需要时有权发布变更指示。指示的内容包括详细的变更内容、变更工程量、变更项目的施工技术要求和有关部门文件图纸，以及变更处理的原则。

（2）要求承包商递交建议书后再确定的变更事项和变更程序是由业主将计划变更事项和要求递交实施变更建议书的通知送给承包商，然后业主会根据承包商的答复做出变更的决定，并尽快通知承包商。

2）承包商申请的变更

承包商可以对合同内任何一个项目或工作向业主（监理工程师）提出详细变更请求报告。但未经业主（监理工程师）批准承包商不得擅自变更。

8.3.2 矿业工程合同变更的计价方法

1）确定方法

矿业工程合同实施过程中，承包商按照业主（监理工程师）的变更指示实施变更工作后，往往会涉及对变更工程的计价问题。变更工程的价格或费率，往往是双方协商时的焦点。计算变更工程应采用的费率或价格，可分为以下四种情况：

（1）变更工作在工程量表中有同种工作内容的单价，应以该费率计算变更工程费用。实施变更工作未导致工程施工组织和施工方法发生实质性变动，不应调整该项目的单价。

（2）工程量表中虽然列有同类工作的单价或价格，但对具体变更工作而言已不适用，则应在原单价和价格的基础上制订合理的新单价或价格。

（3）变更工作的内容在工程量表中没有同类工作的费率和价格，应按照与合同单价水平相一致的原则，确定新的费率或价格。任何一方不能以工程量表中没有此项价格为借口，将变更工作的单价定得过高或过低。

（4）对于不是合同规定的"固定费率项目"，在如下情况可以对相关工作内容调整价格或费率：

①该工作实测的工程量超过工程量表或其他资料表中所列数量的10%。

②该工程量变化量与其费率或价格的乘积超过中标合同价款（原合同价款）总额的0.01%。

③由于该项工作数量变化导致该项工作的单位成本变化超过1%。

2）确定程序

承包人首先在工程变更确定后14天内，提出变更工程价款的报告，经工程师确认后调整合同价款，在双方确定变更后14天内承包人不向工程师提出变更工程价款报告的，视为该项变更不涉及合同价款的变更。工程师应在收到变更工程价款报告之日起14天内予以响应，工程师无正当理由不响应的，自变更工程价款报告送达之日起14天后视为变更工程价款报告已被确认。工程师不同意承包人提出的变更价款的，按合同规定的有关争议解决的约定处理。

8.4 矿业工程项目施工索赔

索赔是指合同一方因对方不履行或未正确履行合同规定义务或未能保证承诺的合同条件，而遭受损失后向对方提出的补偿要求。

1. 索赔的依据

1）合同文件的依据

合同文件应能相互解释，互为说明。发包人与承包人有关工程的洽商、变更等书面协议或文件视为本合同的组成部分。

2）法律法规的依据

订立合同所依据的法律法规。

3）相关证据

2. 索赔文件的编制内容

1）综述部分

说明索赔事项发生日期和过程；为该索赔事项付出的努力和附加成本；具体索赔要求。

2）论证部分

应逐项论证说明自己具有索赔权的理由。

3）索赔款项（或工期）计算部分。

4）证据部分。

3. 索赔管理内容

1）索赔成立的条件

索赔的成立，应该同时具备以下三个前提条件：

（1）与合同对照，事件已造成了承包人工程项目成本的额外支出或直接工期损失。

（2）造成费用增加或工期损失的原因，按合同约定不属于承包人的行为责任或风险责任。

（3）承包人按合同规定的程序和事件提交索赔意向通知书和索赔报告。

2）承包人的索赔程序

（1）意向通知

首先由承包人发出索赔意向通知。承包人必须在索赔事件发生后的 28 天内向工程师递交索赔意向通知，声明将对此事件索赔。

（2）提交索赔报告和有关资料

索赔意向通知提交后的 28 天内或业主（监理工程师）同意的其他合理时间，承包人应递送正式的索赔报告。这是索赔程序中最重要的一环。

（3）索赔报告评审

接到承包人的索赔意向通知后，业主（监理工程师）应认真研究、审核承包人报送的索赔资料，以判定索赔是否成立，并在 28 天内予以答复。

（4）确定合理的补偿额。

3）业主的索赔

业主也可因承包人未能按合同约定履行自己的义务或发生错误而给业主造成损失时，按合同约定向承包人提出索赔。

4. 矿业工程项目常见工程索赔类型

1）因合同文件缺陷引起的索赔

因合同引起的索赔类型有因为合同文件的组成问题引起索赔、关于合同文件有效性引起的索赔以及因图纸或工程量表中的错误引起的索赔。

2）因为发包方违约引起的索赔

因为发包方违约的形式相对较多，包括发包方提出变更以及其他的自身违约；发包方指定的分包方或供货方未履行或未完全履行合同的影响导致对承包方的违约；以及工程师指示不当、能力不足的失误等原因造成对承包方的违约等。

3）客观条件变化引起索赔

因为政策变化、自然条件变化和客观障碍等引起的索赔。

5. 矿山工程常见索赔项目和内容

1）合同缺陷

（1）合同文本自身的原因，包括文本不完善，内容有遗漏，或语义不清，甚至有错误、有矛盾等；对文本解释有歧义而在合同签订时又没有充分解释清楚，造成索赔。

（2）合同文件不全，依据不足或非正式，造成索赔争议。

（3）施工资料不足。

2）发包人违约

（1）发包人更改设计。

（2）发包人工作不力违约。

发包人工作不力违约主要集中表现在施工准备不足（场地准备、技术资料准备、设备采购到货延误）和延误支付工程款项等方面。

（3）指定分包方（供应商）违约。

由发包方指定的分包方违约，应由发包方承担违约责任。

（4）工程师指令或失误。

工程师对承包方提出加速施工、提前进行下工序施工、提前完工，随意变更设计、更换材料或暂时停工等，都可能造成工程质量、工期影响以及承包方在费用等方面的多投入。例如，工程师凭经验，认为井筒渗漏水需要注浆，最后，注浆又无效果，需要重新采取封堵水措施，承包方提出了该段井壁内容的索赔。

3）客观条件变化造成的索赔

（1）法规、政策的变化

国家或地方、部门政策的变化导致工程费用改变、造价增加、费率提高等情况，如国家定价的价格、征收标准或税率提高、外汇制度或汇率的改变等。

（2）自然条件的不利变化

这种自然条件变化一般是属于不可合理估计的、与原合同提供条件不符的不利因素，经工程师证明，发包方应给予相应的额外费用补偿。对于矿山工程，最多的就是地质条件的恶化，遇到地质报告内容所没有的地质构造、断层、溶洞等；但有时围岩变硬，与地质资料的报告情况偏差较大，而爆破作业困难，也属于索赔范围。

（3）人力不可抗拒灾害

人力不可抗拒灾害主要是指自然灾害，由这类灾害造成的损失应向投保的保险公司索赔。在许多合同中承包人以业主和承包人共同的名义投保工程一切保险，这种索赔可同业主一起进行。

4）工程暂停、中止合同的索赔

（1）施工过程中，工程师有权下令暂停工程或任何部分工程，只要这种暂停命令并非承包人违约或其他意外风险造成的，承包人不仅可以得到要求工期延长的权利，而且可以就其停工损失获得合理的额外费用补偿。

（2）中止合同和暂停工程的意义是不同的。有些中止的合同是由于意外风险造成的，另一种中止合同是"错误"引起的中止，例如，发包方认为承包人不能履约而中止合同，如果没有充分证据说明发包方的正确，承包方可以据实申请索赔。

6.施工索赔的内容

1）工期索赔

矿业工程施工中，常常会发生一些未能预见的干扰事件使施工不能顺利进行，或使预定的施工计划受到干扰，最终造成工期延长，这样就要进行因工期延长而造成的费用损失的索赔。

施工单位提出工期索赔的目的通常有两个：

一是免去或推卸自己对已产生的工期延长的合同责任，使自己不支付或因工期延长的罚款；二是进行因工期延长而造成的费用损失赔偿。

2）费用索赔

矿业工程施工中，费用索赔的目的是承包方为了弥补自己在承包工程中所发生的损失，或者是为了弥补已经为工程项目所支出的额外费用，还有可能是承包方为取得已付出的劳动的报酬。费用索赔必须是已经发生且已垫付的工程各种款项，对于承包方利润索赔必须根据相关的规定进行。

矿业工程施工费用索赔的具体内容涉及费用的类别和具体的计算两个方面。由于各种因素造成工程费用的增加，如果不是承包方的责任，原则上承包方都可以提出索赔。

7.索赔的证据

索赔的证据，应该包括事情的全过程和事情的方方面面。可作为常用证据的材料一般有以下几种：

1）双方法律关系的证明材料

招投标文件、中标通知、投标书、合同书。

2）索赔事由的证明

（1）规范、标准及其他技术资料，地质、工程地质与水文地质资料，设计施工图纸资料，工程量清单和工程预算书；进度计划任务书与施工进度安排资料。

（2）设备、材料采购、订货、运输、进场、入库、使用记录和签单凭证等。

（3）国家法律、法规、规章，国家公布的物价指数、工资指数等政府文件。

3）索赔事情经过的证明

（1）各种会议纪要、协议和来往书信及工程师签单；各种现场记录（包括施工记录、现场气象资料、现场停电停水及道路通行记录或证明）、各种实物录像或照片，工程验收记录、各种技术鉴定报告，隐蔽工程签单记录。

（2）受影响后的计划与措施，人、财、物的投入证明。

（3）要注意事情经过的证明应包括承包方采取措施防止损失扩大的内容；否则，被扩大的损失将不予补偿。

4）索赔要求相关的依据和文件

合同文本、国家规定、各种会计核算资料等。

5）其他参照材料

如果有其他类似情况的处理过程和结论作为参照的案例，对于解决索赔问题是非常有帮助的。

8.5 矿业工程项目招标投标管理

8.5.1 矿业工程项目招标投标管理概述

工程项目的招标投标包括工程项目本身的招标投标和工程项目施工过程中所涉及物资的招标投标两个方面。因此，工程项目的招标投标管理也包括工程项目的招标投标管理和工程项目施工过程中所涉及物资的招标投标管理两个方面。通常所说的工程项目招标投标管理一般是指工程项目本身的招标投标管理。

8.5.2 工程项目招标投标的范围和规模标准

1. 工程项目招标范围

为了规范工程项目招标投标活动,保护国家利益以及维护社会公共利益,并保证工程项目质量,提高经济效益,《中华人民共和国招标投标法》(以下简称《招标投标法》)规定:在中华人民共和国境内进行下列工程建设项目,包括项目的勘察、设计、施工、监理以及与工程建设有关的重要设备、材料等的采购,必须进行招标。

1)大型基础设施、公用事业等关系社会公共利益、公众安全的项目

根据《工程建设项目招标范围和规模标准规定》(以下简称《规定》),关系社会公共利益、公众安全的基础设施项目的范围包括:

(1)煤炭、石油、天然气、电力、新能源等能源项目。

(2)铁路、公路、管道、水运、航空以及其他交通运输业等交通运输项目。

(3)邮政、电信枢纽、通信信息网络等邮电通信项目。

(4)防洪、灌溉、排涝引(洪)水、滩涂治理、水土保持、水利枢纽等水利项目。

(5)道路桥梁、地铁和轻轨交通、污水排放及垃圾处理、地下管道公共停车场等城市设施项目。

(6)生态环境保护项目。

(7)其他基础设施项目。

关系社会公共利益、公众安全的公用事业项目的范围包括:

(1)供水、供电、供气、供热等市政工程项目。

(2)科技、教育、文化等项目。

(3)体育、旅游等项目。

(4)卫生、社会福利等项目。

(5)商品住宅,包括经济适用住房。

(6)其他公用事业项目。

2)全部或者部分使用国有资金投资或者国家融资的项目

根据《规定》,使用国有资金投资项目的范围包括:

(1)使用各级财政预算资金的项目。

(2)使用纳入财政管理的各种政府性专项建设基金的项目。

(3)使用国有企业事业单位自有资金,并且国有资产投资者实际拥有控制权的项目。

根据《规定》,国家融资项目的范围包括:

(1)使用国家发行债券所筹资金的项目。

(2)使用国家对外借款或者担保所筹资金的项目。

(3)使用国家政策性贷款的项目(例如,使用国家开发银行、中国农业发展银行、中国进口银行等政策性银行的贷款)。

(4)国家授权投资主体融资的项目。

(5)国家特许的融资项目。

3)使用国际组织或者外国政府贷款、援助资金的项目

根据《规定》，使用国际组织或者外国政府资金的项目范围包括：

(1)使用世界银行、亚洲开发银行等国际组织贷款资金的项目。

(2)使用外国政府及其机构贷款资金的项目。

(3)使用国际组织或者外国政府援助资金的项目。

2. 工程项目招标规模标准

《规定》中规定的上述各类工程建设项目，包括项目的勘察、设计、施工、监理以及与工程建设有关的重要设备、材料等的采购，达到下列标准之一的，必须进行公开招标。

1)施工单项合同估算价在200万元人民币以上的。

2)重要设备、材料等货物的采购，单项合同估算价在100万元人民币以上的。

3)勘察、设计、监理服务的采购，单项合同估算价在50万元人民币以上的。

4)单项合同估算价低于前三项规定的标准，但项目总投资额在3000万元人民币以上的。

2001年6月1日中华人民共和国建设部第89号发布的《房屋建筑和市政基础设施工程施工招标投标管理办法》规定：房屋建筑和市政基础设施工程的施工单项合同估算价在200万元人民币以上的，或者项目总投资在3000万元人民币以上的，必须进行招标。省(自治区、直辖市)人民政府建设行政主管部门经报同级人民政府批准，可以根据实际情况，规定本地区必须进行工程施工招标的具体范围和规模标准，但不得缩小本办法确定的必须进行施工招标的范围。

3. 可以不进行招标的工程施工项目

按《工程建设项目施工招标投标办法》和《招标投标法实施条例》的规定，需要审批的工程建设项目，有下列情形之一的，可以不进行施工招标。

1)涉及国家安全、国家秘密或者抢险救灾，适宜招标但不宜公开招标的。

2)属于利用扶贫资金实行以工代赈需要使用农民工的。

3)施工企业自建自用的工程，且该施工企业资质等级符合工程要求的。

4)在建工程追加的附属小型工程或者主体加层工程，原中标人仍具备承包能力的。

5)需要向原中标人采购工程货物或者服务，否则将影响施工或者功能配套要求。

6)法律、行政法规规定的其他情形。

8.5.3 矿业工程项目常采用的招投标内容及其形式

1. 招标形式

1)项目招标承包

这是为择优选择项目进行的招标。国家或行业主管部门，或集资单位组成的董事会负责组织这类招标。当项目投资得到落实，招标部门公开提出所要建设矿业项目的技术和经济目标进行招标。

2）项目建设招标总承包

项目总承包即从可行性研究、勘察设计、组织施工、设备订货、职工培训直到竣工验收，全部工作交由一个承包公司完成。这种承包方式要求项目风险少、承包公司有丰富的经验和雄厚的实力，目前它主要适用于洗煤厂、机厂之类的单项工程或集中住宅区的建筑群等。

3）阶段招标承包

这是把矿业工程项目某些阶段或某一阶段的工作分别招标承包给若干单位。如把矿井建设分为可行性研究、勘察设计、施工、培训等几个阶段分别进行招标承包。这是目前多数项目采用的承包方式。

4）专项招标承包

这是指某一建设阶段的某一专门项目，由于专业技术性较强，需由专门的企业进行建设。如立井井筒凿井、各种特殊法凿井等专项招标承包。也有对提升机、通风机、综采设备等实行专项承包的做法。

5）根据矿山建设特点，从工程项目的角度可分为下列几种形式进行招标：

（1）以矿井、洗煤厂的单项工程设计所包括的全部工程内容进行招标。

（2）按施工组织设计规定的工程阶段进行招标，如施工准备、井筒、主巷道及硐室、洗煤厂、场内工业及公用建筑、生活区建筑、公路、铁路、通信、供水、供电等若干独立工程进行招标。

（3）已包建的在建项目应按可独立划分的工程进行招标。

2. 施工招标的方式

1）公开招标。由招标单位通过报刊、广播、电视等方式发布招标公告。

2）邀请招标。由招标单位向有承担该项工程施工能力的三个以上（含三个）企业发出招标邀请书。

3. 招投标管理机构及其职责

1）建设部负责全国工程建设施工招标投标的管理工作，其主要职责是：贯彻执行国家有关工程建设招标投标的法律、法规和方针、政策；制定施工招标投标的规定和办法；指导、检查各地区、各部门招标投标工作。

2）省（自治区、直辖市）人民政府建设行政主管部门，负责管理本行政区域内的施工招标投标工作，其主要职责是贯彻执行国家有关工程建设招标投标的法规和方针、政策；制定施工招标投标实施办法；监督、检查有关施工招标投标活动；审批咨询、监理等单位代理施工招标投标业务的资格。

3）各级施工招标投标办事机构具体负责本行政区域内施工招标投标的管理工作。

主要职责是审查招标单位的资质；审查招标申请书和招标文件；审定标底；监督开标、评标、定标和议标；调解招标投标活动中的纠纷；监督承发包合同的签订、履行。

4）行业基本建设管理部门对行业招投标工作进行监督管理工作。招投标代理机构、设计、施工、监理单位的地方备案及日常监督管理。

4. 开标评标定标的要求

开标、评标、定标活动由招标人(招标单位或招标代理机构)主持进行；招标人应邀请有关部门参加开标会议，当众宣布评标、定标办法，启封投标书及补充函件，公布投标书的主要内容和标底。

投标文件有下列情形之一的，招标人应当拒收：

1)逾期送达。

2)未按招标文件要求密封。

投标文件有下列情形之一的，评标委员会应当否决其投标：

1)投标文件未经投标单位盖章和单位负责人签字。

2)投标联合体没有提交共同投标协议。

3)投标人不符合国家或者招标文件规定的资格条件。

4)同一投标人提交两个以上不同的投标文件或者投标报价，但招标文件要求提交备选投标的除外。

5)投标报价低于成本或者高于招标文件设定的最高投标限价。

6)投标文件没有对招标文件的实质性要求和条件做出响应。

7)投标人有串通投标、弄虚作假、行贿等违法行为。

评标组织由建设单位及其上级主管部门和建设单位邀请的有关单位组成。评标专家由省级人民政府发改委专家库抽取。

评标、定标应采用科学的方法。按照平等竞争、公正合理原则，一般应对投标单位的报价、工期、主要材料用量、施工方案、质量实绩、企业信誉等进行综合评价，择优确定中标单位。

8.5.4 矿业工程招标条件与程序

1. 施工招标条件及形式

1)施工招标应具备的条件

(1)招标人已经依法成立。

(2)初步设计及概算应当履行审批手续的，已经批准。

(3)有相应资金或资金来源已经落实。

(4)有招标所需的设计图纸及技术资料。

2)招标内容和方式

(1)招标内容

矿业工程施工招标可以对一个单位工程项目招标，如矿井、选矿厂、专用铁路或公路等，也可以是一个或几个单位工程内容的招标，如井筒项目、巷道项目、厂房或办公楼等建(构)筑物。

(2)招标方式

可以采用自行招标或委托招标的方式进行招标。招标人如具有编制招标文件和组织评标能力，可向有关行政监督部门进行备案后，自行办理招标事宜。

2. 招标工作的基本程序

招标的一般程序如下：组织招标机构→编制招标文件→发出招标通告或邀请函→投标人资格预审→发售招标文件→召开标前会议、组织现场踏勘→接受投标书→开标→初评→技术评审→商务评审→综合评审报告→决标→发出意向书→签订承包合同。

招标人在矿业工程招标程序中应注意的事项主要有：

1）资格预审

资格预审的目的，一是保证投标人能够满足完成招标工作的要求；二是优选综合实力较强的投标人。

资格预审文件发售时间不少于 5 日，发售截止日到资格预审申请文件提交日不少于5 日。

2）现场考察和标前会议

招标人通过现场考察和标前会议，使投标人充分了解工程项目的现场自然条件、施工条件以及周围环境条件。

3）开标和决标

（1）确定中标人前，招标人不得与投标人就投标价格、投标方案等实质性内容进行谈判。

（2）招标人应该根据评标委员会提出的评标报告和推荐的中标候选人确定中标人，也可以授权评标委员会直接确定中标人。

（3）招标人不得以不合理的标段或工期限制排斥潜在投标人或者投标人。依法必须进行施工招标的项目的招标人不得利用划分标段规避招标。

（4）招标文件应当明确规定所有评标因素，以及将这些因素量化或者进行评估。

（5）在评标过程中，不得改变招标文件中规定的评标标准、方法和中标条件。

（6）招标文件应当规定一个适当的投标有效期，以保证招标人有足够的时间完成评标和与中标人签订合同。投标有效期从投标人提交投标文件截止之日起计算。

（7）在原投标有效期结束前，出现特殊情况的，招标人可以书面形式要求所有投标人延长投标有效期。投标人同意延长的，不得要求或被允许修改其投标文件的实质性内容，但应当相应延长其投标保证金的有效期；投标人拒绝延长的，其投标失效，但投标人有权收回其投标保证金。因延长投标有效期造成投标人损失的，招标人应当给予补偿，但因不可抗力需要延长投标施工招标项目工期较长的，招标文件中可以规定工程造价指数体系、价格调整因素和调整方法。

（8）招标人应当确定投标人编制投标文件所需要的合理时间；但是，依法必须进行招标的项目，发售招标文件时间不少于 5 日，自招标文件开始发出之日起至投标人提交投标文件截止之日止，最短不得少于 20 日。

（9）招标人根据招标项目的具体情况，可以组织潜在投标人踏勘项目现场，向其介绍工程场地和相关环境的有关情况。潜在投标人依据招标人介绍情况做出的判断和决策，由投标人自行负责。

（10）招标人不得单独或者分别组织任何一个投标人进行现场踏勘。

（11）对于潜在投标人在阅读招标文件和现场踏勘中提出的疑问，招标人可以书面形式或召开投标预备会的方式解答，但需同时将解答以书面方式通知所有购买招标文件的潜在投标人。该解答的内容为招标文件的组成部分。

(12)招标人可根据项目特点决定是否编制标底。编制标底的,标底编制过程和标底在开标前必须保密。

(13)招标项目编制标底的,应根据批准的初步设计、投资概算,依据有关计价办法,参照有关工程定额,结合市场供求状况,综合考虑投资、工期和质量等方面的因素合理确定。

(14)标底由招标人自行编制或委托中介机构编制,一个工程只能编制一个标底。

(15)任何单位和个人不得强制招标人编制或报审标底,或干预其确定标底。

(16)招标项目可以不设标底,进行无标底招标。

(17)招标人设有最高投标限价的,应当在招标文件中明确最高投标限价或者最高投标限价的计算方法。招标人不得规定最低投标限价。

3. 招标文件内容及编制要求

1)招标文件内容

工程招标代理机构与招标人应当签订书面委托合同,并按双方约定的标准收取代理费。

招标人根据施工招标项目的特点和需要编制招标文件。招标文件一般包括下列内容:

(1)招标公告或投标邀请书。

(2)投标人须知。

(3)合同主要条款。

(4)投标文件格式。

(5)采用工程量清单招标的,应当提供工程量清单。

(6)技术条款。

(7)设计图纸。

(8)评标标准和方法。

(9)投标辅助材料。

(10)其他要求资料(如当地准入条件要求,准入备案资料要求)。招标人应当在招标文件中规定实质性要求和条件,并用醒目的方式标明。

招标人可以要求投标人在提交符合招标文件规定要求的投标文件外,提交备选投标方案,但应当在招标文件中做出说明,并提出相应的评审和比较办法。

招标文件规定的各项技术标准应符合国家强制性标准。

招标文件中规定的各项技术标准均不得要求或标明某一特定的专利、商标、名称、设计、原产地或生产供应者,不得含有倾向或者排斥潜在投标人的其他内容。如果必须引用某一生产供应者的技术标准才能准确或清楚地说明拟招标项目的技术标准时,则应当在参照后面加上"或相当于"的字样。

2)招标文件编制要求

(1)内容全面。

(2)条件合理。

(3)标准和要求明确招标文件应明确交代:

①投标人资质、资格标准;

②工程的地点、内容、规模、费用项目划分、分部分项工程划分及其工程量计算标准;

③工程的主要材料、设备的技术规格和质量及工程施工技术的质量标准、工程验收标准，投标的价格形式；

④投标文件的内容要求和格式标准，投标期限要求，标书允许使用的语言；

⑤相关的优惠标准，合同签订及执行过程中对双方的奖、惩标准，货币的支付要求和兑换标准；

⑥投标保证金、履约保证金等的标准；

⑦招标人投标及授予合同的基本标准等。

（4）内容统一、文字规范简练。

施工招标项目需要划分标段、确定工期的，招标人应当合理划分标段、确定工期，并在招标文件中载明。对工程技术上紧密相连、不可分割的单位工程不得分割标段。

8.5.5 矿业工程投标条件与程序

1. 矿业工程施工投标条件和投标程序

1) 工程施工项目投标条件与要求

招标人针对招标项目的具体情况，可以提出各种不同的招标要求。通常投标人应满足的招标条件和要求的内容有以下几方面：

（1）企业资质等基本要求。

为保证实现项目的目标，招标人一般都对投标商有资质及相关等级要求，并有相关营业范围的企业营业执照、项目负责人的执业条件等。

（2）技术要求。

投标人应满足招标人相关的技术要求，具体体现在投标书对招标文件的实质性响应方面。投标书应能显示投标人在完成招标项目中的技术实力，满足标的要求的好坏和程度，符合招标书所要求的技术内容，包括项目的工程内容及工程量、工程质量标准和要求、工期、安全性等方面，以及设备技术条件，尤其是专业性强的招标项目，招标人往往会要求投标人出示相关业绩证明。

（3）资金条件。

满足资金条件包括投标人具有完成项目所需要的足够资本，招标人为保险起见，还会要求投标人应有一定的注册资本金。除此之外，投标时还应提交足够的投标担保，以及获取项目时的履约担保等要求。

（4）其他条件。

招标人还可以根据项目要求提出一些考核性要求或其他方面的专门性要求，例如项目的投标形式（总承包投标，或不允许联合体承包投标等），要求投标人有良好的商务信誉、没有经营方面的不良记录等。

2) 投标程序及其执行要点

（1）投标文件应在规定的截止日期前密封送达投标地点，截止期后到达的投标文件将会拒收。接收投标书后，投标人有权要求招标人或其代理人提供签收证明。

（2）投标人可以在投标文件截止日之前书面通知招标人，表达投标人的撤标、补充或者修改投标文件的意愿和做法。

（3）评标委员会或招标人将认定与招标文件有实质性不符的投标文件为无效文件。

（4）开标应当按照规定时间、地点和程序，以公开的方式进行。

（5）评标委员会可以要求投标人对投标文件中含义不明确的地方进行必要的澄清，但澄清不得超过投标文件的范围或改变投标文件的实质性内容。

2. 投标报价的基本要求及其策略

1）投标报价的基本要求

（1）投标报价的地位。

投标报价是承包企业对招标工作的响应，是获得工程项目的主要竞争方式，是投标获胜的关键因素，尤其是报价工作，在评标的份额中占有较大的比重。

（2）投标报价的基本要求。

项目投标是以获取项目并通过项目为企业获取利益为目的，因此，投标报价要做到对招标人有较大的吸引力，也要考虑使项目在满足招标项目对工程质量和工期要求的前提下，获取自身利益的最大化。

投标文件是投标人对项目能力的展示，投标文件应当对招标文件提出的实质性要求和条件做出响应。投标程序应满足招标文件的要求。

低报价是最常用的报价策略，但是按规定，投标人不得以低于成本的报价竞标。

2）矿业工程项目报价及其策略

投标策略主要来自投标企业经营者的决策魄力和能力，以及对工程项目实践经验的积累和对投标过程中突发情况的反应。在实践中常见的投标策略有：提出改进技术方案或改进设计方案的新方案，或利用拥有的专利、工法显示企业实力。以较快的工程进度缩短建设工期，或有实现优质工程的保证条件。

3）拟定投标报价

（1）确定投标报价的基本工作。

这是投标报价的基础工作，一般分为两个步骤，首先是确定基础单价，然后是编制工程单价。

（2）其他费用的确定要点。

①风险费用估计。

在确定风险费用时，要考虑可能存在的风险形式和具体内容。矿业工程项目常有的风险项目有以下几种：

A. 由合同形式决定的风险，如固定总价合同在工程成本上估价精确较低时或合同中工程量计算准确程度较低的风险。

B. 当项目工期长，存在材料价格、借贷等风险情况时应考虑市场风险。

C. 矿业工程项目常常遇到有地质复杂、勘探不充分的情况，因此，因地质条件引起的风险，常常是矿业工程项目考虑的内容。

D. 由项目的技术复杂程度、对工程的熟悉程度等因素影响技术风险。

E. 风险费是容易引起争议的内容，因此在确定风险费用时要有依据，不与合同内容矛盾、重复。

②利润的确定。

利润的确定和企业施工水平有关,和投标环境以及投标策略紧密联系。

3.投标报价的一般技巧

拟定投标报价应该与投标策略紧密结合,灵活运用。投标报价的一般技巧主要有:

1)愿意承揽的矿业工程或当前自身任务不足时,报价宜低,采用"下限标价";当前任务饱满或不急于承揽的工程,可采取"暂缓"的计策,投标报价可高。

2)对一般矿业工程投标报价宜低;特殊工程投标报价宜高。

3)对工程量大但技术不复杂的工程投标报价宜低;技术复杂、地区偏僻、施工条件艰难或小型工程投标报价宜高。

4)竞争对手多的项目报价宜低;自身有特长又较少有竞争对手的项目报价可高。

5)工期短、风险小的工程投标报价宜低;工期长又是以固定总价全部承包的工程,可能冒一定风险,则投标报价宜高。

6)在同一工程中可采用不平衡报价法,并合理选择高低内容;但以不提高总价为前提,并避免畸高畸低,以免导致投标作废。

7)对外资、合资的项目可适当提高。当前我国的工资、材料、机械、管理费及利润等取费标准低于国外。

4.投标人要求

1)招标人可以在招标文件中要求投标人提交投标保证金。投标保证金除现金外,可以是银行出具的银行保函、保兑支票、银行汇票或现金支票,并应从投标人的基本账户转出。

2)投标保证金一般不得超过招标项目估算价的2%,但最高不得超过80万元人民币。

3)投标保证金有效期应当与投标有效期一致。

4)投标人应当按照招标文件要求的方式和金额,将投标保证金随投标文件提交给招标人或其委托的代理机构。

5)投标人应当在招标文件要求提交投标文件的截止时间前,将投标文件密封送达投标地点。招标人收到投标文件后,应当向投标人出具标明签收人和签收时间的凭证,在开标前任何单位和个人不得开启投标文件。

6)在招标文件要求提交投标文件的截止时间后送达的投标文件,招标人应当拒收。

7)依法必须进行施工招标的项目提交投标文件的投标人少于三个的,招标人在分析招标失败的原因并采取相应措施后,应当依法重新招标。重新招标后投标人仍少于三个的,属于必须审批、核准的工程建设项目,报经原审批、核准部门审批、核准后可以不再进行招标;其他工程建设项目,招标人可自行决定不再进行招标。

8)投标人在招标文件要求提交投标文件的截止时间前,可以补充、修改、替代或者撤回已提交的投标文件,并书面通知招标人。补充、修改的内容为投标文件的组成部分。在提交投标文件截止时间后到招标文件规定的投标有效期终止之前,投标人不得补充、修改、替代或者撤回其投标文件。投标人补充、修改、替代投标文件的,招标人不予接受;投标人撤回投标文件的,其投标保证金将被没收。

9)在开标前,招标人应妥善保管好已接收的投标文件、修改或撤回通知、备选投标方案等投标资料。

5.投标文件内容及编制要求

1)投标文件内容

投标人应当按照招标文件的要求编制投标文件。投标文件应当对招标文件提出的实质性要求和条件做出响应。

2)投标文件一般包括下列内容：

(1)投标函。

(2)投标报价。

8.6　小结及学习指导

本章首先介绍了矿业工程项目合同的概述，包括合同的定义、种类、形式等。在矿业工程项目中，合同是规范工程建设的重要手段，对于保证工程质量、控制工程成本、维护各方利益都具有重要意义。其次，本章介绍了矿业工程项目合同文本的内容与要求。这部分内容主要涉及合同的各项条款和要求，包括合同的基本条款、技术条款、质量条款、保证金和支付方式等。熟悉合同文本的内容与要求对于合同的签订和履行至关重要。本章还介绍了矿业工程项目合同的变更与索赔。变更和索赔是合同管理中常见的问题，对于及时处理变更和索赔，保护各方权益至关重要。本章介绍了变更和索赔的基本原则、程序和注意事项，帮助读者更好地处理变更和索赔问题。最后，本章介绍了矿业工程项目招标管理。招标是矿业工程项目合同管理的重要环节之一。本章介绍了招标的基本流程、招标文件的编制、投标人资格审核、开标与评标等内容，帮助读者更好地进行招标管理工作。

课后习题

1.矿业工程项目合同管理的主要目标是什么？它的作用是什么？

2.矿业工程项目合同文本应该包括哪些方面的内容？请详细描述每个方面的内容和作用。

3.矿业工程项目合同的变更与索赔如何进行管理？请描述具体的方法和步骤。

4.矿业工程项目招标管理包括哪些方面？请详细描述每个方面的内容和作用。

5.矿业工程项目中如何进行合同履约管理？请描述具体的方法和步骤。

6.矿业工程项目中如何进行合同的验收与结算？请描述具体的方法和步骤。

第9章　矿业工程项目管理的相关法规与标准

　　矿业工程项目施工过程中，必须遵守国家的法律和法规，同时还必须遵守相关的规范及标准，这样才能保证工程施工的正常进行和项目按预定的时间进行生产或使用。矿业工程项目施工除了要遵守国家规定的一般工程建设的法律和规定外，针对矿业工程项目的特点，还必须遵守《中华人民共和国矿产资源法》《中华人民共和国矿山安全法》以及《中华人民共和国矿山安全法实施条例》等的规定，对于涉及放射性资源开发建设的，还应当遵守《中华人民共和国放射性污染防治法》的规定，涉及爆破的必须遵守《民用爆炸物品安全管理条例》的规定。工程施工必须遵守《工程建设标准强制性条文》和各类施工安全规程的相关内容。

9.1　《矿产资源法》相关规定

9.1.1　矿产资源管理及探查建设的规定

1.矿产资源有关规定

1）矿产资源属性

（1）矿产资源属于国家所有，由国务院行使国家对矿产资源的所有权。地表或者地下的矿产资源的国家所有权，不因其所依附的土地的所有权或者使用权的不同而改变。

（2）勘查、开采矿产资源，必须依法分别申请，经批准取得探矿权、采矿权，并办理登记；国家保护探矿权和采矿权不受侵犯，保障矿区和勘查作业区的生产秩序、工作秩序不受影响和破坏。从事矿产资源勘查和开采的，必须符合规定的资质条件。

（3）除规定可以转让外，探矿权、采矿权不得转让。禁止将探矿权、采矿权倒卖牟利。

（4）国家实行探矿权、采矿权有偿取得的制度；国家对探矿权、采矿权有偿取得的费用，可以根据不同情况规定予以减缴、免缴。具体办法和实施步骤由国务院规定。开采矿产资源，必须按照国家有关规定缴纳资源税和资源补偿费。

2）矿产资源管理

（1）国务院地质矿产主管部门主管全国矿产资源勘查、开采的监督管理工作。国务院有关主管部门协助国务院地质矿产主管部门进行矿产资源勘查、开采和监督管理工作。省（自治区、直辖市）人民政府地质矿产主管部门主管本行政区域内矿产资源勘查、开采的监督管理工作。省（自治区、直辖市）人民政府有关主管部门协助同级地质矿产主管部门进行矿产资源勘查、开采的监督管理工作。

（2）国家对国家规划矿区、对国民经济具有重要价值的矿区和国家规定实行保护性开采的特定矿种，实行有计划的开采；未经国务院有关主管部门批准，任何单位和个人不得开采。

（3）开采许可制度。

①开采下列矿产资源的，由国务院地质矿产主管部门审批，并颁发采矿许可证：

A.国家规划矿区和对国民经济具有重要价值的矿区内的矿产资源；

B.前项规定区域以外可供开采的矿产储量规模在大型以上的矿产资源；

C.国家规定实行保护性开采的特定矿种；

D.领海及中国管辖的其他海域的矿产资源；

E.国务院规定的其他矿产资源。

②开采石油、天然气、放射性矿产等特定矿种的，可以由国务院授权的有关主管部门审批，并颁发采矿许可证。

③国家规划矿区的范围、对国民经济具有重要价值的矿区的范围、矿山企业矿区的范围依法划定后，由划定矿区范围的主管机关通知有关县级人民政府予以公告。矿山企业变更矿区范围，必须报请原审批机关批准，并报请原颁发采矿许可证的机关重新核发采矿许可证。

（4）在开采主要矿产的同时，对具有工业价值的共生和伴生矿产应当统一规划，综合开采，综合利用，防止浪费；对暂时不能综合开采或者必须同时采出而暂时还不能综合利用的矿产以及含有有用组分的尾矿，应当采取有效的保护措施，防止损失破坏。

（5）开采矿产资源，必须遵守有关环境保护的法律规定，防止污染环境。开采矿产资源，应当节约用地。耕地、草原、林地因采矿受到破坏的，矿山企业应当因地制宜地采取复垦利用、植树种草或者其他利用措施。

（6）开采矿产资源给他人生产、生活造成损失的，应当负责赔偿，并采取必要的补救措施。

2. 勘查与矿山建设

1）勘查要求

国务院矿产储量审批机构或者省（自治区、直辖市）矿产储量审批机构负责审查批准供矿山建设设计使用的勘探报告，并在规定的期限内批复报送单位。勘探报告未经批准，不得作为矿山建设设计的依据。

2）矿山建设

（1）设立矿山企业，必须符合国家规定的资质条件，并依照法律和国家有关规定，由审批机关对其矿区范围、矿山设计或者开采方案、生产技术条件、安全措施和环境保护措施等进行审查，审查合格的，方予批准。

（2）矿山建设必须符合下列规定：

①非经国务院授权的有关主管部门同意，不得在下列地区开采矿产资源：

A.港口、机场、国防工程设施圈定地区以内；

B.重要工业区、大型水利工程设施、城镇市政工程设施附近一定距离内；

C.铁路、重要公路两侧一定距离以内；

D.重要河流、堤坝两侧一定距离以内；

E.国家划定的自然保护区、重要风景区，国家重点保护的不能移动的历史文物和名胜古迹所在地；

F.国家规定不得开采矿产资源的其他地区。

②国家规划矿区的范围、对国民经济具有重要价值的矿区的范围、矿山企业矿区的范围依法划定后，由划定矿区范围的主管机关通知有关县级人民政府予以公告。

③矿山企业变更矿区范围，必须报请原审批机关批准，并报请原颁发采矿许可证的机关重新核发采矿许可证。

9.1.2　矿产资源开采的规定

1.矿山开采规定

1）开采政策

（1）开采矿产资源，必须采取合理的开采顺序、开采方法和选矿工艺。矿山企业的开采回采率、采矿贫化率和选矿回收率应当达到设计要求。

（2）在开采主要矿产的同时，对具有工业价值的共生和伴生矿产应当统一规划，综合开采，综合利用，防止浪费；对暂时不能综合开采或者必须同时采出而暂时还不能综合利用的矿产以及含有有用组分的尾矿，应当采取有效的保护措施，防止损失破坏。

（3）开采矿产资源，必须遵守国家劳动安全卫生规定，具备保障安全生产的必要条件。

（4）开采矿产资源，必须遵守有关环境保护的法律规定，防止污染环境。

（5）开采矿产资源，应当节约用地。耕地、草原、林地因采矿受到破坏的，矿山企业应当因地制宜地采取复垦利用、植树种草或者其他利用措施。开采矿产资源给他人生产、生活造成损失的，应当负责赔偿，并采取必要的补救措施。

（6）在建设铁路、工厂、水库、输油管道、输电线路和各种大型建筑物或者建筑群之前，建设单位必须向所在省（自治区、直辖市）地质矿产主管部门了解拟建工程所在地区的矿产资源分布和开采情况。非经国务院授权的部门批准，不得压覆重要矿床。

（7）国务院规定由指定的单位统一收购的矿产品，任何其他单位或者个人不得收购；开采者不得向非指定单位销售。

2）集体矿山企业

（1）国家对集体矿山企业和个体采矿实行积极扶持、合理规划、正确引导、加强管理的方针，鼓励集体矿山企业开采国家指定范围内的矿产资源，允许个人采挖零星分散资源和只能用作普通建筑材料的砂、石、黏土以及为生活自用采挖少量矿产。

（2）矿产储量规模适宜由矿山企业开采的矿产资源、国家规定实行保护性开采的特定矿种和国家规定禁止个人开采的其他矿产资源，个人不得开采。

（3）国家指导、帮助集体矿山企业和个体采矿不断提高技术水平、资源利用率和经济效益。地质矿产主管部门、地质工作单位和国有矿山企业应当按照积极支持、有偿互惠的原则向集体矿山企业和个体采矿提供地质资料和技术服务。

2.法律责任主要内容

1）擅自开采和越界开采

（1）违反本法规定，未取得采矿许可证擅自采矿的，擅自进入国家规划矿区、对国民经济具有重要价值的矿区范围采矿的,擅自开采国家规定实行保护性开采的特定矿种的,责令停止开采、赔偿损失,没收采出的矿产品和违法所得,可以并处罚款;拒不停止开采,造成矿产资源破坏的,依照刑法第一百五十六条的规定对直接责任人员追究刑事责任。

(2)单位和个人进入他人依法设立的国有矿山企业和其他矿山企业矿区范围内采矿的,依照前款规定处罚。

(3)超越批准的矿区范围采矿的,责令退回本矿区范围内开采、赔偿损失,没收越界开采的矿产品和违法所得,可以并处罚款;拒不退回本矿区范围内开采,造成矿产资源破坏的,吊销采矿许可证,依照刑法第一百五十六条的规定对直接责任人员追究刑事责任。

2)破坏性开采

违反国家矿产资源法规定,采取破坏性的开采方法开采矿产资源的,处以罚款,可以吊销采矿许可证;造成矿产资源严重破坏的,依照刑法第一百五十六条的规定对直接责任人员追究刑事责任。

3)其他

以暴力、威胁方法阻碍从事矿产资源勘查、开采监督管理工作的国家工作人员依法执行职务的,依照刑法第一百五十七条的规定追究刑事责任;拒绝、阻碍从事矿产资源勘查、开采监督管理工作的国家工作人员依法执行职务未使用暴力、威胁方法的,由公安机关依照治安管理处罚条例的规定处罚。

9.2 《矿山安全法》相关规定

9.2.1 矿山建设安全保障的规定

1.矿山建设安全设施要求

1)矿山建设工程的安全设施必须和主体工程同时设计、同时施工、同时投入生产和使用。

2)矿山建设工程的设计文件,必须符合矿山安全规程和行业技术规范,并按照国家规定经管理矿山企业的主管部门批准;不符合矿山安全规程和行业技术规范的,不得批准。矿山建设工程安全设施的设计必须有劳动行政主管部门参加审查。矿山安全规程和行业技术规范,由国务院管理矿山企业的主管部门制定。

3)矿山设计下列项目必须符合矿山安全规程和行业技术规范:

(1)矿井的通风系统和供风量、风质、风速。

(2)露天矿的边坡角和台阶的宽度、高度。

(3)供电系统。

(4)提升、运输系统。

(5)防水、排水系统和防火、灭火系统。

(6)防瓦斯系统和防尘系统。

(7)有关矿山安全的其他项目。

2. 矿山安全设施保障

1）每个矿井必须有两个以上能行人的安全出口，出口之间的直线水平距离必须符合矿山安全规程和行业技术规范。

2）矿山必须有与外界相通的、符合安全要求的运输和通信设施。

3）矿山建设工程必须按照管理矿山企业的主管部门批准的设计文件施工。矿山建设工程安全设施竣工后，由管理矿山企业的主管部门验收，并须有劳动行政主管部门参加。

不符合矿山安全规程和行业技术规范的，不得验收，不得投入生产。

9.2.2　矿山建设事故处理的规定

1）发生矿山事故，矿山企业必须立即组织抢救，防止事故扩大，减少人员伤亡和财产损失，对伤亡事故必须立即如实报告劳动行政主管部门和管理矿山企业的主管部门。

2）发生一般矿山事故，由矿山企业负责调查和处理。发生重大矿山事故，由政府及其有关部门、工会和矿山企业按照行政法规的规定进行调查和处理。

3）矿山企业对矿山事故中伤亡的职工按照国家规定给予抚恤或者补偿。

4）矿山事故发生后，应当尽快消除现场危险，查明事故原因，提出防范措施。现场危险消除后，方可恢复生产。

9.2.3　矿山建设事故法律责任的相关规定

1. 违法责任

违反《中华人民共和国矿山安全法》规定，有下列行为之一的，由劳动行政主管部门责令改正，可以并处罚款；情节严重的，提请县级以上人民政府决定责令停产整顿；对主管人员和直接责任人员由其所在单位或者上级主管机关给予行政处分：

1）未对职工进行安全教育、培训，分配职工上岗作业的。

2）使用不符合国家安全标准或者行业安全标准的设备、器材、防护用品、安全检测仪器的。

3）未按照规定提取或者使用安全技术措施专项费用的。

4）拒绝矿山安全监督人员现场检查或者在被检查时隐瞒事故隐患、不如实反映情况的。

5）未按照规定及时、如实报告矿山事故的。

2. 安全责任和行政责任

1）矿长不具备安全专业知识的，安全生产的特种作业人员未取得操作资格证书上岗作业的，由劳动行政主管部门责令限期改正，提请县级以上人民政府决定责令停产，调整配备合格人员后，方可恢复生产。

2）矿山建设工程安全设施的设计未经批准擅自施工的，由管理矿山企业的主管部门责令停止施工，拒不执行的，由管理矿山企业的主管部门提请县级以上人民政府决定由有关主管部门吊销其采矿许可证和营业执照。

3）矿山建设工程的安全设施未经验收或者验收不合格擅自投入生产的，由劳动行政主管部门会同管理矿山企业的主管部门责令停止生产，并由劳动行政主管部门处以罚款；拒不停止生产的，由劳动行政主管部门提请县级以上人民政府决定由有关主管部门吊销其采矿许可证和营业执照。

4）已经投入生产的矿山企业，不具备安全生产条件而强行开采的，由劳动行政主管部门会同管理矿山企业的主管部门责令限期改进，逾期仍不具备安全生产条件的，由劳动行政主管部门提请县级以上人民政府决定责令停产整顿或者由有关主管部门吊销其采矿许可证或者营业执照。

5）当事人对行政处罚决定不服的，可以在接到处罚决定通知之日起十五日内向做出处罚决定的机关的上一级机关申请复议。

9.3 《金属非金属矿山安全规程》相关规定

9.3.1 露天矿山

1. 基本规定

1）有遭遇洪水危险的露天矿山应设置专用的防洪、排洪设施。

2）在受地下开采影响的范围内进行露天开采时，应采取有效的安全技术措施。

3）地下开采转为露天开采时，应确定全部地下工程和矿柱的位置并绘制在矿山平、剖面对照图上。开采前应处理对露天开采安全有威胁的地下工程和采空区，不能处理的，应采取安全措施并在开采过程中处理。

4）露天与地下同时开采时，应分析露天开采与地下开采的相互影响并采取有效的安全措施。露天和井下同时爆破影响安全时，不应同时爆破。

5）下列区域内不得设置有人员值守的建构筑物：

（1）受露天爆破威胁区域。

（2）储存爆破器材的危险区域。

（3）矿山防洪区域。

（4）受岩体变形、塌陷、滑坡、泥石流等地质灾害影响区域。

6）采剥和排土作业不应给深部开采和邻近矿山造成水害或者其他危害。

7）设计规定保留的矿柱、岩柱、挂帮矿体，在规定的期限内，未经技术论证，不应开采或破坏。

8）露天坑入口和露天坑周围易发生危险的区域应设置围栏和警示标志，防止无关人员进入。

9）采矿设备的供电电缆，应保持绝缘良好，不应与金属材料和其他导电材料接触，横过道路、铁路时应采取防护措施。

10）露天采矿设备从架空电力线路下方通过时，设备最突出部分与架空线路的距离应符合下列规定：

（1）3 kV 以下，不小于 1.5 m。

（2）3~10 kV，不小于 2.0 m。

（3）10 kV 以上，不小于 3.0 m。

11）不应采用没有捕尘装置的干式穿孔设备。

12）露天爆破应遵守 GB 6722 的规定。

13）距坠落基准面 2 m 及 2 m 以上、有人员坠落危险的作业场所应设安全网等防护设施，作业人员应佩戴安全带。有六级以上强风时，不应进行高处作业和露天起重作业。

14）不良天气影响正常生产时，应立即停止作业；威胁人身安全时，人员应转移到安全地点。

2. 露天开采

1）一般规定

（1）露天开采应遵循自上而下的开采顺序，分台阶开采。

（2）露天矿山应该采用机械方式进行开采。

（3）多台阶并段时并段数量不超过 3 个，且不应影响边坡稳定性及下部作业安全。

（4）露天采场应设安全平台和清扫平台。人工清扫平台宽度不小于 6 m，机械清扫平台宽度应满足设备要求且不小于 8 m。

（5）采场运输道路以及供电、通信线路均应设置在稳定区域内。

2）穿孔作业

（1）钻机稳车时，应与台阶坡顶线保持足够的安全距离。穿凿第一排孔时，钻机的纵轴线与台阶坡顶线的夹角不应小于 45°。钻机与下部台阶接近坡底线的电铲不应同时作业。钻机长时间停机，应切断机上电源。

（2）移动钻机应遵守如下规定。

①行走前司机应先鸣笛，确认履带前后无人；

②行进前方应有充分的照明；

③行走时应采取防倾覆措施，前方应有人引导和监护；

④不应在松软地面或者倾角超过 15° 的坡面上行走；

⑤不应 90° 急转弯；

⑥不应在斜坡上长时间停留。

（3）遇到影响安全的恶劣天气时不应上钻架顶作业。

3）铲装作业

（1）铲装工作开始前应确认作业环境安全。

（2）铲装设备工作前应发出警告信号，无关人员应远离设备。

（3）铲装设备工作时其平衡装置与台阶坡底的水平距离不小于 1 m。

（4）铲装设备工作应遵守下列规定。

①悬臂和铲斗及工作面附近不应有人员停留；

②铲斗不应从车辆驾驶室上方通过；

③人员不应在司机室踏板上或有落石危险的地方停留；

④不应调整电铲起重臂。

（5）多台铲装设备在同一平台上作业时，铲装设备间距应符合下列规定。

①汽车运输：不小于设备最大工作半径的 3 倍，且不小于 50 m；

②铁路运输：不小于 2 列车的长度。

（6）上、下台阶同时作业时，上部台阶的铲装设备应超前下部台阶铲装设备；超前距离不小于铲装设备最大工作半径的 3 倍，且不小于 50 m。

（7）铲装时铲斗不应压、碰运输设备；铲斗卸载时，铲斗下沿与运输设备上沿高差不大于 0.5 m；不应用铲斗处理车厢黏结物。

（8）发现悬浮岩块或崩塌征兆时，应立即停止铲装作业，并将设备转移至安全地带。

（9）铲装设备穿过铁路、电缆线路或者风水管路时，应采取安全防护措施保护电缆、风水管和铁路设施。

（10）铲装设备行走应遵守下列规定。

①应在作业平台的稳定范围内行走；

②上、下坡时铲斗应下放并与地面保持适当距离。

4）边坡

（1）露天边坡应符合设计要求，保证边坡整体的安全稳定。

（2）邻近最终边坡作业应遵守下列规定。

①采用控制爆破减震；

②保持台阶的安全坡面角，不应超挖坡底。

（3）遇有下列情况时，应采取有效的安全措施。

①岩层内倾于采场，且设计边坡角大于岩层倾角；

②有多组节理、裂隙空间组合结构面内倾于采场；

③有较大软弱结构面切割边坡；

④构成不稳定的潜在滑坡体的边坡。

（4）边坡浮石清除完毕之前不应在边坡底部作业；人员和设备不应在边坡底部停留。

（5）矿山应建立健全边坡安全管理和检查制度。每 5 年至少进行 1 次边坡稳定性分析。

（6）露天采场工作边坡应每季度检查 1 次，运输或者行人的非工作边坡每半年检查 1 次；边坡出现滑坡或者坍塌迹象时，应立即停止受影响区域的生产作业，撤出相关人员和设备，采取安全措施；高度超过 200 m 的露天边坡应进行在线监测，对承受水压的边坡应进行水压监测。

（7）应制定针对矿山边坡滑塌事故的应急预案。

9.3.2　地下矿山

1. 基本规定

1）安全出口

（1）矿井的安全出口应符合下列规定：

①每个矿井至少应有两个相互独立、间距不小于 30 m、直达地面的安全出口；矿体一翼走向长度超过 1000 m 时，此翼应有安全出口；

②每个生产水平或中段至少应有两个便于行人的安全出口，并应同通往地面的安全出口相通；

③井巷的分道口应有路标，注明其所在地点及通往地面出口的方向；

④安全出口应定期检查,保证其处于良好状态。

(2)井下生产作业人员均应熟悉安全出口。

(3)作为主要安全出口的罐笼提升井,应装备 2 套相互独立的提升系统,或装备 1 套提升系统并设置梯子间。当矿井的安全出口均为竖井时,至少有一条竖井应装备梯子间。

(4)作为应急安全出口的竖井应应设应急提升设施或者梯子间。深度超过 300 m 的井筒设置梯子间时,应在井筒无马头门段设置与梯子间相通的休息硐室。休息硐室间距不大于 150 m。硐室宽度不小于 1.5 m,深度不小于 2.0 m,高度不小于 2.1 m。

(5)用于提升人员的罐笼提升系统和矿用电梯应采用双回路供电。

(6)井下存在跑矿危险的作业点,应设置确保人员安全撤离的通道。

2)露天转地下开采

露天开采转地下开采时,应考虑露天边坡稳定性以及可能产生的泥石流对地下开采的影响。地下开采时的矿山排水设计应考虑露天坑汇水影响。

3)联合开采

(1)露天与地下同时开采时,应合理安排露天与地下各采区的回采顺序,避免相互影响。

(2)露天与井下同时爆破对安全有影响时,不应同时爆破。爆破前应通知对方撤出危险区域内的人员。

4)作业安全

(1)采用凿岩爆破法掘进应遵守下列规定:

①采取湿式凿岩、爆破喷雾、装岩洒水和净化风流等综合防尘措施;

②在遇水膨胀、强度降低的岩层中掘进不能采用湿式凿岩时,可采用干式凿岩,但应采取降尘措施,作业人员应佩戴防尘保护用品;

③装药爆破前应设置安全警戒标识线;

④爆破通风后经检查、处理浮石,确认安全后方可进入工作面作业。

(2)在有岩爆危险的区段作业应遵守下列规定:

①制订监测地压、预防岩爆的技术措施;

②编制专门的施工安全技术措施;

③对作业人员进行培训。

(3)在高温地层中作业应遵守下列规定:

①采取降温及人员防护的措施;

②湿球温度超过 30 ℃时,应停止作业;

③采取防止民用爆炸物品自燃、早爆的预防措施。

(4)在强含水层及高水压地层中作业应遵守下列规定:

①边探边掘,打钻孔超前探水,每次钻孔数量不少于 4 个;钻孔深度在竖井中不小于 40 m,在平巷中不小于 10 m;

②编制防治水技术方案;

③施工前应制订专门的施工安全技术措施。

(5)天井、溜井、漏斗口等存在人员坠落可能的地方,应设警示标志、照明设施、护栏、安全网或格筛。

(6)在竖井、天井、溜井和漏斗口上方,或在坠落基准面 2 m 以上作业,有发生坠落危险的，应设安全网等防护设施，作业人员应佩戴安全带。作业时，不应抛掷物件，不应上下层同时作业，并应设专人监护。

（7）操作距地面或平台面2 m以上的设备或阀门时，应有固定平台和梯子。平台及通道边缘应设置高度不小于1.2 m的安全护栏，并有足够的照明。平台、通道和梯子踏板应采取可靠的防滑措施。

（8）作业前应认真检查作业地点的安全情况，发现严重危及人身安全的征兆时，应迅速撤出危险区，设置禁止人员和车辆通行的警戒标志和照明，报告有关部门及时处理。处理结果应记录存档。

（9）进入采掘工作面的每个班组都应携带气体检测仪，随时监测有毒有害气体。

2. 地下开采

1）一般规定

（1）地下采矿应按设计要求进行。

（2）地下开采时，应圈定岩体移动范围或岩体移动监测范围；地表主要建构筑物、主要井筒应布置在地表岩体移动范围之外，或者留保安矿柱消除其影响。

（3）地表主要建构筑物、主要开拓工程入口应布置在不受地表滑坡、滚石、泥石流、雪崩等危险因素影响的安全地带，无法避开时，应采取可靠的安全措施。

（4）每个采区或者盘区、矿块均应有两个便于行人的安全出口，并与通往地面的安全出口相通。

（5）采矿设计应提出矿柱回采和采空区处理方案，并制订专门的安全措施。

（6）应严格保持矿柱（含顶柱、底柱和间柱等）的尺寸、形状和直立度；应有专人检查和管理，确保矿柱的稳定性。

（7）胶结充填体中的二次掘进应待充填体达到规定的养护期和强度后方准进行，不满足安全要求的还应做可靠的支护。

（8）作业场所的钻孔、井巷、溶洞、陷坑、泥浆池和水仓等，均应加盖或设栅栏围挡，并设置明显的警示标志。设备的转动部件外围应设防护罩或围栏。

（9）溜井不应放空。大块矿石、废旧钢材、木材和钢丝绳等不应放入井内。溜井口不应有水流入。人员不应直接站在溜井、漏斗内堆存的矿石上或进入溜井与漏斗内处理堵塞。采用特殊方法处理堵塞应经矿山企业主要负责人批准。

（10）采场放矿作业出现悬拱或立槽时人员不应进入悬拱、立槽下方危险区进行处理。

（11）人员需要进入的采场应有良好的照明。

（12）应建立采场顶板分级管理制度。对顶板不稳固的采场，应有监控手段和处理措施。人员需要进入的采场作业面的顶板和侧面应保持稳定，矿岩不稳固时应采取支护措施。因爆破或其他原因而破坏的支护应及时修复，确认安全后方准作业。回采作业前应处理顶板和两帮的浮石，确认安全后方可进行回采作业。处理浮石时，同一作业面不应进行其他作业；发现冒顶征兆应停止作业进行处理；发现大面积冒顶征兆，应立即撤离人员并及时上报。

（13）发现井下有危及作业人员安全的危险应立即消除。当班作业结束前来不及消除时，当班负责人应做好书面记录，内容包括危险状况和所采取的处理措施。下一班负责人在本班作业人员开始危险区内的作业前，应确认上一班的记载内容，并告知相关作业人员上述危险状况、已采取的处理措施、为解除危险应做的工作。

（14）工程地质复杂、有严重地压活动的矿山，应遵守下列规定：

①设立专门机构或专职人员负责地压管理工作，做好现场监测和预测、预报工作；

②发现大面积地压活动预兆应立即停止作业，将人员撤至安全地点；

③通往塌陷区的井巷应封闭；

④地表塌陷区应设明显警示标志和必要的围挡设施，人员不应进入塌陷区和采空区。

（15）采用空场法采矿的矿山，应采取充填、隔离或强制崩落围岩的措施，及时处理采空区。

（16）地下开采的矿山应对地面沉降情况进行监测。

（17）井下爆破应遵守 GB 6722 的规定。

（18）矿井停电时，应停止井下生产作业，并组织人员撤出。

2）采矿方法

（1）采用全面采矿法、房柱采矿法采矿，应遵守下列规定：

①采场的结构参数和矿柱（包括点柱、条柱）参数应经岩石力学计算分析后确定；当开采前期缺少相关岩石力学参数时，可采取类比法确定；

②未经原设计单位变更设计或专业研究机构的研究并采取安全措施，不得减小矿柱（包括点柱、条柱）尺寸或扩大矿房的尺寸，不得采用人工支柱替代原有矿柱以回采矿柱；

③回采过程中应认真检查顶板，处理浮石，并根据岩石稳定性对采场顶板进行必要的支护。

（2）采用浅孔留矿法采矿应遵守下列规定：

①开采第一分层前应将下部漏斗和喇叭口扩完；

②各漏斗应均匀放矿，发现悬空应停止其上部作业；经妥善处理悬空后，方准继续作业；

③放矿人员和采场内的人员应密切联系，在放矿影响范围内不应上下同时作业；

④严格控制每一回采分层的放矿量，保证凿岩工作面安全操作所需高度。

（3）采用分段空场法和阶段空场法采矿，应遵守下列规定：

①采场顶柱内除可开掘回采、运输、充填和通风巷道外，不得开掘其他巷道；

②上下中段的矿房和矿柱应相对应；

③人员不应进入采空区。

（4）空场法回采矿柱应遵守下列规定：

①应由原设计单位或专业研究机构研究论证；

②回采顶柱和间柱前应先检查运输巷道的稳定情况，运输巷道不稳定时采取加固措施；

③回采前和回采过程中应设有岩体应力和应变监测设施，实时监测矿岩稳定情况；

④所有顶柱和间柱的回采准备工作应在矿房回采结束前完成；

⑤与矿柱回采无关的人员，未经矿山企业主要负责人批准不应进入未充填矿房顶柱内的巷道和矿柱回采区内；

⑥大量崩落矿柱时，应采取措施保证爆破冲击波和地震波影响范围内的巷道、设备及设施的安全；未达到预期崩落效果的应进行补充崩落设计后再次爆破；

⑦编制专门的应急预案。

（5）采用壁式崩落法回采应遵守下列规定：

①应遵守设计规定的悬顶、控顶、放顶距离和放顶的安全措施；

②放顶前应进行全面检查，以确保出口畅通、照明良好和设备安全；

③放顶时人员不应在放顶区附近的巷道中停留；

④在密集支柱中，每隔 3~5 m 应有一个宽度不小于 0.8 m 的安全出口，密集支柱受压过大时，应及时采取加固措施；

⑤若放顶未达到预期效果，应重新设计，方可进行二次放顶；

⑥放顶后应及时封闭落顶区，禁止人员进入；

⑦多层矿体分层回采时，应待上层顶板岩石崩落并稳定后再回采下部矿层；

⑧相邻两个中段同时回采时，上中段回采工作面应比下中段工作面超前一个工作面斜长的距离，且应不小于 20 m；

⑨除倾角小于 10° 的矿体外，机械撤柱及人工撤柱，应自下而上、由远而近进行。

（6）采用分层崩落法回采应遵守下列规定：

①每个分层进路宽度不超过 3 m，分层高度不超过 3.5 m，进路长度不应超过 50 m；

②上下分层同时回采时，上分层在水平方向上应超前相邻下分层 15 m 以上；

③崩落假顶时人员不应在相邻的进路内停留；

④假顶降落受阻时不应继续开采分层；顶板降落产生空洞时不应在相邻进路或下部分层巷道内作业；

⑤崩落顶板时不应用砍伐法撤出支柱；

⑥顶板不能及时自然崩落的缓倾斜矿体应进行强制放顶；

⑦凿岩、装药、出矿等作业，应在支护区域内进行；

⑧采区采完后应在天井口铺设加强假顶；

⑨采矿应从矿块一侧向天井方向进行，以免造成通风不良的独头工作面；采掘接近天井时，分层沿脉或穿脉应在分层内与另一天井相通；

⑩清理工作面应从出口开始向崩落区进行。

（7）采用有底柱分段崩落法和阶段崩落法回采，应遵守下列规定：

①采场电耙道应有贯穿风流，电耙的耙运方向应与风流方向相反；

②电耙道间的联络道应设在入风侧，并在电耙绞车的侧翼或后方；

③电耙道放矿溜井口旁应有宽度不小于 0.8 m 的人行道；

④不得用未修复的电耙道出矿；

⑤采用挤压爆破时应控制补偿空间和放矿量，以免造成悬拱；

⑥拉底空间应形成厚度不小于 3~4 m 的松散垫层；

⑦采场顶部应有厚度不小于崩落层高度的覆盖岩层，若采场顶板不能自行冒落应及时强制崩落，或用充填料充填。

（8）采用无底柱分段崩落法回采应遵守下列规定：

①回采工作面的上方应有大于分段高度的覆盖岩层，以保证回采工作的安全。当上盘不能自行冒落或冒落的岩石量达不到规定厚度时应及时进行强制放顶；

②上下两个分段同时回采时，上分段应超前于下分段，超前距离应使上分段位于下分段回采工作面的错动范围之外，且不小于 20 m；

③各分段联络道应有足够的新鲜风流；

④各分段回采完毕应及时封闭本分段的溜井口。

(9)采用自然崩落法回采应遵守下列规定：

①应编制放矿计划，严格控制放矿，崩落面与松散物料面之间的空间高度不大于 5 m，防止产生空气冲击波造成人员伤害和设施破坏；

②应采用可靠的监测手段对崩落顶板的变化情况进行监测；

③雨季出矿应采取相应的安全措施，严格控制单个放矿点的出矿量，防止泥石流伤人；

④不应采用裸露药包处理放矿点堵塞、结拱或者破碎大块；如特殊情况需要，应由矿山企业主要负责人批准。

(10)采用充填法回采应遵守下列规定：

①井下充填料不应产生或者释放有毒有害气体；

②采场中的顺路行人井、溜矿井、水砂充填用泄水井和通风井，应保持畅通；

③用组合式钢筒作行人、滤水、放矿的顺路天井时，钢筒组装作业前应在井口悬挂安全网；

④上向充填法每一分层回采完后应及时充填，最后一个分层回采完后应接顶密实；

⑤下向充填法回采，进路两帮底角的矿石应清理干净，每采完一条进路应及时充填，并应接顶密实；

⑥采场或进路充填前应架设坚固的充填挡墙，并安设泄水井或泄水管道；膏体充填可不设泄水设施；

⑦人员不应在非管道输送充填料的充填井下方停留或通行；

⑧各充填工序间应有通信联络；

⑨人员和设备进入充填体面层之前，应确认充填体具有足够的支撑强度；

⑩采场下部巷道及水沟堆积的充填料应及时清理；

⑪采用人工间柱上向分层充填法采矿时，人工间柱两侧采场应错开一定距离；

⑫采用空场嗣后充填采矿法回采时，相邻采场或矿房的充填体达到设计强度后才能开始第二步骤采场或矿柱的回采。

(11)地下盐矿和石膏矿回采应遵守下列规定：

①应采用干式凿岩机或机械切削，并采取有效的干式捕尘、降尘措施；

②不得在路面洒水或用水清洗采场矿壁；

③下班前应将溜井中的石膏矿石或盐矿石放空，防止溜井堵塞；

④当矿层顶板为泥岩或页岩等不稳定岩层时，应加强支护或在顶板保留完整的矿石护顶层，确保采场顶板稳定；凿岩时顶部炮孔不应穿越护顶层，保证爆破后护顶层完整；

⑤当采用充填法开采或对空采区进行嗣后充填时，应有效收集溢流水，防止对矿柱和周边矿岩产生溶蚀或产生有毒有害气体；

⑥采用崩落法开采石膏矿时应控制每次的崩矿量，做到强采强出，避免矿石在采场中凝结。

(12)有 H_2S 等有毒有害气体的矿山应遵守下列规定：

①应制定 H_2S 等有毒有害气体检测制度；

②每个班组都应携带气体检测仪，随时监测 H_2S 等有毒有害气体；

③采场工作面 H_2S 气体体积浓度不大于 10×10^{-6} 时人员方可进入；

④采掘过程中应采取打超前释放孔等措施释放 H_2S 气体，确保采掘过程中人员的安全；

⑤每季度测定 1 次有毒有害气体浓度；每半年进行 1 次井下空气成分的取样分析。

3）岩爆预防

（1）有下列情况之一的，应当进行岩爆倾向性研究。

①有强烈震动、瞬间底鼓或帮鼓、矿岩弹射等现象的；

②相邻矿井开采同一深度发生过岩爆的；

③埋深超过 1000 m 的。

（2）开采岩爆倾向性大的矿段时应进行岩爆危险性评价。

（3）具有岩爆危害的矿井，防治岩爆工作应遵守下列规定。

①矿山应有专门的机构与人员负责岩爆防治工作；

②矿山应制订防治岩爆灾害的专门技术措施；

③应对作业人员进行相关的培训；

④应选择有利于减少应力集中的采矿方法和工艺、开采顺序；主要设施应布置在岩爆危害相对较弱的区域；

⑤巷道或采场支护应采用描网或喷描网等柔性支护为主的支护形式；

⑥岩爆危害严重的矿山应建立微震监测设施和危险区域日常监测和预警制度；

⑦判定有岩爆危险时，应立即停止作业、撤出人员，并上报；采取安全措施并确认危险解除后方可恢复正常作业。

9.4 《放射性污染防治法》相关规定

矿产开发中放射性污染的防治规定：

1）国家对放射性污染的防治，实行预防为主、防治结合、严格管理、安全第一的方针。

2）开发利用或者关闭铀（钍）矿的单位，应当在申请领取采矿许可证或者办理退役审批手续前编制环境影响报告书，报国务院环境保护行政主管部门审查批准。

开发利用伴生放射性矿的单位，应当在申请领取采矿许可证前编制环境影响报告书，报省级以上人民政府环境保护行政主管部门审查批准。

3）与铀（钍）矿和伴生放射性矿开发利用建设项目相配套的放射性污染防治设施，应当与主体工程同时设计、同时施工、同时投入使用。

放射性污染防治设施应当与主体工程同时验收，验收合格的，主体工程方可投入生产或者使用。

4）铀（钍）矿开发利用单位应当对铀（钍）矿的流出物和周围的环境实施监测，并定期向国务院环境保护行政主管部门和所在地省（自治区、直辖市）人民政府环境保护行政主管部门报告监测结果。

5）对铀（钍）矿和伴生放射性矿开发利用过程中产生的尾矿，应当建造尾矿库进行储存、处置；建造的尾矿库应当符合放射性污染防治的要求。

6)铀(钍)矿开发利用单位应当制订铀(钍)矿退役计划。铀矿退役费用由国家财政预算安排。

7)核设施营运单位、核技术利用单位、铀(钍)矿和伴生放射性矿开发利用单位,应当合理选择和利用原材料,采用先进的生产工艺和设备,尽量减少放射性废物的产生量。

9.5 《爆破安全规程》相关规定

9.5.1 爆破作业的基本规定

1.爆破作业环境

1)爆破前应对爆区周围的自然条件和环境状况进行调查,了解危及安全的不利环境因素,并采取必要的安全防范措施。

2)爆破作业场所有下列情形之一时,不应进行爆破作业:

(1)距工作面20 m以内的风流中瓦斯含量达到1%或有瓦斯突出征兆的。

(2)爆破会造成巷道涌水、堤坝漏水、河床严重阻塞、泉水变迁的。

(3)岩体有冒顶或边坡滑落危险的。

(4)硐室、炮孔温度异常的。

(5)地下爆破作业区的有害气体浓度超过规定的。

(6)爆破可能危及建(构)筑物、公共设施或人员的安全而无有效防护措施的。

(7)作业通道不安全或堵塞的。

(8)支护规格与支护说明书的规定不符或工作面支护损坏的。

(9)危险区边界未设警戒的。

(10)光线不足且无照明或照明不符合规定的。

(11)未按本标准的要求做好准备工作的。

3)露天和水下爆破装药前,应与当地气象、水文部门联系,及时掌握气象、水文资料,遇以下恶劣气候和水文情况时,应停止爆破作业,所有人员应立即撤到安全地点:

(1)热带风暴或台风即将来临时。

(2)雷电、暴雨雪来临时。

(3)大雾天或沙尘暴,能见度不超过100 m时。

(4)现场风力超过8级、浪高大于1.0 m时或水位暴涨暴落时。

4)应急抢险爆破可以不受本标准的限制,但应采取安全保障措施并经应急抢险领导人批准。

5)在有关法规不允许进行常规爆破作业的场合,但又必须进行爆破时,应先与有关部门协调一致,做好安全防护,制订应急预案。

6)采用电爆网路时,应对高压电、射频电等进行调查,对杂散电流进行测试,发现存在危险,应立即采取预防或排除措施。

7)浅孔爆破应采用湿式凿岩,深孔爆破凿岩机应配收尘设备;在残孔附近钻孔时应避免凿穿残留炮孔，在任何情况下均不许钻残孔。

2. 爆破工程施工准备

1）施工组织

（1）A、B级爆破工程，都应成立爆破指挥部，全面指挥和统筹安排爆破工程的各项工作。指挥部的设置及职能为：

①指挥部应设指挥长1人，副指挥长若干人；指挥长负责指挥部的全面工作并对副指挥长工作进行分工；

②指挥部应根据需要设置设计施工组、起爆组、物资供应组、安全保卫组、警戒组、安全监测组和后勤组等；

③指挥部和各职能组的每个成员，都应分工明确，职责清楚，各尽其责。

（2）其他爆破应设指挥组或指挥人，指挥组应适应爆破类别、爆破工程等级、周围环境的复杂程度和爆破作业程序的要求，并严格按爆破设计与施工组织计划实施，确保工程安全。

2）施工公告

（1）凡须经公安机关审批的爆破作业项目，爆破作业单位应于施工前3天发布公告，并在作业地点张贴，施工公告内容应包括：爆破作业项目名称、委托单位、设计施工单位、安全评估单位、安全监理单位、爆破作业时限等。

（2）装药前1天应发布爆破公告并在现场张贴，内容包括：爆破地点、每次爆破时间、安全警戒范围、警戒标识、起爆信号等。

（3）邻近交通要道的爆破需进行临时交通管制时，应预先申请并至少提前3天由公安交管部门发布爆破施工交通管制通知。

（4）在邻近通航水域进行爆破施工时，应在3天前通知港航监督部门。

（5）爆破可能危及供水、排水、供电、供气、通信等线路以及运输交通隧道、输油管线等重要设施时，应事先准备好相应的应急措施、应向有关主管部门报告，做好协调工作并在爆破时通知有关单位到场。

（6）在同一地区同时进行露天、地下、水下爆破作业或几个爆破作业单位平行作业时，应由建设单位组织协商后共同发布施工公告和爆破公告。

3）施工现场清理与准备

（1）爆破工程施工前，应根据爆破设计文件要求和场地条件，对施工场地进行规划，并开展施工现场清理与准备工作。

施工场地规划内容应包括：

①爆破施工区段或爆破作业面划分及其程序编排；爆破与清运交叉循环作业时，应制订相关的安全措施；

②有碍爆破作业的障碍物或废旧建（构）筑物的拆除与处理方案；

③现场施工机械配置方案及其安全防护措施；

④进出场主道及各作业面临时通道布置；

⑥夜间施工照明与施工用风、水、电供给系统敷设方案，施工器材、机械维修场地布置；

⑦施工用爆破器材现场临时保管、施工用药包现场制作与临时存放场所安排及其安全保卫措施；

⑧施工现场安全警戒岗哨、避炮防护设施与工地警卫值班设施布置；

⑨施工现场防洪与排水措施。

(2)爆破工程施工之前，应制定施工安全与施工现场管理的各项规章制度。

4)通信联络

(1)爆破指挥部应与爆破施工现场、起爆站、主要警戒哨建立并保持通信联络；不成立指挥部的爆破工程，在爆破组(人)、起爆站和警戒哨间应建立通信联络，保持畅通。

(2)通信联络制度、联络方法应由指挥长或指挥组(人)决定。

5)装药前的施工验收

(1)装药前应对炮孔、硐室、爆炸处理构件逐个进行测量验收，做好记录并保存。

(2)凡须经公安机关审批的爆破作业项目施工验收，应有爆破设计人员参加。

(3)对验收不合格的炮孔、硐室、构件，应按设计要求进行施工纠正，或报告爆破技术负责人进行设计修改。

3.爆破器材现场检测、加工和起爆方法

1)一般规定

(1)爆破工程使用的炸药、雷管、导爆管、导爆索、电线、起爆器、量测仪表均应做现场检测，检测合格后方可使用。

(2)进行爆破器材检测、加工和爆破作业的人员，应穿戴防静电的衣物。

(3)在爆破工程中推广应用爆破新技术、新工艺、新器材、新仪表装备，应经有关部门或经授权的行业协会批准。

(4)在潮湿或有水环境中应使用抗水爆破器材或对不抗水爆破器材进行防潮、防水处理。

2)爆破器材现场检测

(1)在实施爆破作业前，爆破器材现场检测应包括：

①对所使用的爆破器材进行外观检查；

②对电雷管进行电阻值测定；

③对使用的仪表、电线、电源进行必要的性能检验。

(2)爆破器材外观检查项目应包括：

①雷管管体不应变形、破损、锈蚀；

②导爆索表面要均匀且无折伤、压痕、变形、霉斑、油污；

③导爆管管内无断药，无异物或堵塞，无折伤、油污和穿孔，端头封口良好；

④粉状硝铵类炸药不应吸湿结块，乳化炸药和水胶炸药不应破乳或变质；

⑤电线无锈痕，绝缘层无划伤、开裂。

(3)起爆电源及仪表的检验包括：

①起爆器的充电电压、外壳绝缘性能；

②采用交流电起爆时，应测定交流电电压，并检查开关、电源及输电线路是否符合要求；

③各种连接线、区域线、主线的材质、规格、电阻值和绝缘性能；

④爆破专用电桥、欧姆表和导通器的输出电流及绝缘性能。

(4)A、B级爆破工程应检测及试验的项目包括：

①炸药的殉爆距离；

②延时雷管的延时时间；

③起爆网路连接方式的传爆可靠性试验。

3）起爆器材加工

（1）加工起爆药包和起爆药柱，应在指定的安全地点进行，加工数量不应超过当班爆破作业用量。

（2）在水孔中使用的起爆药包，孔内不得有电线、导爆管和导爆索接头。

（3）当采用孔（硐）内延时爆破时，应在起爆药包引出孔（硐）外的电线和导爆管上标明雷管段别和延时时间。

（4）切割导爆索应使用锋利刀具，不得使用剪刀剪切。

4）起爆方法

（1）电雷管应使用电力起爆器、动力电、照明电、发电机、蓄电池、干电池起爆。

（2）电子雷管应使用配套的专用起爆器起爆。

（3）导爆管雷管应使用专用起爆器、雷管或导爆索起爆。

（4）导爆索应使用雷管正向起爆。

（5）不应使用药包起爆导爆索和导爆管。

（6）工业炸药应使用雷管或导爆索起爆，没有雷管感度的工业炸药应使用起爆药包或起爆器具起爆。

（7）各种起爆方法均应远距离操作，起爆地点应不受空气冲击波、有害气体和个别飞散物危害。

（8）在有瓦斯和粉尘爆炸危险的环境中爆破，应使用煤矿许用起爆器材起爆。

（9）在杂散电流大于 30 mA 的工作面或高压线、射频电危险范围内，不应采用普通电雷管起爆。

4. 起爆网路

1）一般规定

（1）多药包起爆应连接成电爆网路、导爆管网路、导爆索网路、混合网路或数码电子雷管网路起爆。

（2）起爆网路连接工作应由工作面向起爆站依次进行。

（3）雷雨天禁止任何露天起爆网路连接作业，正在实施的起爆网路连接作业应立即停止，人员迅速撤至安全地点。

（4）各种起爆网路均应使用合格的器材。

（5）起爆网路连接应严格按设计要求进行。

（6）在可能对起爆网路造成损害的部位，应采取保护措施。

（7）敷设起爆网路应由有经验的爆破员或爆破技术人员实施，并实行双人作业制。

2）电力起爆网路

（1）同一起爆网路，应使用同厂、同批、同型号的电雷管；电雷管的电阻值差不得大于产品说明书的规定。

（2）电爆网路的连接线不应使用裸露导线，不得利用照明线、铁轨、钢管、钢丝作爆破线路，电爆网路与电源开关之间应设置中间开关。

(3)电爆网路的所有导线接头，均应按电工接线法连接，并确保其对外绝缘。在潮湿有水的地区，应避免导线接头接触地面或浸泡在水中。

(4)起爆电源能量应能保证全部电雷管准爆；用变压器、发电机作起爆电源时，流经每个普通电雷管的电流应满足：一般爆破，交流电不小于 2.5 A，直流电不小于 2 A；硐室爆破，交流电不小于 4 A，直流电不小于 2.5 A。

(5)用起爆器起爆电爆网路时，应按起爆器说明书的要求连接网路。

(6)电爆网路的导通和电阻值检查应使用专用导通器和爆破电桥，导通器和爆破电桥应每月检查一次，其工作电流应小于 30 mA。

3)导爆管起爆网路

(1)导爆管网路应严格按设计要求进行连接，导爆管网路中不应有死结，炮孔内不应有接头，孔外相邻传爆雷管之间应留有足够的距离。

(2)用雷管起爆导爆管网路时，应遵守下列规定：

①起爆导爆管的雷管与导爆管捆扎端端头的距离应不小于 15 cm；

②应有防止雷管聚能射流切断导爆管的措施和防止延时雷管的气孔烧坏导爆管的措施；

③导爆管应均匀地分布在雷管周围并用胶布等捆扎牢固。

(3)使用导爆管连通器时，应夹紧或绑牢。

(4)采用地表延时网路时，地表雷管与相邻导爆管之间应留有足够的安全距离，孔内应采用高段别雷管，确保地表未起爆雷管与已起爆药包之间的水平间距大于 20 m。

4)导爆索起爆网路

(1)起爆导爆索的雷管与导爆索捆扎端端头的距离应不小于 15 cm，雷管的聚能穴应朝向导爆索的传爆方向。

(2)导爆索起爆网路应采用搭接、水手结等方法连接；搭接时两根导爆索搭接长度不应小于 15 cm，中间不得夹有异物或炸药，捆扎应牢固，支线与主线传爆方向的夹角应小于 90°。

(3)连接导爆索中间不应出现打结或打圈；交叉敷设时，应在两根交叉导爆索之间设置厚度不小于 10 cm 的木质垫块或土袋。

5)电子雷管起爆网路

(1)电子雷管网路应使用专用起爆器起爆，专用起爆器使用前应进行全面检查。

(2)装药前应使用专用仪器检测电子雷管，并进行注册和编号。

(3)应按说明书要求连接子网路，雷管数量应小于子起爆器规定数量；子网路连接后应使用专用设备进行检测。

(4)应按说明书要求，将全部子网路连接成主网路，并使用专用设备检测主网路。

6)混合起爆网路

(1)大型起爆网路可以同时使用电雷管、导爆管雷管、电子雷管和导爆索连接成混合起爆网路。

(2)混合网路中的地表导爆索与雷管、导爆管和电线之间应留有足够的安全距离。

(3)用导爆索引爆导爆管时，应使用单股导爆索与导爆管垂直连接，或使用专用联结块连接。

7)起爆网路试验

(1)硐室爆破和 A、B 级爆破工程，应进行起爆网路试验。

(2)电起爆网路应进行实爆试验或等效模拟试验；起爆网路实爆试验应按设计网路连接起爆；等效模拟试验，至少应选一条支路按设计方案连接雷管，其他各支路可用等效电阻代替。

(3)大型混合起爆网路、导爆管起爆网路和导爆索起爆网路试验，应至少选一组(地下爆破选一个分区)典型的起爆支路进行实爆；对重要爆破工程，应考虑在现场条件下进行网路实爆。

8)起爆网路检查

(1)起爆网路检查，应由有经验的爆破员组成的检查组担任，检查组不得少于两人，大型或复杂起爆网路检查应由爆破工程技术人员组织实施。

(2)电力起爆网路，应进行下述检查：

①电源开关是否接触良好，开关及导线的电流通过能力是否能满足设计要求；

②网路电阻是否稳定，与设计值是否相符；

③网路是否有接头接地或锈蚀，是否有短路或开路；

④采用起爆器起爆时，应检验其起爆能力。

(3)导爆索或导爆管起爆网路应检查：

①有无漏接或中断、破损；

②有无打结或打圈，支路拐角是否符合规定；

③雷管捆扎是否符合要求；

④网路保护措施是否可靠。

(4)电子雷管起爆网路应按设计复核电子雷管编号、延时量、子网路和主网路的检测结果。

(5)混合起爆网路应按规定进行检查。

5.装药

1)一般规定

(1)装药前应对作业场地、爆破器材堆放场地进行清理，装药人员应对准备装药的全部炮孔、药室进行检查。

(2)从炸药运入现场开始，应划定装药警戒区，警戒区内禁止烟火，并不得携带火柴、打火机等火源进入警戒区域；采用普通电雷管起爆时，不得携带手机或其他移动式通信设备进入警戒区。

(3)炸药运入警戒区后，应迅速分发到各装药孔口或装药硐口，不应在警戒区临时集中堆放大量炸药，不得将起爆器材、起爆药包和炸药混合堆放。

(4)搬运爆破器材应轻拿轻放，装药时不应冲撞起爆药包。

(5)在铵油、重铵油炸药与导爆索直接接触的情况下，应采取隔油措施或采用耐油型导爆索。

(6)在黄昏或夜间等能见度差的条件下，不宜进行露天及水下爆破的装药工作，如确需进行装药作业时，应有足够的照明设施保证作业安全。

(7)炎热天气不应将爆破器材在强烈日光下暴晒。

(8)爆破装药现场不得用明火照明。

(9)爆破装药用电灯照明时,在装药警戒区20 m以外可装220 V的照明器材,在作业现场或硐室内应使用电压不高于36 V的照明器材。

(10)从带有电雷管的起爆药包或起爆体进入装药警戒区开始,装药警戒区内应停电,应采用安全蓄电池灯、安全灯或绝缘手电筒照明。

(11)各种爆破作业都应按设计药量装药并做好装药原始记录。记录应包括装药基本情况、出现的问题及其处理措施。

2)人工装药

(1)人工搬运爆破器材时应遵守相关规定,起爆体、起爆药包应由爆破员携带、运送。

(2)炮孔装药应使用木质或竹制炮棍。

(3)不应往孔内投掷起爆药包和敏感度高的炸药,起爆药包装入后应采取有效措施,防止后续药卷直接冲击起爆药包。

(4)装药发生卡塞时,若在雷管和起爆药包放入之前,可用非金属长杆处理。装入雷管或起爆药包后,不得用任何工具冲击、挤压。

(5)在装药过程中,不得拔出或硬拉起爆药包中的导爆管、导爆索和电雷管引出线。

3)机械装药

(1)现场混装多孔粒状铵油炸药装药车应符合以下规定:

①料箱和输料螺旋应采用耐腐蚀的金属材料,车体应有良好的接地;

②输药软管应使用专用半导体材料软管,钢丝与箱体的连接应牢固;

③装药车整个系统的接地电阻值不应大于$1\times10^5\ \Omega$;

④输药螺旋与管道之间应有一定的间隙,不应与壳体相摩擦;

⑤发动机排气管应安装消焰装置,排气管与油箱、轮胎应保持适当的距离;

⑥应配备灭火装置和有效的防静电接地装置;

⑦制备炸药的原材料时,装药车制药系统应能自动停车。

(2)现场混装乳化炸药装药车应符合以下规定:

①料箱和输料部分的材料应采用防腐材料;

②输药软管应采用带钢丝棉织塑料或橡胶软管;

③排气管应安装消焰装置,排气管与油箱、轮胎应保持适当的距离;

④车上应设有灭火装置和有效的防静电接地装置;

⑤清洗系统应能保证有效地清理管道中的余料和积污;

⑥应具有出现原材料缺项、螺杆泵空转、螺杆泵超压等情况下自动停车等功能。

⑦输药螺旋与管道之间应有足够的间隙并不应与壳体相摩擦。

(3)小孔径炮孔爆破使用的装药器应符合下列规定:

①装药器的罐体使用耐腐蚀的导电材料制作;

②输药软管应采用专用半导体材料软管;

③整个系统的接地电阻不大于$1\times10^5\ \Omega$。

(4)采用装药车、装药器装药时应遵守下列规定:

①输药风压不超过额定风压的上限值;

②装药车和装药器应保持良好接地;

③拔管速度应均匀，并控制在 0.5 m/s 以内；

④返用的炸药应过筛，不得有石块和其他杂物混入。

4）压气装药孔底起爆

（1）压气装药孔底起爆应使用经安全性试验合格的起爆器材或采用孔底起爆具；孔底起爆具应在现场装入导爆管、雷管和炸药，导爆管应放在装置的槽内，并用胶布固定在装置尾端。炸药的感度和威力均不应小于 2#粉状乳化炸药，装药密度应大于 0.95 g/cm³。

（2）孔底起爆具应符合下列规定：

①通过激波管试验，能承受 6×10^5 Pa 的空气冲击波入射超压；

②在锤重 2 kg、落高 1.5 m 的卡斯特落锤试验中不损坏；

③对导爆管应有保护措施；

④能起爆孔底起爆具以外的炸药；

⑤每年至少检测一次。

（3）压气装药安全性技术指标应符合下列规定：

①装药器符合相关规定；

②现场装药空气相对湿度不小于 80%；

③装药器的工作压力不大于 6×10^5 Pa；

④炮孔内静电电压不应超过 1500 V，在炸药和输药管类型改变后应重新测定静电电压。

5）现场混装炸药车装药

（1）使用现场混装炸药车装药应经安全验收合格。

（2）混装炸药车驾驶员、操作工，应经过严格培训和考核持证上岗，应熟练掌握混装炸药车各部分的操作程序和使用、维护方法。

（3）混装炸药车上料前应对计量控制系统进行检测标定，配料仓不应有其他杂物；上料时不应超过规定的物料量；上料后应检查输药软管是否畅通。

（4）混装炸药车应配备消防器具，接地良好，进入现场应悬挂"危险"警示标识。

（5）混装炸药车行驶速度不应超过 40 km/h，扬尘、起雾、暴风雨等能见度差时速度减半；在平坦道路上行驶时，两车距离不应小于 50 m；上山或下山时，两车距离不应小于 200 m。

（6）装药前，应先将起爆药柱、雷管和导爆索按设计要求加工并按设计要求装入炮孔内。

（7）混装炸药车行车时严禁压坏、刮坏、碰坏爆破器材。

（8）装药前应对炸药密度进行检测，检测合格后方可进行装药。

（9）混装炸药车装药前，应对前排炮孔的岩性及抵抗线变化进行逐孔校核，设计参数变化较大的，应及时调整设计后再进行装药。

（10）采用输药软管方式输送混装炸药时，对干孔应将输药软管末端送至孔口填塞段以下 0.5~1 m 处；对水孔应将输药软管末端下至孔底，并根据装药速度缓缓提升输药软管。

（11）装药过程中发现漏药的情况，应及时采取处理措施。

（12）装药时应进行护孔，防止孔口岩屑、岩渣混入炸药中。

（13）混装乳化炸药装药完毕 10 min 后，经检查合格后才可进行填塞，应测量填塞段长度是否符合爆破设计要求。

（14）混装乳化炸药装药至最后一个炮孔时，应将软管中剩余炸药装入炮孔中，装药完毕将软管内残留炸药清理干净。

(15)现场混制装填炸药时,炮孔内导爆索、导爆管雷管、起爆具等起爆器材的性能除应满足国家标准要求外,还应满足耐水、耐油、耐温、耐拉等现场作业要求;严禁电雷管直接入孔。

(16)孔底起爆时,起爆药包应离开孔底一定距离。

6)预装药

(1)进行预装药作业,应制定安全作业细则并经爆破技术负责人审批。

(2)预装药爆区应设专人看管,并作醒目警示标识,无关人员和车辆不得进入预装药爆区。

(3)雷雨天气露天爆破不得进行预装药作业。

(4)高温、高硫区不得进行预装药作业。

(5)预装药所使用的雷管、导爆管、导爆索、起爆药柱等起爆器材应具有防水防腐性能。

(6)正在钻进的炮孔和预装药炮孔之间,应有 10 m 以上的安全隔离区。

(7)预装药炮孔应在当班进行填塞,填塞后应注意观察炮孔内装药高度的变化。

(8)如采用电力起爆网路,由炮孔引出的起爆导线应短路,如采用导爆管起爆网路,导爆管端口应可靠密封,预装药期间不得连接起爆网路。

6. 填塞

进行填塞工程应当遵循以下要求:

(1)硐室、深孔和浅孔爆破装药后都应进行填塞,禁止使用无填塞爆破。

(2)填塞炮孔的炮泥中不得混有石块和易燃材料,水下炮孔可用碎石渣填塞。

(3)用水袋填塞时,孔口应用不小于 0.15 m 的炮泥将炮孔填满堵严。

(4)水平孔和上向孔填塞时,不得紧靠起爆药包或起爆药柱楔入木楔。

(5)不得直接接触起爆药包的填塞材料或用填塞材料冲击起爆药包。

(6)分段装药间隔填塞的炮孔,应按设计要求的间隔填塞位置和长度进行填塞。

(7)发现有填塞物卡孔应及时进行处理(可用非金属杆或高压风处理)。

(8)填塞作业应避免夹扁、挤压和拉扯导爆管、导爆索,并应保护电雷管引出线。

(9)深孔机械填塞应遵守下列规定。

①当填塞物潮湿、黏性较大或表面冻结时,应采取措施防止将大块装入孔内;

②填塞水孔时,应放慢填塞速度,让水排出孔外,避免产生悬料。

7. 爆破警戒和信号

1)爆破警戒

(1)装药警戒范围由爆破技术负责人确定;装药时应在警戒区边界设置明显标识,并派出岗哨。

(2)爆破警戒范围由设计确定;在危险区边界,应设有明显标识,并派出岗哨。

(3)执行警戒任务的人员,应按指令到达指定地点并坚守工作岗位。

(4)靠近水域的爆破安全警戒工作,除按上述要求封锁陆岸爆区警戒范围外,还应对水域进行警戒。水域警戒应配有指挥船和巡逻船,其警戒范围由设计确定。

2)信号

(1)预警信号:该信号发出后爆破警戒范围内开始清场工作。

（2）起爆信号：起爆信号应在确认人员全部撤离爆破警戒区，所有警戒人员到位，具备安全起爆条件时发出。起爆信号发出后现场指挥应再次确认达到安全起爆条件，然后下令起爆。

（3）解除信号：安全等待时间过后，检查人员进入爆破警戒范围内检查，确认安全后，报请现场指挥同意，方可发出解除警戒信号。在此之前，岗哨不得撤离，不允许非检查人员进入爆破警戒范围。

（4）各类信号均应使爆破警戒区域及附近人员能清楚地听到或看到。

8. 爆后检查

1）爆后检查等待时间

（1）露天浅孔、深孔、特种爆破，爆后应超过 5 min 方准许检查人员进入爆破作业地点；如不能确认有无盲炮，应经 15 min 后才能进入爆区检查。

（2）露天爆破经检查确认爆破点安全后，经当班爆破班长同意，方准许作业人员进入爆区。

（3）地下工程爆破后，经通风除尘排烟确认井下空气合格、等待时间超过 15 min 后，方准许检查人员进入爆破作业地点。

（4）拆除爆破，应等待倒塌建（构）筑物和保留建筑物稳定之后，方准许人员进入现场检查。

（5）硐室爆破、水下深孔爆破及本标准未规定的其他爆破作业，爆后检查的等待时间由设计确定。

2）爆后检查内容

爆破后应检查的内容有：

（1）确认有无盲炮。

（2）露天爆破爆堆是否稳定，有无危坡、危石、危墙、危房及未炸倒的建（构）筑物。

（3）地下爆破有无瓦斯及地下水突出，有无冒顶、危岩，支撑是否破坏，有害气体是否排除。

（4）在爆破警戒区内公用设施及重点保护建（构）筑物安全情况。

3）检查人员

（1）A、B级及复杂环境的爆破工程，爆后检查工作应由现场技术负责人、起爆组长和有经验的爆破员、安全员组成检查小组实施。

（2）其他爆破工程的爆后检查工作由安全员、爆破员共同实施。

4）检查发现问题的处置

（1）检查人员发现盲炮或怀疑盲炮，应向爆破负责人报告后组织进一步检查和处理；发现其他不安全因素应及时排查处理；在上述情况下，不得发出解除警戒信号，经现场指挥同意，可缩小警戒范围。

（2）发现残余爆破器材应收集上缴，集中销毁。

（3）发现爆破作业对周边建（构）筑物、公用设施造成安全威胁时，应及时组织抢险、治理，排除安全隐患。

（4）对影响范围不大的险情，可以进行局部封锁处理，解除爆破警戒。

9. 盲炮处理

1) 一般规定

(1) 处理盲炮前应由爆破技术负责人定出警戒范围,并在该区域边界设置警戒,处理盲炮时无关人员不许进入警戒区。

(2) 应派有经验的爆破员处理盲炮,硐室爆破的盲炮处理应由爆破工程技术人员提出方案并经单位技术负责人批准。

(3) 电力起爆网路发生盲炮时,应立即切断电源,及时将盲炮电路短路。

(4) 导爆索和导爆管起爆网路发生盲炮时,应首先检查导爆索和导爆管是否有破损或断裂,发现有破损或断裂的可修复后重新起爆。

(5) 严禁强行拉出炮孔中的起爆药包和雷管。

(6) 盲炮处理后,应再次仔细检查爆堆,将残余的爆破器材收集起来统一销毁;在不能确认爆堆无残留的爆破器材之前,应采取预防措施并派专人监督爆堆挖运作业。

(7) 盲炮处理后应由处理者填写登记卡片或提交报告,说明产生盲炮的原因、处理的方法、效果和预防措施。

2) 裸露爆破的盲炮处理

(1) 处理裸露爆破的盲炮,可安置新的起爆药包(或雷管)重新起爆或将未爆药包回收销毁。

(2) 发现未爆炸药受潮变质,则应将变质炸药取出销毁,重新敷药起爆。

3) 浅孔爆破的盲炮处理

(1) 经检查确认起爆网路完好时,可重新起爆。

(2) 可钻平行孔装药爆破,平行孔距盲炮不应小于 0.3 m。

(3) 可用木、竹或其他不产生火花的材料制成的工具,轻轻地将炮孔内填塞物掏出,用药包诱爆。

(4) 可在安全地点外用远距离操纵的风水喷管吹出盲炮填塞物及炸药,但应采取措施回收雷管。

(5) 处理非抗水类炸药的盲炮,可将填塞物掏出,再向孔内注水,使其失效,但应回收雷管。

(6) 盲炮应在当班处理,当班不能处理或未处理完毕,应将盲炮情况(盲炮数目、炮孔方向、装药数量和起爆药包位置,处理方法和处理意见)在现场交接清楚,由下一班继续处理。

4) 深孔爆破的盲炮处理

(1) 爆破网路未受破坏,且最小抵抗线无变化者,可重新连接起爆;最小抵抗线有变化者,应验算安全距离,并加大警戒范围后,再连接起爆。

(2) 可在距盲炮孔口不少于 10 倍炮孔直径处另打平行孔装药起爆。爆破参数由爆破工程技术人员确定并经爆破技术负责人批准。

(3) 所用炸药为非抗水炸药,且孔壁完好时,可取出部分填塞物向孔内灌水使之失效,然后做进一步处理,但应回收雷管。

5) 硐室爆破的盲炮处理

(1) 如能找出起爆网路的电线、导爆索或导爆管,经检查正常仍能起爆者,应重新测量最小抵抗线,重划警戒范围,连接起爆。

（2）可沿竖井或平硐清除填塞物并重新敷设网路连接起爆,或取出炸药和起爆体。

6）水下爆破的盲炮处理

（1）因起爆网路绝缘不好或连接错误造成的盲炮,可重新连接起爆。

（2）对填塞长度小于炸药殉爆距离或全部用水填塞的水下炮孔盲炮,可另装入起爆药包诱爆。

（3）处理水下裸露药包盲炮,也可在盲炮附近投入裸露药包诱爆。

（4）在清渣施工过程中发现未爆药包,应小心地将雷管与炸药分离,分别销毁。

7）其他盲炮处理

（1）地震勘探爆破发生盲炮时应从炮孔或炸药安放点取出拒爆药包销毁;不能取出拒爆药包时,可装填新起爆药包进行诱爆。

（2）凡本标准没有提到处理方法的盲炮,在处理之前应制定安全可靠的处理办法及操作细则,经爆破技术负责人批准后实施。

10. 爆破有害效应监测

1）D 级以上爆破工程以及可能引起纠纷的爆破工程,均应进行爆破有害效应监测。监测项目由设计和安全评估单位提出,监理单位监督实施。

2）监测项目涉及：爆破振动、空气或水中冲击波、动水压力、涌浪、爆破噪声、飞散物、有害气体、瓦斯以及可能引起次生灾害的危险源。

3）监测单位应经有关部门认证具有法定资质,所使用的测试系统应满足国家计量法规的要求。

4）爆破振动有害效应测试系统应在工程爆破行业测试标定中心定期标定,并将校核标定和测试信息、测试仪器设备标识信息输入中国爆破网信息管理系统,同时利用中国爆破网信息管理系统进行远程校核标定与数据处理。

5）D 级以上或需要仲裁的爆破工程,爆破振动有害效应监测信息应纳入中国爆破网信息管理系统。

6）监测报告内容应包括：监测目的和方法、测点布置、测试系统的标定结果、实测波形图及其处理方法、各种实测数据、判定标准和判定结论。

7）重复爆破的监测项目,应在每次爆破后及时提交监测简报。

8）爆破有害效应监测单位,不应作为本单位承担爆破工程仲裁的监测方。

11. 爆破总结

1）爆破作业单位应在一项爆破工程结束或告一段落时,进行爆破总结。

2）爆破总结应包括：

（1）设计方案和爆破参数的评述,提出改进设计的意见。

（2）施工概况、爆破效果及安全分析,论述施工中的不安全因素、隐患以及防范办法。

（3）安全评估及安全监理的作用。

（4）经验和教训,提出类似爆破工程设计与施工的建议。

3）爆破总结资料应整理归档。

9.5.2　露天爆破

1. 一般规定

1) 露天爆破作业时，应建立避炮掩体，避炮掩体应设在冲击波危险范围之外；掩体结构应坚固紧密，位置和方向应能防止飞石和有害气体的危害；通达避炮掩体的道路不应有任何障碍。

2) 起爆站应设在避炮掩体内或设在警戒区外的安全地点。

3) 露天爆破时，起爆前应将机械设备撤至安全地点或采用就地保护措施。

4) 雷雨天气、多雷地区和附近有通信机站等射频源时，进行露天爆破不应采用普通电雷管起爆网路。

5) 松软岩土或砂矿床爆破后，应在爆区设置明显标识，发现空穴、陷坑时应进行安全检查，确认无危险后，方准许恢复作业。

6) 在寒冷地区的冬季实施爆破，应采用抗冻爆破器材。

7) 硐室爆破爆堆开挖作业遇到未松动地段时，应对药室中心线及标高进行标示，确认是否有硐室盲炮。

8) 当怀疑有盲炮时，应设置明显标识并对爆后挖运作业进行监督和指挥，防止挖掘机盲目作业引发爆炸事故。

9) 露天岩土爆破严禁采用裸露药包。

2. 深孔爆破

1) 验孔时，应将孔口周围 0.5 m 范围内的碎石、杂物清除干净，孔口岩壁不稳者，应进行维护。

2) 深孔验收标准：孔深允许误差 ±0.2 m，间排距允许误差 ±0.2 m，偏斜度允许误差 2%；发现不合格钻孔应及时处理，未达验收标准不得装药。

3) 爆破工程技术人员在装药前应对第一排各钻孔的最小抵抗线进行测定，对形成反坡或有大裂隙的部位应考虑调整药量或间隔填塞。底盘抵抗线过大的部位，应进行处理，使其符合爆破要求。孔口抵抗线过小者，应适当加大填塞长度。

4) 爆破员应按爆破技术设计的规定进行操作，不得自行增减药量或改变填塞长度；如确须调整，应征得现场爆破工程技术人员同意并做好变更记录。

5) 台阶爆破初期应采取自上而下分层爆破形成台阶，如需进行双层或多层同时爆破，应有可靠的安全措施。

6) 装药过程中发现炮孔可容纳药量与设计装药量不符时，应及时报告，由爆破工程技术人员检查校核处理。

7) 装药过程中出现阻塞、卡孔等现象时，应停止装药并及时疏通。如已装入雷管或起爆药包，不得强行疏通，应保护好雷管或起爆药包，报告爆破工程技术人员采取补救措施。

8) 装药结束后，应进行检查验收，验收合格后再进行填塞和联网作业。

9) 高台阶抛掷爆破应与预裂爆破结合使用。

10) 深孔爆破使用空气间隔器时，应确保空气间隔器与使用环境要求相匹配；使用前应进行空气间隔器充气速度测试和负荷试验；使用时不应损伤空气间隔器外防护层。

3. 预裂爆破和光面爆破

1）采用预裂爆破或光面爆破技术时，验孔、装药等应在现场爆破工程技术人员指导监督下由熟练爆破员操作。

2）预裂孔、光面孔应按设计要求钻凿在一个布孔面上，钻孔偏斜误差不得超过 1.5%。

3）布置在同一控制面上的预裂孔，应采用导爆索网路同时起爆，如同时起爆药量超过安全允许药量时，也可分段起爆。

4）预裂爆破、光面爆破应严格按设计的装药结构装药。若采用药串结构药包，在加工和装药过程中应防止药卷滑落；若设计要求药包装于钻孔轴线，应使用专门的定型产品或采取定位措施。

5）预裂爆破、光面爆破应按设计进行填塞。

6）预裂爆破孔应超前相邻主爆破孔或缓冲爆破孔起爆，时差应不小于 75 ms。光面爆破孔应滞后相邻主爆破孔起爆。

4. 复杂环境深孔爆破

1）复杂环境深孔爆破工程应设立指挥部，统筹安排设计施工及善后工作；设计前应对爆区周围人员、地面和地下建（构）筑物及各种设备、设施分布情况等进行详细的调查研究，爆破前还应进行复核。

2）爆破孔深一般应限制在 20 m 之内，并严格控制钻孔偏差。

3）应采用毫秒延时爆破，并严格控制可能发生的段数重叠；应按环境要求限制单段最大爆破药量，并采取必要的减震措施。

4）填塞长度应不小于底盘抵抗线与装药顶部抵抗线平均值的 1.2 倍。

5）起爆网路应由有经验的爆破员连接，并经爆破工程技术人员检查验收。

6）爆破有害效应的监测除按有关规定执行外，对 C 级及以下级别的复杂环境深孔爆破工程，如认为可能引起民房及其他建（构）筑物、设施损伤，应作相应有害效应监测。

5. 浅孔爆破

1）露天浅孔开挖应采用台阶法爆破。

2）在台阶形成之前进行爆破应加大填塞长度和警戒范围。

3）装填的炮孔数量，应以一次爆破为限。

4）采用浅孔爆破平整场地时，应尽量使爆破方向指向一个临空面，并避免指向重要建（构）筑物。

5）破碎大块时，单位炸药消耗量应控制在 150 g/m³ 以内，应采用齐发爆破或短延时毫秒爆破。

6. 保护层开挖爆破

1）建（构）筑物岩石基础邻近保护层开挖爆破时，应按要求控制单段爆破药量、一次爆破总装药量和起爆排数。

2）紧邻水平建基面的开挖，应优先采用预留保护层的开挖方法。紧邻水平建基面的岩体保护层厚度，应由设计或现场爆破试验确定，台阶爆破钻孔不应钻入预留的保护层内。

3）保护层的一次爆破法应根据施工条件在下列方法中选取，并经爆破技术负责人批准：

（1）水平预裂爆破与水平孔台阶爆破相结合的方法。

（2）水平预裂爆破与上部竖直浅孔台阶爆破相结合的方法。

（3）岩石较软或较坚硬，选用水平光面爆破与水平浅孔台阶爆破相结合的方法。

（4）孔底加柔性或复合垫层的台阶爆破法。

4）保护层开挖爆破方法，应经过试验验证后才能大规模实施，无论采用何种开挖爆破方式，钻孔均不应钻入建基面。

7. 硐室爆破

1）爆破作业单位应有不少于一次同等级别的硐室爆破设计施工实践，爆破技术负责人应有不少于一次同等级别的硐室爆破工程的主要设计人员或施工负责人的经历。

2）硐室爆破设计施工、安全评估和安全监理，除执行有关规定外，还应重点考虑以下几个方面的安全问题：

（1）爆破对周围地质构造、边坡以及滚石等的影响。

（2）爆破对水文地质、溶洞、采空区的影响。

（3）爆破对周围建（构）筑物的影响。

（4）在狭窄沟谷进行硐室爆破时空气冲击波、气浪可能产生的安全问题。

（5）大量爆堆本身的稳定性。

（6）地下硐室爆破在地表可能形成的塌陷区。

（7）爆破产生的大量气体窜入地下采矿场和其他地下空间带来的安全问题。

（8）大量爆堆入水可能造成的环境破坏和安全问题。

3）在硐室开挖施工期间应成立工程指挥部，负责开挖工程组织、临时作业人员培训、考核和其他准备工作；爆破之前应按相关规定成立爆破指挥部。

4）硐室爆破导硐设计开挖断面不小于 $1.5 \text{ m} \times 1.8 \text{ m}$，小井不小于 1 m^2，一般平硐坡度不小于1%；掘进工程完成后，应由设计、施工、监理三方共同验收，主要验收标准为：

（1）硐内清洁无杂物，不残存爆破器材、爆渣和金属物。

（2）硐顶硐壁无浮石，支护地段稳固并做好地质编录工作。

（3）硐内无积水，渗漏的药室硐应设防水棚和排水沟。

（4）药室容积不小于设计要求，中心坐标误差不超过 $\pm 30 \text{ cm}$。

（5）硐内杂散电流不大于 30 mA。

5）装药前应根据开挖工程验收结果及实测最小抵抗线大小，调整爆破设计并按硐口做出施工分解图，图中应标明：

（1）每个硐口内各药室的装药量、装药部位、起爆体编号雷管段别和安装位置。

（2）填塞段位置及填塞料数量。

（3）该硐内所需起爆器材、电线、线槽等的总量。

（4）辅助器材及工具。

6）硐室爆破起爆体由熟练的爆破员加工、存放、安装，且应满足下列要求：

（1）在专门场所加工、存放。

（2）质量不应超过 20 kg。

（3）外包装应用木箱，内衬作防水包装。

（4）应在包装箱上写明导硐号、药室号、雷管段别、电阻值。

（5）起爆箱内的雷管和导爆索结应固定在木箱内。

（6）起爆体运输、安装应由两名熟练的爆破员操作，并作安装记录。

（7）起爆体应存放在安全地点并有专人看守，不得存放在硐口、硐内。

7）装药应由爆破员在工作面操作或指挥，严格按设计分解图规定的数量（袋数）整齐紧密码放。

8）装药时可使用 36 V 以下的低压电源照明，照明灯应加保护网，照明线路应绝缘良好，电灯与炸药堆之间的水平距离不应小于 2 m；电雷管起爆体装入药室前，应切断一切电源并拆去除起爆网路外的一切金属导体，改为安全矿灯或绝缘手电筒照明。

9）每个药室装药完成后均应进行验收，核实装药和起爆网路连接无误后才允许进行填塞作业。填塞时应保护好硐内敷设的起爆网路。

10）硐室爆破填塞工作应由爆破员在工作面指挥，应使用编织袋装开挖石渣作填塞料，填塞应整齐、严密，不得有空顶，不得以任何方式减少填塞长度；硐内有水时应在硐底留排水沟并保持排水通畅；填塞过程应检查质量，填塞完成后应验收、记录。

11）硐室爆破应采用复式起爆网路并作网路试验；敷设起爆网路应由熟练爆破员实施、爆破技术人员督查，按从后爆到先爆、先里后外的顺序联网，联网应双人作业，一人操作，另一人监督、测量、记录，严格按设计要求敷设；电爆网路应设中间开关。

12）起爆站应配置良好的通信设备，起爆站长负责站内工作，从联网工作开始，应安排专人看管起爆站。

13）爆后检查除应遵守相关规定外，还应在清挖爆破岩渣时派专人跟班巡查有无疑似盲炮，发现疑似盲炮的迹象，应立即停止清挖并设置警戒区，报告爆破技术负责人，进行排查处理。在排查处理期间禁止一切爆破作业。

14）重大硐室爆破工程应按设计要求安排现场小型试验爆破，并根据试验结果修改爆破设计。

15）硐室爆破结束后均应进行总结，总结报告除了应符合规定外，还应包括主要技术经济指标、社会效益和经济效益。

9.5.3 地下爆破

1. 一般规定

1）地下爆破可能引起地面塌陷和山坡滚石时，应在通往塌陷区和滚石区的道路上设置警戒，树立醒目的警示标识，防止人员误入。

2）工作面的空顶距离超过设计或超过作业规程规定的数值时，不应爆破。

3）采用电力起爆时，爆破主线、区域线、连接线，不应与金属物接触，不应靠近电缆、电线、信号线、铁轨等。

4）距井下爆破器材库30 m以内的区域不应进行爆破作业。在离爆破器材库30～100 m

区域内进行爆破时，人员不应停留在爆破器材库内。

5）地下爆破时，应明确划定警戒区，设立警戒人员和标识，并应采用适合井下的声响信号。发布的"预警信号""起爆信号""解除警报信号"，应确保受影响人员均能辨识。

6）井下工作面所用炸药、雷管应分别存放在受控加锁的专用爆破器材箱内，爆破器材箱应放在顶板稳定、支架完整、无机械电气设备、无自燃易燃或其他危险物品的地点。每次起爆时均应将爆破器材箱放置于警戒线以外的安全地点。

7）地下爆破出现不良地质或渗水时，应及时采取相应的支护和防水措施；出现严重地压、岩爆、瓦斯突出、温度异常及炮孔喷水时，应立即停止爆破作业，制订安全方案和处理措施。

8）爆破后，应进行充分通风，检查处理边帮、顶板安全，做好支护，确认地下爆破作业场所空气质量合格、通风良好、环境安全后方可进行下一循环作业。

9）在城市、大海、河流、湖泊、水库、地下积水下方及复杂地质条件下实施地下爆破时，应作专项安全设计并应有切实可行的应急预案。

10）地下爆破应有良好照明，距爆破作业面 100 m 范围内照明电压不得超过 36 V。

2. 井巷掘进爆破

1）用爆破法贯通巷道，两工作面相距 15 m 时，只准从一个工作面向前掘进，并应在双方通向工作面的安全地点设置警戒，待双方作业人员全部撤至安全地点后，方可起爆。天井掘进到上部贯通处附近时，不宜采取从上向下的坐炮贯通法；如果最后一炮在下面钻孔爆破不安全，需在上面坐炮处理时，应采取可靠的安全措施。

2）间距小于 20 m 的两个平行巷道中的一个巷道工作面需进行爆破时，应通知相邻巷道工作面的作业人员撤到安全地点。

3）独头巷道掘进工作面爆破时，应保持工作面与新鲜风流巷道之间畅通；爆破后，作业人员进入工作面之前，应进行充分通风。

4）天井掘进采用大直径深孔分段装药爆破时，装药前应在通往天井底部出入通道的安全地点设置警戒，确认底部无人时，方准起爆。

5）竖井、盲竖井、斜井、盲斜井或天井的掘进爆破，起爆时井筒内不应有人；井筒内的施工提升悬吊设备，应提升到施工组织设计规定的爆破安全范围之外。

6）在井筒内运送起爆药包，应把起爆药包放在专用木箱或提包内；不应使用底卸式吊桶；不应同时运送起爆药包与炸药。

7）往井筒掘进工作面运送爆破器材时，应遵守相关规定，还应做到：除爆破员和信号工外，任何人不应留在井筒内；工作盘和稳绳盘上除押运爆破器材的爆破员外，不应有其他人员；装药时，不应在吊盘上从事其他作业。

8）井筒掘进使用电力起爆时，应使用绝缘良好的柔性电线或电缆作爆破导线；电爆网路的所有接头都应用绝缘胶布严密包裹并高出水面。

9）井筒掘进起爆时，应打开所有的井盖门；与爆破作业无关的人员应撤离井口。

10）用钻井法开凿竖井井筒时，破锅底和开马头门的爆破作业应制订安全技术措施，并报单位爆破技术负责人批准。

11）用冻结法施工竖井井筒，冻结段的爆破作业应制订安全技术措施，并报单位爆破技术负责人批准。

12）人工冻土爆破应采取下列措施确保冻结管安全：

（1）爆破前书面通知冻结站停止盐水循环。

（2）爆破后与冻结站人员一起下井检查，确认冻结管无损坏时，方可恢复盐水循环。

（3）在后续出渣和钻孔过程中，要认真观察井帮，发现有出水或出现黄色水迹，应立即通知冻结站，关闭有关冻结管并检查。

13）用反井法掘进时，爆破作业应遵循下列规定：

（1）反井应及时采用木垛盘支护；爆破前最后一道小垛盘距离工作面不应超过 1.6 m。

（2）爆破前应将人行格和材料格盖严；爆破后，首先充分通风，待有害气体吹散，方可进入检查；检查人员不应少于两名；经检查确认安全，方可进行作业。

（3）用吊罐法施工时，爆破前应摘下吊罐，并放置在水平巷道的安全地点；爆破后，应指定专人检查提升钢丝绳和吊具有无损坏。

14）桩井爆破应遵守下列规定：

（1）桩井掘进爆破，应遵守井巷掘进爆破的有关规定。

（2）桩井爆破作业应有专人负责指挥。

（3）井深不足 10 m 时，井口应做重点覆盖防护。

（4）应控制爆破振动的影响，确保邻井井壁和桩体的安全。

（5）爆后应修整井壁并及时清渣。

3. 地下大跨度硐群开挖爆破

1）深孔爆破的钻孔直径不应超过 90 mm，台阶高度不应超过 8 m。

2）大跨度硐室边墙、顶板及硐群交会部位应进行预裂爆破或光面爆破。

3）当地下厂房需留岩锚梁时，岩锚梁岩壁保护层开挖应采用浅孔爆破法。

4）大跨度硐群开挖，应按设计的开挖顺序进行，爆破时应监控爆破振动对本硐室及相邻硐室的影响。

4. 地下采场爆破

1）浅孔爆破采场应通风良好、支护可靠并应至少有两个人行安全出口；特殊情况下不具备两个安全出口时，应报单位爆破技术负责人批准。

2）深孔爆破采场爆破前应做好以下准备工作：

（1）建立通往爆区井巷的良好通行条件和装药现场的作业条件，必要时在适当位置建立防冲击波阻波墙。

（2）巷道中应设有通往爆破区和安全出口的明显路标，并设联通爆破作业区和地表爆破指挥部的通信线路。

（3）现场划定爆破危险区，并在通往爆破危险区的所有井巷的入口处设置明显的警示标识。

（4）验收合格的深孔应用高压风吹干净，列出深孔编号，废孔应作出明显标识。

3）地下深孔爆破作业，应遵守有关规定，还应符合以下要求：

（1）装药开始后，爆区 50 m 范围内不应进行其他爆破。

（2）现场加工起爆药包应选择不受其他作业影响的安全地点。

（3）现场装药、填塞、联网、起爆，应由专职爆破员进行，遇有装药故障，应在爆破技术人员指导下进行处理。

（4）需要回收的装药操作台、人行梯子等物，应在起爆网路连接完成、并经现场爆破负责人检查无误后，由专人从工作面开始向起爆站方向依次回收。回收操作不得影响和损坏起爆网路。

4）地下开采二次爆破时，应遵守下列规定：

（1）起爆前应通知可能受影响的相邻采场和井巷中的作业人员撤到安全地点。

（2）人员不应进入溜井与漏斗内爆破大块矿石。

（3）人员不应进入采场放矿出现的悬拱或立槽下方危险区实施二次爆破。

（4）在与采场短溜井、溜眼相对或斜对的出矿漏斗处理卡斗或二次爆破时，应待溜井、溜眼下部的放矿作业人员撤到安全地点后方可进行，且爆破作业人员应有可靠的防坠措施。

（5）地下二次爆破地点附近，应设专用炸药箱和起爆器材箱，其存放量不应超过当班二次爆破使用量。

（6）在旋回、漏斗等设备、设施中的裸露药包爆破，应在停电、停机状态下进行，并应采取相应的安全措施。

5. 溜井（含矿仓）堵塞处理

1）用爆破法处理溜井堵塞，不允许作业人员进入溜井，应采用竹、木等材料制作的长杆把炸药包送到堵头表面进行爆破振动处理。

2）当溜井堵塞、矿石粘壁，经多次爆振仍未塌落，准备采用特殊方法处理时，应制订和采取可靠的安全措施，经爆破技术负责人批准后，在安全部门监护下作业。

3）用矿用火箭弹处理溜井堵塞时，应遵守下列规定：

（1）爆破员应经过火箭弹使用技术的专门培训。

（2）堵塞处不稳定（如掉石块）时，不得使用矿用火箭弹处理。

（3）用矿用火箭弹处理溜井堵塞时，相邻井巷、采场不应进行其他爆破作业。

（4）堵塞物一次未处理完，当班不应第二次用矿用火箭弹处理。

4）处理采场卡斗和悬顶爆破，应遵守下列规定：

（1）处理卡斗和悬顶人员，应经专门技术培训。

（2）处理卡斗和悬顶前，应保证作业人员进出通道畅通，观察人员应在照明充足和有人监护的条件下，确认卡斗、悬顶类型并做好记录。

（3）根据卡斗高度不同，应采用不同的处理方法（爆破振动法、直接爆破法和火箭弹法等）。

（4）当有人进入漏斗作业时，应停止相邻采场的爆破和出矿，且应有专人监护警戒。

（5）振动爆破每次用药量不超过 2 kg，破碎爆破每次用药量不超过 20 kg。

（6）巨型石块卡堵在漏斗上方无冒落危险采用浅孔爆破法处理时，应在漏斗内搭操作平台，支护四壁岩石；从支护到爆破完毕应连续作业。

（7）用爆破方法处理采场残柱及悬顶，应由爆破技术负责人组织制订处理方案并实施。

6. 放射性矿井爆破

1) 放射性矿井爆破与放射性物探应遵守下列规定：

(1) 井下采掘作业面应根据物探编录进行爆破设计。

(2) 凿炮孔前应对工作面进行 γ 取样，确定矿体厚度、品位，圈定矿体边界，打孔后应进行 γ 测孔，区分矿石和废石。

(3) 根据物探测孔资料确定炮孔装药方案，实施分爆分采。

(4) 爆破后应进行放射性测量，根据物探测量资料进行分装分运。

(5) 采场作业面分爆分运之后，还需进行物探钻孔找边，只有在物探找边完毕后，才能进行上采钻孔的施工。

2) 采用原地爆破浸出工艺的采场，在爆破筑堆前应结合采切工程进行生产探矿设计和施工，并根据生产探矿资料计算采场储量，作为深孔爆破施工设计和浸出效果评估的基础资料。钻孔施工结束后及时验孔并同时进行物探测孔、编录和上图，为爆破装药设计提供资料，并按炮孔排面进行储量核算。

3) 采场原地浸出爆破宜采用小补偿空间一次挤压爆破方式，挤压爆破空间补偿系数宜控制在 15%~20% 范围内。

4) 原地爆破浸出采场的爆破作业应遵守下列规定：

(1) 对于中等厚度以下矿体，采场采用上向平行凿岩，炮孔深度不应大于 15 m。

(2) 对于中等厚度以上矿体，可采用大于 15 m 的深孔爆破，但应经过严格的论证。

(3) 一次爆破取段长度控制在 60 m 以内。

(4) 应保证爆破后 80% 以上的矿岩粒度小于 150 mm。

(5) 设计装药单耗比非原地爆破浸出采场的装药单耗增加 20%~30%。

(6) 爆破装药到起爆的时间不超过 24 h。

5) 放射性矿井爆破后的通风应符合下列规定：

(1) 以稀释氡气及氡子体浓度作为计算爆破后通风量的依据。

(2) 爆破后工作面通风时间不应少于 30 min。

(3) 井下深孔大爆破后应开启主风机，经通风吹散有害气体，达到设计要求的通风时间（不得少于 48 h）后，安全检查人员佩戴防护装置和检测仪器到各工作面检测有毒、有害气体的含量。

(4) 只有氡气浓度小于 2700 Bq/m³，方可允许作业人员进入工作面作业。

(5) 原地爆破浸出采场的布液巷和集液巷应与矿井回风系统贯通，确保原地爆破浸出采场析出的氡引入回风系统。

6) 放射性矿井的凿岩爆破作业人员应遵守下列规定：

(1) 应佩戴好防护用品（包括口罩、个人计量剂）才能进入工作面。

(2) 每天只应上一班，每班作业时间不应超过 6 h。

(3) 作业结束后应洗澡，并经放射性剂量监测合格。

7) 自然温度高于 30 ℃ 的放射性矿井的工作面，应有完备的降温措施，保证工作面的温度低于 30 ℃，同时适当控制持续作业时间。

8) 水文地质条件复杂的大水铀矿床的采掘工作面应布置 3 个以上超前探水钻孔，钻孔深度不少于 25 m。

7. 隧道开挖爆破

1）隧道开挖方法应根据隧道周围环境、工程地质条件、开挖断面形式及尺寸、施工设备、工期等因素，选择全断面法、半断面法或分部爆破开挖法。

2）非长大隧道掘进时，起爆站应设在硐口侧面 50 m 以外；长大隧道在硐内的避车洞中设立起爆站时，起爆站距爆破位置应不小于 300 m，并能防飞石、冲击波、噪声等对人员的伤害。

3）隧道爆破时，所有人员和机械应撤离到安全地点，警戒人员应从爆破工作面向外全面清场，待警戒人员到达起爆站后，确认隧道内无人方可进行起爆。

4）隧道贯通爆破应遵守贯通巷道爆破的有关规定；两条相邻平行隧道开挖爆破时，应遵守平行巷道的有关规定。

5）长大隧道掘进，应配备充足的通风设备加强通风，保证硐内空气质量符合标准。

6）用气压盾构法掘进隧道时，不应将爆破器材放在有压缩空气的区域内。

7）隧道掘进遇到煤夹层时，应进行瓦斯监测并调整人员避炮安全距离。

8）严禁转让、出借、转借、抵押、赠送、私藏或者非法持有民用爆炸物品。

9）爆破作业单位的主要负责人是本单位民用爆炸物品安全管理责任人，对本单位的民用爆炸物品安全管理工作全面负责。

10）爆破作业单位应当建立安全管理制度、岗位安全责任制度，制订安全防范措施和事故应急预案，设置安全管理机构或者配备专职安全管理人员。

11）无民事行为能力人、限制民事行为能力人或者曾因犯罪受过刑事处罚的人，不得从事爆破作业。

12）爆破作业单位应当建立民用爆炸物品登记制度，如实将本单位生产、销售、购买、运输、储存、使用民用爆炸物品的品种、数量和流向信息输入计算机系统。

13）申请从事爆破作业的单位，应当具备下列条件：

（1）爆破作业属于合法的生产活动。

（2）有符合国家有关标准和规范的民用爆炸物品专用仓库。

（3）有具备相应资格的安全管理人员、仓库管理人员和具备国家规定执业资格的爆破作业人员。

（4）有健全的安全管理制度、岗位安全责任制度。

（5）有符合国家标准、行业标准的爆破作业专用设备。

（6）法律、行政法规规定的其他条件。

14）爆破作业单位应当对本单位的爆破作业人员、安全管理人员、仓库管理人员进行专业技术培训。爆破作业人员应当经设区的市级人民政府公安机关考核合格，取得《爆破作业人员许可证》后，方可从事爆破作业。

15）爆破作业单位应当按照其资质等级承接爆破作业项目，爆破作业人员应当按照其资格等级从事爆破作业。爆破作业的分级管理办法由国务院公安部门规定。

16）在城市、风景名胜区和重要工程设施附近实施爆破作业的，应当向爆破作业所在地设区的市级人民政府公安机关提出申请，提交《爆破作业单位许可证》和具有相应资质的安全评估企业出具的爆破设计、施工方案评估报告。

17）实施前款规定的爆破作业，应当由具有相应资质的安全监理企业进行监理，由爆破作业所在地县级人民政府公安机关负责组织实施安全警戒。

18）爆破作业单位跨省（自治区、直辖市）行政区域从事爆破作业的，应当事先将爆破作业项目的有关情况向爆破作业所在地县级人民政府公安机关报告。

19）爆破作业单位应当如实记载领取、发放民用爆炸物品的品种、数量、编号以及领取、发放人员姓名。领取民用爆炸物品的数量不得超过当班用量，作业后剩余的民用爆炸物品必须当班清退回库。爆破作业单位应当将领取、发放民用爆炸物品的原始记录保存2年备查。

20）实施爆破作业，应当遵守国家有关标准和规范，在安全距离以外设置警示标志并安排警戒人员，防止无关人员进入；爆破作业结束后应当及时检查、排除未引爆的民用爆炸物品。

21）爆破作业单位不再使用民用爆炸物品时，应当将剩余的民用爆炸物品登记造册，报所在地县级人民政府公安机关组织监督销毁。

22）（第四十四条）违反本条例规定，在使用民用爆炸物品中发生重大事故，造成严重后果或者后果特别严重构成犯罪的，依法追究刑事责任。

23）违反本条例规定，从事爆破作业的单位有下列情形之一的，由公安机关责令停止违法行为或者限期改正，处10万元以上50万元以下的罚款；逾期不改正的，责令停产停业整顿；情节严重的，吊销《爆破作业单位许可证》：

（1）爆破作业单位未按照其资质等级从事爆破作业的。

（2）营业性爆破作业单位跨省（自治区、直辖市）行政区域实施爆破作业，未按照规定事先向爆破作业所在地的县级人民政府公安机关报告的。

（3）爆破作业单位未按照规定建立民用爆炸物品领取登记制度、保存领取登记记录的。

（4）违反国家有关标准和规范实施爆破作业的。

24）爆破作业人员违反国家有关标准和规范的规定实施爆破作业的，由公安机关责令限期改正，情节严重的，吊销《爆破作业人员许可证》。

25）违反本条例规定，民用爆炸物品从业单位有下列情形之一的，由公安机关处2万元以上10万元以下的罚款；情节严重的，吊销其许可证；有违反治安管理行为的，依法给予治安管理处罚：

（1）违反安全管理制度，致使民用爆炸物品丢失、被盗、被抢的。

（2）民用爆炸物品丢失、被盗、被抢，未按照规定向当地公安机关报告或者故意隐瞒不报的。

（3）转让、出借、转借、抵押、赠送民用爆炸物品的。

9.6 小结及学习指导

本章主要介绍了矿业工程项目管理所需遵守的相关法规与标准，主要包括《矿产资源法》《矿山安全法》和《金属非金属矿山安全规程》等。其中，《矿产资源法》是我国矿业领域的基本法律，规定了矿产资源的管理与开发等方面的基本要求；《矿山安全法》则是我国矿山安全领域的基本法律，规定了矿山企业的安全生产管理等方面的基本要求；《金属非金属矿山安全规程》规定了金属非金属矿山的设计、建设、开采和闭坑全过程的安全技术要求以及职业危害防治要求。此外，本章还介绍了一些与矿业工程项目管理相关的标准，这些标准都对矿业工程项目的管理与监督提供了一定的参考依据。

通过本章的学习，我们可以了解到矿业工程项目管理所需遵守的相关法规与标准，以及这些法规与标准所涉及的内容和要求。同时，我们也应该认识到，在实际工作中，要认真遵守这些法规和标准，建立健全的管理制度，加强对矿业工程项目的监督和管理，确保项目的顺利实施，实现项目的预期目标。

课后习题

1. 矿产资源法的主要目的是什么？
2. 在矿山安全方面，矿山建设安全保障的规定有哪些？
3. 矿山建设事故处理的内容有哪些，请简述处理过程。
4. 国家对矿产开发中放射性污染的防治规定有哪些？

参考文献

[1] 建设工程项目管理规范：GB/T 50326—2017[S].

[2] 煤炭建设工程监理与项目管理规范：NB/T 51014—2014[S].

[3] 丁士昭. 工程项目管理[M].2版. 北京：中国建筑工业出版社，2014.

[4] 全国一级建造师执业资格考试用书编写委员会编写. 建设工程项目管理[M]. 北京：中国建筑工业出版社，2004.

[5] 全国二级建造师执业资格考试用书编写委员会.2015年二级建造师教材 二建教材 建设工程施工管理[M].4版. 北京：中国建筑工业出版社，2015.

[6] 全国一级建造师执业资格考试用书编写委员会编写. 矿业工程管理与实务[M]. 北京：中国建筑工业出版社，2007.

[7] 全国二级建造师执业资格考试用书编写委员会编写. 矿业工程管理与实务：2G300000[M]. 北京：中国建筑工业出版社，2015.

[8] 冯军义，申升. 矿业合同管理[M]. 北京：法律出版社，2016.

[9] 李国清. 矿山企业管理[M]. 北京：冶金工业出版社，2015.

[10] 彭会清. 现代矿业管理经济学[M]. 北京：冶金工业出版社，2011.

[11] 连民杰. 非煤矿山基本建设施工管理[M]. 北京：冶金工业出版社，2014.

[12] 刘志强，王博. 矿山工程项目管理[M]. 徐州：中国矿业大学出版社，2018.

[13] 李启明，朱树英，黄文杰. 工程建设合同与索赔管理[M]. 北京：科学出版社，2001.

[14] 陈安生，赵宏旭. 建筑工程质量与安全管理[M]. 长沙：中南大学出版社，2015.

[15] 尹韶青，赵宏杰，刘炳娟. 建筑工程项目管理[M]. 西安：西北工业大学出版社，2012.

[16] 韩茜. 智慧矿山信息化标准化系统关键问题研究[D]. 北京：中国矿业大学（北京），2016.

[17] 韩国波. 基于全寿命周期的建筑工程质量监管模式及方法研究[D]. 北京：中国矿业大学（北京），2013.

[18] 李鸿伟. 基于危险源管理的建筑施工现场安全管理研究[D]. 北京：中国矿业大学（北京），2011.

[19] 赵金煜. 矿建工程项目风险管理理论与方法研究[D]. 北京：中国矿业大学（北京），2010.

[20] 徐慧玲. 国际工程总承包项目经理胜任力研究[D]. 北京：中国矿业大学（北京），2010.

[21] 杨建平. 政府投资项目协同治理机制及其支撑平台研究[D]. 北京：中国矿业大学，2009.

[22] 法律出版社法规中心. 中华人民共和国矿山安全法.[M]. 北京：法律出版社，2015.

[23] GB 16423—2020 金属非金属矿山安全规程[S].

[24] GB 6722—2014 爆破安全规程[S].

[25] 赖中茂. 中华人民共和国放射性污染防治法释义[M]. 北京：中国法制出版社，2003.